ZHONGGUO LISHIWENXIANXUE JIAOCHENG

中国历史文献学教程

刘凤强 编

民族出版社

序

中国历史文献学自20世纪80年代起，逐渐建立起独立的学科体系，成为中国史的重要分支学科，受到各高校历史学专业的高度重视，现在国内高校历史学专业大都开设此课程。中国历史文献学教材建设也取得了较为丰硕的成果，目前，已有多部教材可供我们教学使用，然笔者仍用心编写了这部教材，主要出于两种原因考虑。

一、编一部真正的《中国历史文献学》

既然我们的课程命名为中国历史文献学，就一定要体现中国——一个多民族国家的实际状况，而不是以汉族历史文献学代替中国历史文献学。早期张舜徽、吴枫等编的文献学著作，并没有涉及少数民族文献。王余光编的1988年版《中国历史文献学》[①]，采用变通的方法，在一定程度上弥补了这一缺陷，这部著作第一编"丰富的历史文献"第五章为少数民族历史文献，介绍了蒙古文、藏文、契丹文、西夏文、女真文、满文、彝文、傣文、古突厥文、回鹘文等历史文献。但书中只是简介了一些重要历史文献的内容，类

---

① 王余光：《中国历史文献学》，武汉，武汉大学出版社，1988。

似重要文献解题，没有能够揭示不同时期发展状况及其与社会政治文化之间的关系，历史文献的实证、历史文献的解释篇中再也没有提及少数民族历史文献。王余光的编纂方法后来基本上被其他中国历史文献学教材所继承，如张家璠、黄宝权主编的《中国历史文献学》①一书中第一章第四节有一部分内容介绍民族历史文献，杨燕起、高国抗主编的《中国历史文献学》②最后一章历史文献学的相关学科与相关文献中第四节为少数民族文献。此后其他教材，或者不提少数民族历史文献，或者只是设一部分简介少数民族文献内容，不成系统，不能反映少数民族文献的特征。赵令志编的教材少数民族文献内容最丰富，可以说最接近中国历史文献学，但以《中国民族历史文献学》③命名，还略有不足，可见人们对教材题名误解已深，习以为然，即便是赵令志编的教材，其实也是沿袭了其他教材的编纂方法，集中一章论述少数民族历史文献。这种编纂方法在教学中效果并不好，其弊端有三：

  首先，无法体现中华民族丰富的历史文献学遗产。中国少数民族历史文献学是中国历史文献学的重要内容，不仅历史上留下了丰富的优秀史书，而且在文献载体、目录学、版本学、书籍典藏等方面都别具特色。如关于文献载体，中国傣文的贝叶文献、彝文的兽皮文献，都是较有特色的载体，然各教材中均未提及。在目录学方面，藏文书籍早在吐蕃时期便已开始编目录，其分类体系与汉文典籍有别，更体现了中国目录学的多样性。在版本学及书籍印刷方面，藏文的梵夹装数量非常多，是宝贵的文化遗产，在德格、拉萨等地有著名的印书机构；傣族至今传承着贝叶文献的制作。书籍的收藏方面，少数民族民众崇拜藏书的文化心理，各寺院独具特色的藏书，都是中国藏书文化的重要内容。这些理应成为教材编写的一部分，让学生多加了解，否则

---

① 张家璠、黄宝权：《中国历史文献学》，桂林，广西师范大学出版社，1989。
② 杨燕起、高国抗：《中国历史文献学》，北京，北京图书馆出版社，2003。
③ 赵令志：《中国民族历史文献学》，北京，中央民族大学出版社，2006。

无法体现中华民族丰富的历史文献学内容。

其次，专设一节简介少数民族文献内容的方法，作为教材来说并不恰当。专设一节罗列并介绍少数民族文献的做法，无法体现少数民族历史文献发展进程及特点。少数民族文献与汉文文献同样有不同阶段的发展特点，而且也同样受中国政治文化环境的影响，有必要同汉文文献一样叙述，当然少数民族文献数量远不如汉文文献，叙述应以汉文文献为主。教材不仅传递具体知识，还会给学生带来潜移默化的影响。让学生在学习期间，通过客观历史事实深切感受中国各民族是一个不可分割的整体，是一项非常必要的工作，而编写的教材首先要体现出这一点来。

再次，中华民族多元一体格局的形成，在少数民族历史文献中有较充分的体现，不将这一问题在《中国历史文献学》教材中体现出来，是一个很大的损失。如早在元朝藏族便形成了合藏、汉、蒙古于一体的史书撰写方法，这一编纂模式又影响到蒙古史书的编写，陈寅恪对此有详细论述。[1] 这种编纂模式对于构建多民族共同体有非常重要的作用，笔者曾撰文讨论藏文史籍的编写与中华民族多元一体格局形成的关系，可资参考。[2] 其他少数民族历史文献中也有不少关于民族交往的内容，亦应展示出来，以增强中华民族的凝聚力。

当然，以前编写的教材无法体现少数民族的内容，与少数民族文献学研究的滞后有关，如今少数民族文献学已有很大的进步，出现了如史金波、黄润华的《中国历代民族古文字文献探幽》[3]、朱崇先的《中国少数民族古典文

---

[1] 陈寅恪：《〈彰所知论〉与〈蒙古源流〉》，见《陈寅恪史学论文选集》，70—80页，上海，上海古籍出版社，1992。

[2] 刘凤强：《元明清时期藏族史书编纂与多民族共同体认识的形成》，载《贵州民族研究》，2016（11）。

[3] 史金波、黄润华：《中国历代民族古文字文献探幽》，北京，中华书局，2008。

献学》①、张铁山的《中国少数民族文献学基础教程》②、崔光弼的《中国少数民族文字古籍源流》③等,我们完全可以尝试编写真正具有中华民族特点的《中国历史文献学》。

在此,笔者也希望不仅历史文献学教材应反映中国各民族的内容,而且其他如中国史学史、中国法制史、中国文学史、中国美术史等各种专门史都应做到这一点,任何著作不要轻易冠以"中国"二字,不能以汉族内容等同于中国。

二、编写一部适合民族地区高校和一般院校学生使用的教材

目前我国高校水平不一,学生的基础及掌握知识的能力也参差不齐。当前已有的中国历史文献学教材,都是针对国内一流大学学生编写的,有些还兼顾研究生用书。我们知道,历史文献学作为一门基础学科,内容相对枯燥,不同于中国通史、世界通史,在中学阶段学生已有所接触,学生刚接触历史文献学时在理解上会相对困难,国内一流大学学生基础较好,掌握知识能力强,基本上能够接受这些知识,而对于国内一般地方院校的学生则相对较难,尤其对于民族地区高校,一些少数民族学生学习起来就会更加吃力。因此,编写不同层次的中国历史文献学教材,区分难易程度,改变枯燥的内容,已是非常必要的工作。本教材在编写时,尽可能使内容简易,减少一些古文引用,对于一些名词术语,多加注释,使基础一般的学生能够读懂,不因畏难而失去学习兴趣。当然,无论哪个学校,学生的程度也有差异,在教学上应有所区别,考虑这一点,本教材每一章后面附有推荐阅读论著,均撰有提要,

---

① 朱崇先:《中国少数民族古典文献学》,北京,民族出版社,2005。
② 张铁山:《中国少数民族文献学基础教程》,北京,中央民族大学出版社,2012。
③ 崔光弼:《中国少数民族文字古籍源流》,北京,中央民族大学出版社,2012。

学有余力的同学可以进一步阅读,以扩展知识面。

以上两点是本教材编写的初衷,希望能够达到预期目的。最后,需要指出的是,本教材编写过程中,在框架和内容上,较多地参考了杨燕起、高国抗主编的《中国历史文献学》①、黄爱平主编的《中国历史文献学》②、孙钦善的《中国古文献学史简编》③、史金波和黄润华的《中国历代民族古文字文献探幽》④、朱崇先的《中国少数民族古典文献学》⑤、张铁山的《中国少数民族文献学基础教程》⑥、崔光弼的《中国少数民族文字古籍源流》⑦ 等教材、著作,在此一并致谢。

限于笔者的水平和能力,教材当中定有很多不妥之处,望各位专家学者不吝指正。

---

① 杨燕起、高国抗:《中国历史文献学》,北京,北京图书馆出版社,2003。
② 黄爱平:《中国历史文献学》,北京,中国人民大学出版社,2010。
③ 孙钦善:《中国古文献学史简编》,北京,北京大学出版社,2008。
④ 史金波、黄润华:《中国历代民族古文字文献探幽》,北京,中华书局,2008。
⑤ 朱崇先:《中国少数民族古典文献学》,北京,民族出版社,2005。
⑥ 张铁山:《中国少数民族文献学基础教程》,北京,中央民族大学出版社,2012。
⑦ 崔光弼:《中国少数民族文字古籍源流》,北京,中央民族大学出版社,2012。

目 录

上 编

第一章 绪 论 ··· 3
  第一节 文献、历史文献与中国历史文献学 ····························· 3
  第二节 学习中国历史文献学的意义 ···································· 9

第二章 历史文献的载体 ·· 14
  第一节 传统文献载体 ··· 14
  第二节 现代文献载体 ··· 28

第三章 历史文献的收藏与散佚 ······································ 32
  第一节 历史文献的收藏 ·· 32
  第二节 历史文献的散佚 ·· 51

第四章 类书与丛书的编纂 ·· 57
  第一节 类书及其发展 ··· 57
  第二节 丛书及其发展 ··· 65

第五章　目录学、版本学和校勘学 ………………………………… 72
第一节　目录学 ……………………………………………………… 72
第二节　版本学 ……………………………………………………… 104
第三节　校勘学 ……………………………………………………… 119

第六章　辨伪学、辑佚学和避讳学 ………………………………… 128
第一节　辨伪学 ……………………………………………………… 128
第二节　辑佚学 ……………………………………………………… 138
第三节　避讳学 ……………………………………………………… 141

第七章　历史文献的检索与阅读、标点、注释与翻译 …………… 147
第一节　历史文献的检索与阅读 …………………………………… 147
第二节　历史文献的标点 …………………………………………… 157
第三节　历史文献的注释 …………………………………………… 171
第四节　历史文献的翻译 …………………………………………… 176

下　编

第八章　先秦两汉时期历史文献学的发展 ………………………… 185
第一节　孔子及诸子百家与历史文献的发展 ……………………… 187
第二节　两汉时期文献的整理及发展 ……………………………… 192
第三节　少数民族文献的初步发展 ………………………………… 198

第九章　魏、晋、南北朝、隋唐时期历史文献学的发展 ………… 201
第一节　史书注的创作 ……………………………………………… 202

第二节　刘知几、杜佑的历史文献学贡献 ………………………… 205
第三节　佛经翻译的兴盛与少数民族文献的发展 ………………… 210

第十章　宋、辽、西夏、金时期历史文献学的发展 ………………… 217
第一节　司马光、欧阳修的历史文献学贡献 ……………………… 219
第二节　郑樵、朱熹、王应麟与历史文献学的发展 ……………… 222
第三节　少数民族历史文献的发展 ………………………………… 229

第十一章　元、明时期历史文献学的发展 …………………………… 236
第一节　马端临、胡三省的历史文献学贡献 ……………………… 237
第二节　明代考证学的发展 ………………………………………… 240
第三节　明代辨伪学的成就 ………………………………………… 242
第四节　元、明时期少数民族历史文献学的发展 ………………… 246

第十二章　清代历史文献学的发展 …………………………………… 252
第一节　清初三大儒 ………………………………………………… 255
第二节　清代辨伪学者 ……………………………………………… 260
第三节　乾嘉考据学 ………………………………………………… 265
第四节　章学诚与历史文献学 ……………………………………… 269
第五节　晚清文献学家及成就 ……………………………………… 273
第六节　少数民族历史文献学的发展 ……………………………… 278

第十三章　20世纪历史文献学的新发展 ……………………………… 286
第一节　新史料的发现与研究 ……………………………………… 288
第二节　古史辨派与辨伪学的发展 ………………………………… 294

第三节　历史文献学理论的总结及学科发展 …………………… 298

第四节　少数民族历史文献学的新进展 …………………………… 313

附录　主要文献学著作简介 …………………………………………… 319

主要参考文献 ………………………………………………………………… 328

上编

第一章 绪 论

历史是人类社会已经发生的客观过程,历史场景不可能再现,人们要研究历史只能通过前人遗留下来的遗物、遗迹,因此,文献是历史研究的前提,没有历史文献,我们的历史学研究就无从谈起。将历史文献作为一种重要社会历史现象去研究,逐渐形成了一门学科,即历史文献学。作为历史学研究的基础,历史文献学及其相关内容很早就引起了人们关注,历史上有很多学者将之作为研究对象,留下了丰富的成果。但作为一门学科,中国历史文献学却是从20世纪80年代才正式建立,经过几十年的发展,现已取得了显著成就,越来越受到人们的重视。

第一节 文献、历史文献与中国历史文献学

一、文献的含义及发展演变

文献是一个大家都非常熟悉的词汇,在学习和生活中,我们会不断用到"文献"一词,却很少注意它的形成和演变过程。实际上,在不同历史阶段,由于人们获取知识的途径不同,文献的载体有很大差异,"文献"一词的含

义也在不断发展演变。因此，我们有必要了解一下文献的历史演变过程。

目前，学术界一般认为"文献"一词最早出自《论语》一书。《论语·八佾》①载："子曰：夏礼吾能言之，杞②不足征③也。殷④礼吾能言之，宋⑤不足征也。文献不足故也。足，则吾能征之⑥矣。"⑦ 这里的文献并不仅仅是指图书典籍，汉代学者郑玄将"献"解释为"贤"，意为贤者。南宋朱熹在《四书章句集注》中解释说："文，典籍也；献，贤也。"⑧ 从《论语·八佾》的说法可以看出，在春秋时期，文献是分开来理解的："文"是指典籍，在当时主要是竹木简；"献"是贤者，指学识渊博、熟悉礼仪掌故的人。因为夏、商礼仪制度年代久远，故而孔子感叹杞、宋两诸侯国保存的图书以及了解礼仪典章的贤者很少，无法考证前代礼仪。文献最早作为传递知识的手段，不仅是指书，还指有知识的人。由于古代文字普及不广，书写工具笨重，书籍较少，春秋以前学在官府，图书典籍基本收藏在官府，人们在学习知识时，大多都是依靠口耳相传，年长者向年幼者传授知识，因此，在早期人们将有学识的人也称为"文献"。一直到清代，还有人继续使用文献最初的含义，如清代学者李桓编了一部书名为《国朝耆献类征》，国朝是清朝人对清朝的尊称，"耆"是老的意思，"献"就是有学问的人，这本书就是辑录清朝很多学术有成就的名人传记的汇编。实际上，直到今天，我们研究历史时也经常实地访问，向当地年长者请教传统风俗礼仪，或找历史见证者口述历史经过等，这些就是古代所谓的"献"，只是我们不再用此名称而已。

---

① 佾：古代乐舞的行列，每行称为一佾，八佾即8行8列，共64人。按西周等级规定，天子用八佾；诸侯用六佾，36人。《八佾》为《论语》中一篇。
② 杞：诸侯国名，是夏启的后裔，故城在今河南省杞县。
③ 征：验证。
④ 殷：商朝。
⑤ 宋：诸侯国名，是商汤的后裔，故城在今河南省商丘市南。
⑥ 征之：考证礼法制度。
⑦ 孔子著，杨伯峻、杨逢彬注译：《论语译注》，26页，长沙，岳麓书社，2009。
⑧ 朱熹：《四书章句集注》（上），155页，杭州，浙江大学出版社，2012。

在少数民族文献中，很多民族没有自己的文字，但我们并不能说他们没有文献，因为古代"文献"一词包含着有知识的人的含义，而且这也是早期重要的文献形式。很多少数民族都有以口耳相传传授知识的说法，如侗族诗歌中说："古人讲，老人谈，一代一代往下传；树有根，水有源，好听的话儿有诗篇；汉家有文字记载，侗家无文靠口传。"藏族史诗《格萨尔》①、蒙古族史诗《江格尔》②、彝族的《阿诗玛》③ 等，在文字整理之前，都是通过说唱艺人口头流传的，这也属于一种文献形式。

随着时间的推移，汉唐以后，文字在社会中越来越普及，纸张、毛笔逐渐成为人们书写的主要工具，尤其是印刷术的发明，使书籍的数量大大增加，人们学习知识的方式发生很大变化，不再以口耳相传为主，而主要从书籍中获得。因此，文献的含义也慢慢地发生了变化。宋元之际，马端临④著《文献通考》说：

> 凡叙事，则本之经史，而参之以历代会要⑤，以及百家传记之书，信而有证者从之，乖异传疑者不录，所谓"文"也。凡论事，则先取当时臣僚之奏疏，次及近代诸儒之评论，以至名流之燕谈⑥，

---

① 《格萨尔》：是藏族人民集体创作的一部伟大的英雄史诗。主要讲述格萨尔从诞生之日起，就开始为民除害，造福百姓。12岁时，格萨尔在部落的赛马大会上取得胜利，并获得王位，同时娶森姜珠牡为妃。从此，格萨尔开始施展本领，先后收服了几十个部落，在降伏了人间妖魔之后，格萨尔功德圆满，与母亲郭姆、王妃森姜珠牡等一同返回天界。这部史诗具有很高的学术价值，是研究古代藏族社会的一部百科全书。

② 《江格尔》：是蒙古族英雄史诗。由数十部作品组成，描述了江格尔为首领的勇士们，用超人的智慧和非凡的才能不断战胜周围部落的侵略，击败了邪恶势力的进攻，并逐渐扩大自己的财富和领地，建立了自己美好的家园。

③ 《阿诗玛》：是流传于云南彝族的长篇叙事诗。讲述阿诗玛不屈不挠地同强权势力作斗争的故事。

④ 马端临：（1254—1323），字贵与，江西乐平人。宋元之际著名的历史学家，著有《文献通考》《大学集注》等。《文献通考》是一部记载古代典章制度的史学名著，对后世影响深远。

⑤ 会要：是以收辑某一朝代的政治经济制度、历史地理、风俗民情等为主的史书。

⑥ 燕谈：闲谈。

稗官①之纪录，凡一话一言，可以订典故之得失，证史传之是非者，则采而录之，所谓"献"也。②

在马端临看来，"文"是指经、史、历代会要及百家传记等书籍，是叙事的依据；"献"是臣僚奏疏、诸儒评论、名流燕谈及稗官记录等，是论事的依据。很明显，马端临对"文献"的理解，相较先秦时期已经有了变化，"献"由最初的贤人、贤者，转变为有价值的言论，而且这些言论主要是形成文字记载的内容，如诸儒评论、稗官记录等也是书籍。这说明，"献"的含义已向文转化，"文""献"含义逐渐统一起来，专指以文字记载的内容，"文献"逐渐发展成为图书典籍的专称。

20世纪是文献概念发生变化的重要时期。甲骨文的发现，使人们对文献载体形式有了新的认识。科技飞速发展，人们获取知识的途径多样化，文献载体更加丰富，胶片、磁带、光盘、U盘以及硬盘等都可以记录知识，而且成为人们阅读、学习的重要工具，那么这些也应属于文献。如果说，光盘、硬盘还是看得见的载体，那么网络则是看不见载体的文献了。当前，电脑、手机在人们获取知识、传递信息方面发挥着很大的作用，越来越多的人开始习惯于通过电脑和手机阅读，尤其是手机非常轻便，随身携带，可以随时随地阅读，这些新生事物打破了以前人们对文献的认识，因此，新时期文献的概念也要重新界定。1993年《中国大百科全书·图书馆学、情报学、档案学》将"文献"一词解释为"记录有知识和信息的一切载体"，这一定义较为符合我们当前所使用文献的特点。因此，文献不仅包括刻在甲骨、简牍、金石上面的文字，书写、印刷在纸张上的内容，还包括微缩在光盘、硬盘以及储存于网络空间的所有知识信息。随着时间的发展，人们获取知识的途径

---

① 稗官：古时一种小官名，主要负责向帝王汇报街谈巷议之事，后人常以稗官野史称。
② 马端临：《文献通考·自序》，3页，北京，中华书局，1999。

和方式肯定还会有新的变化，将来文献的含义也许会有更丰富的内容。

二、历史文献的含义及内容

历史有广义和狭义之分，广义上的历史涵盖自然界和人类社会发生的一切现象，狭义上的历史只包括人类社会发展的客观过程。与历史含义相对应，历史文献亦有广义和狭义两层含义。

从广义上讲，凡是已经过去的记录有知识的一切载体均可称作历史文献，其范围非常广泛，是一切历史上自然科学和社会科学文献的总和。古代很多史书包含范围非常广泛，如马端临的《文献通考》分为田赋、钱币、户口、职役①、征榷②、市籴、土贡、国用、选举、学校、职官、郊社、宗庙、王礼、乐、兵、刑、经籍、帝系、封建、象纬③、物异、舆地、四裔，共24门。它囊括了政治、经济、教育、军事、历史、科技、民族等不同学科，其中也包含了一些我们今天称之为自然科学的内容。同样，郑樵的《通志·二十略》包括氏族、六书、七音、天文、地理、都邑、礼、谥、器服、乐、职官、选举、刑法、食货、艺文、校雠、图谱、金石、灾祥、昆虫草木，共20类，囊括社会生活的方方面面，也涉及自然科学的部分内容。

从狭义上说，历史文献主要是指有关人类社会发展过程的记载，古代汉文图书一般采用四部分类法，即经、史、子、集来划分，狭义上的汉文历史文献一般是指史部文献以及其他与社会历史相关的文献。近代以来，随着西方学术观念的传入，汉文图书分类开始借鉴西方图书分类法分类。人们在谈历史文献时，往往是以历史学科的文献为主，也涉及其他学科的相关历史著

---

① 职役：古代征发的劳役，也称"差役"。
② 征榷：国家征收商品税与官府专卖。
③ 象纬：古代有关天文的内容，其中也夹杂了不少迷信的说法。

作,一些宗教史著作,如佛教史、道教史、伊斯兰教史等,都属于历史文献。值得注意的是,在一些少数民族文献中,宗教史著作,如教法史、宗教人物传记等,占据主体地位,其数量要远远超过其他类别的历史文献。因此,这些历史文献也是我们要关注的重要内容。

三、中国历史文献学的内容

历史文献学是对历史文献的形成、发展、内容类别、典藏传播、整理利用进行研究并探索其规律的一门学科,它以历史文献为研究对象,目的是为历史研究提供丰富而可靠的资料,并为人们查找史料、利用史料奠定基础。目前,历史文献学作为历史学下的分支学科,其学科体系主要包括三个方面。

(一)历史文献学理论

历史文献学理论主要包括对历史文献学研究对象和范围等的探讨,总结古今历史文献研究的理论性成果,对历史文献学进一步发展提出建议等。

(二)历史文献学分支学科及相关学科的研究

古代虽没有历史文献学名称,但人们对历史文献整理工作很早就开始了,并形成了目录学、校勘学、辨伪学、辑佚学、藏书等分支学科。近代以来,由于现代科技手段的应用,为历史文献学又增添了不少新内容,如文献数字化、电子文献检索等。因此,历史文献学应包括图书典藏、目录学、版本学、校勘学、辑佚学、辨伪学、编纂学、避讳学、史源学、历史文献数字化、历史文献检索等分支学科。其他一些因文献价值独特而独立的学科,如甲骨学、敦煌学、金石学、方志学、四库学等,与历史文献学有密切关系。

（三）历史文献学发展史

历史文献学作为一门学科虽只有三四十年的历史，但关于历史文献的整理却已经历了两千多年，在这一过程中，出现了很多文献学家，取得了巨大成就，也积累了丰富的经验。因此，探讨一些重要文献学家的文献学思想，研究不同历史阶段取得的成就，探索其历史发展规律，是历史文献学的重要内容。

历史文献学以世界上所有存留下来的历史文献作为研究对象，但本书专门讲述中国历史文献学，故而不涉及国外内容。中国是一个包括五十六个民族的大家庭，有些民族没有留下本民族的文献，只有一些口头传说，而有些民族则留下浩如烟海的文献，其载体各异、体裁多样、内容丰富，是中华民族的宝贵文化遗产。有些少数民族文献，有不少都属于历史文献内容，如藏族、蒙古族、满族等留存至今的历史文献数量都比较多，我们要讲的历史文献学就是包括中国所有民族文献的中国历史文献学。

第二节　学习中国历史文献学的意义

历史文献是研究历史的基础，历史学的发展离不开对历史文献的挖掘和整理，同时，古代历史文献学丰富的内容是前人给我们留下的宝贵遗产，应认真总结继承。学习中国历史文献学对于历史学专业的学生来讲非常有必要，主要表现在以下几个方面。

一、学习中国历史文献学能够增强爱国主义情感

中国是一个有着几千年历史的文明古国，历史上遗留下来丰富的文化典

籍，是古人智慧的结晶，这是一笔宝贵的文化遗产。当我们置身于书的海洋，面对丰富的文献时，会不由自主地心生敬意，对我们国家灿烂的文明充满自豪感。"睹乔木而思故家，考文献而爱旧邦"①，这是一位从事古文献整理与出版工作学者发自内心的感慨。

中华民族是一个具有悠久历史的多民族共同体，历史上各个民族创造了灿烂的文化，形成了中华民族文化宝库。其中，历史文献是中华民族传统文化的重要体现，在学习中华民族优秀的传统文化过程中，可以牢固树立爱国主义情感，进一步增强我们的民族自信心和凝聚力。除汉文文献外，少数民族文献是中国历史文献的重要组成部分，学习各民族语言文字的历史文献，了解国内各民族的历史文献特点，是我们增强爱国主义情感的重要途径。一些少数民族历史文献编纂方法体现了中华民族多元一体格局形成的过程，对于增强中华民族的凝聚力具有非常重要的意义，如元、明、清时期藏族、蒙古族史书将汉、藏、蒙古等民族的历史融于一体的撰写方法，反映了各民族交往密切，逐渐形成多民族共同体的社会历史状况。

二、提高运用历史文献的能力，为学习和研究历史学奠定基础

中国历史文献学包含了很多专门的知识，直接关系到研究历史的能力。如掌握目录学，对于我们查阅史料、了解学术源流非常有帮助；学习辨伪学，不仅有助于培养我们对古书的怀疑精神，还可以通过一些方法考辨书籍真伪，使我们正确运用史料，从而考证真实的历史事实；学习避讳学，可以知道古

---

① 张元济：《印行四部丛刊启》，见《四部丛刊初续三编总目》卷首，上海，上海书店，1986。张元济（1867—1959），号菊生，浙江海盐人，清末中进士，入翰林院任庶吉士，后在总理事务衙门任章京，是中国近代著名的学者，出版巨子。1902年，张元济进入商务印书馆历任编译所所长、董事长等职，主持了大量的出版工程。在他的主持下，商务印书馆成为国内外非常有名的出版机构，影印出版了不少古籍，以《四部丛刊》和百衲本《二十四史》最有影响力。

人写作、刻书时的特点，不至于被讳字迷惑而造成不必要的错误；掌握版本学的知识，不仅可以使我们了解古代版本流传情况，学会利用好的版本等，还可以增强我们鉴定版本的能力，从而为古文献版本的鉴定奠定一定的基础。历史文献学是一门注重实践的学科，在学得理论知识后，经过实践，可以大大提高我们研究历史的能力和水平。

三、正确运用历史文献学的知识，纠正社会中存在的历史知识错误

随着历史文化的不断变化，历史上不同时期文献的载体、装帧方式等各有不同，若不懂得这些知识往往会出现一些有悖历史客观事实的错误。今天当我们观看以古代历史为题材的影视节目时，经常会发现一些失误，其中很多都是对历史文献学不了解的表现。如1986年版《西游记》是一部非常受人们喜爱的电视剧，已家喻户晓，但电视剧中最后唐僧师徒取回的经书都是线装书，这完全不符合历史文献发展的实际状况。唐代只有卷轴形式的书，今天我们看到挂在墙上的轴画、书法等，就是卷轴装的遗风，而印度的佛经多是梵夹装，线装书则是明朝中期才开始逐渐流行的。有些电视剧内容虽是虚构的，但人们在看电视时，很容易受其内容的影响，不符合历史事实的内容会带给观众尤其是青少年学生错误的认识。杜泽逊《文献学概要》有一段描述："某一年的小学寒假作业，内封面或封底画的是历史故事，是一位知名画家画的，其中有汉代张良'圯下取履'的故事，其中一幅是黄石公授给张良《太公兵法》，画的是线装书一函。这位画家大概不知道当时根本没有纸，一般说来应是竹简一卷，《史记·留侯世家》明说是'出一编书'，一编是指竹简编连成册的书。线装带函套的书一般认为明中期才有，秦代是绝对

没有的。这种历史知识画，传给小学生的是什么知识呢？"① 有些古装影视片演员竟然在表演看书时仍然从左向右阅览，表现出对古代文献知识的无知。有些演少数民族的古装戏，不管什么时代一律用汉文线装书，诸如此类的问题非常多，都是在给观众、读者传递错误的历史知识。学习历史文献学有助于纠正现代社会中常常存在的历史知识错误，传递正确的文化知识。

推荐阅读书目

1. 张舜徽：《中国文献学》，武汉，华中师范大学出版社，2004 年。

提要：张舜徽（1911—1992），湖南省沅江县人，中国现代著名历史学家、文献学家，精于校勘、版本、目录、文字之学，华中师范大学教授，曾任中国历史文献研究会会长，也是中国第一位历史文献学博士生导师。《中国文献学》是我国文献学领域的奠基性著作，共分十二编，内容涉及文献学理论、分支学科、文献整理等，在文献学学科发展上，有发凡起例之功。

2. 赵令志：《中国民族历史文献学》，北京，中央民族大学出版社，2006 年。

提要：赵令志，1964 年出生，内蒙古赤峰市人，中央民族大学教授。该书分目录学、版本学、校雠学三编，较为系统地论述了目录学、版本学、校勘学等知识。以往中国历史文献学教材虽有多部，但基本上属于"汉族历史文献学"，对少数民族内容涉及很少，该书以"中国民族历史文献学"命名，以较长篇幅论述少数民族历史文献内容，特色鲜明，是对包含少数民族在内的中国历史文献学的有益探索。

3. 黄爱平：《中国历史文献学》，北京，中国人民大学出版社，2010 年。

提要：黄爱平，1955 年出生，女，瑶族，中国人民大学教授。该教材分

---

① 杜泽逊：《文献学概要》，8 页，北京，中华书局，2001。

上下两编，上编讲历史文献学理论及分支学科，下编论述历史文献学发展史。全书以凸显中国历史文献学的自身特色，反映历史发展和时代变化，体现新世纪学术水平为宗旨，在全面揭示文献学基本理论及历史面貌的同时，力求有所突破和创新。教材编写注重学术性、实用性，并配置生动形象的历史图片，增加海外及我国港台地区历史文献学的相关内容，以增强开放性和现代性，被列入国家教育委员会普通高等教育"十一五"国家级规划教材。

推荐阅读论文

1. 白寿彝：《谈历史文献学》《再谈历史文献学》，见白寿彝著《中国史学史论集》，北京，中华书局，1999年。

提要：白寿彝（1909—2000），回族，河南省开封人，中国现代著名历史学家，在中国交通史、中国民族关系史、中国思想史、中国史学史、中国历史文献学等方面都有杰出的成就。这两篇文章均发表于20世纪80年代初，以答客问的形式，阐述了历史文献学研究的对象、任务、范围、意义等有关理论问题，当时正值历史文献学学科初建时期，文章的内容对历史文献学学科建设具有重要理论指导意义，有力地推动了历史文献学的发展。

2. 孙钦善：《古文献学及其意义与展望》，载《南昌大学学报》，2005年第2期。

提要：孙钦善，1934年出生，山东省烟台人，北京大学教授，曾任北京大学古文献研究所所长，著有《中国古文献学》《中国古文献学史》等。该文主要讨论了古文献学的含义、意义，并表达了对古文献学进一步发展的期望，对全面认识文献学非常有益。

第二章　历史文献的载体

载体是承载历史文献的材料，传统历史文献的载体都是物质材料，今天有些历史文献载体则是虚拟材料。一般说来，文献最早的载体主要是纸草、甲骨、金属、石、竹、木、帛、羊皮等，后来在很长时间中都是以纸张为主，20世纪以来文献形式多样化，除了纸张以外，胶卷、光盘、硬盘、网络等被广泛使用。总体来看，文献载体越来越小，甚至出现了虚拟载体，而承载知识量却越来越大，更便于人们阅读和保存。下面我们分别对这些载体加以简介。

第一节　传统文献载体

一、甲骨文献

甲骨文献也称卜辞文献，是我国现存最早的文献，其内容是商周时期占卜的记录，目前发现的甲骨文献主要为商代甲骨。甲骨一般是指龟甲和兽骨，龟甲主要是龟的腹甲、背甲，相对较为平整；兽骨则主要包括牛骨、鹿骨、猪骨、马骨等，以牛骨为主。殷商时期牛的用处很多，除耕地外，祭祀也多用牛，很多牛的骨骼都用于占卜。殷商时期人们敬信鬼神，凡国之大事均要向鬼神占卜吉凶，巫师在社会中占据非常重要的地位。占卜之后，巫师将有关占卜的情况刻在龟甲或兽骨上，并在宫廷中妥善保存，以便后来查考。这就是甲骨文。

大致上说，甲骨文献的制作过程，要经过整治、钻凿、命辞、灼兆和刻辞等几个步骤。整治就是将龟甲或兽骨进行刮削，磨治光洁；钻凿是在整治好的龟甲或兽骨内面凿出整齐的小凹槽，这样可以使灼烧时出现裂痕，有的要在甲骨上钻一些小圆洞，方便穿连起来加以保存；命辞是在甲骨上刻写所卜之事；灼兆是沿凹槽周围烧灼，使龟甲出现裂痕，巫师根据甲骨断裂迹象，预测所卜问事情的吉凶；刻辞是将占卜时间、巫师名字、所卜之事及占卜结果刻写于相应的裂痕附近，有时还补刻应验的结果。

甲骨文以占卜刻辞为主，简称"卜辞"。其内容大致有三类：一是天象，如日食、月食、雨雪等；二是预测将要发生的事，如战争、渔猎等；三是占卜生老病死等吉凶，也有的与祖先、神灵祭祀等有关。商代一般以10天为一单位，在每10天最后一天预卜下一旬的吉凶，称为"卜旬"。由于每10天一次，一年就是36次，商代似乎一直沿用这一传统。

甲骨文献一篇完整的卜辞大致包括四个部分：一是序辞，记占卜的时间和占的名字；二是命辞，包括所卜之事和期限；三是占辞，通常包括对占卜吉凶的判断；四是验辞，记事实与占卜结果是否应验。除卜辞外，甲骨文中还有记事文，它们或附刻于甲骨片的边角，或是刻于未经灼卜的甲骨上。专门记事的甲骨文多是牛骨，用来记宫廷大事，如战争、狩猎等，而不用于占卜。

商灭亡后，甲骨文被湮没地下，不为人所知。晚清时，河南安阳农民偶尔在田间发现了甲骨碎片，但最初没人认识其文献价值，被当地人当作"龙骨"作为治创伤的药卖给药铺。1899年，王懿荣①最先发现甲骨的文献价值，并多方购藏。王懿荣去世后，所藏千余片甲骨大部分被刘鹗②购去，刘鹗将自己所藏甲骨精选出刻字较多者，拓印出来，编成《铁云藏龟》一书。这是甲骨文发现后第一部著录书，在甲骨学发展史上有开创之功。

近代著名学者罗振玉③在探知甲骨文出土后，派人到安阳小屯村收购了一万多片甲骨。同时，他又对甲骨文进行整理与研究，编成《殷墟书契前编》（1911年）、《殷墟书契后编》（1916年）、《殷墟书契菁华》（1914年）和《殷墟书契续编》（1933年），向世人公布了大量的资料。他还对甲骨文进行了深入研究，著成《殷墟书契考释》（1914年），对很多甲骨文字进行了考释。王国维④是20世纪初对甲骨文进行考释和利用的著名学者，著有《戬寿堂所藏殷墟文字考释》（1918年），还利用甲骨文研究殷商历史，著有《殷卜辞中所见先公先王考》、《续考》（1917年）及《殷周制度论》（1917年）等。同时，还对甲骨文进行缀合工作，所谓缀合就是将散乱的甲骨片加

---

① 王懿荣：（1845—1900），字正儒，一字廉生，山东福山（今烟台市福山区）人，清光绪六年（1880）中进士，曾任翰林院编修、国子监祭酒。1900年，八国联军入侵，王懿荣时任京师团练大臣，北京沦陷后，王懿荣以身殉国。他是中国近代金石学家、甲骨文的发现者和爱国人士。有人说，王懿荣在生病时发现药材中有一味"龙骨"的药，上面刻有一些符号，经过仔细研究，认定这是古代最早的汉字，从而发现了甲骨文。也有人说，他是从古董商手中购得甲骨片，发现了甲骨文。不管发现过程如何，人们一致认为王懿荣是最早发现甲骨文者。

② 刘鹗：（1857—1909），字铁云，江苏丹徒人，著有《老残游记》，是晚清著名甲骨收藏家。

③ 罗振玉：（1866—1940），字式如、叔蕴，号雪堂，江苏淮安人，曾参与开创现代农学、保存内阁大库明清档案、从事甲骨文字的研究与传播、整理敦煌文书、开展汉晋木简的研究等，在保存、整理文献方面有突出的贡献。但他在政治上十分保守，始终效忠清室，"九一八"事变后追随溥仪，出任伪满洲国参议府参议、满日文化协会会长等职。

④ 王国维：（1877—1927），字静安，晚号观堂，浙江海宁人，是近代著名学者。早年王国维将西方哲学、美学思想与中国古典哲学、美学相融合，研究哲学与美学，又治词曲戏剧，后致力于史学、古文字学、考古学的研究，在甲骨学、敦煌学以及西北汉简整理及考释等领域都有很大的成就。1927年在颐和园跳湖自尽。

以联结组合，将甲骨文的研究向前推进了一步。董作宾①、郭沫若②也是20世纪著名的甲骨学专家，董作宾一方面积极从事甲骨文的科学挖掘工作，另一方面对甲骨文做了系统深入研究，撰有《甲骨文断代研究例》（1932年），提出了"五期分法"和"十项标准"，为甲骨文分期研究奠定了基础。郭沫若将前人著录的甲骨依类排比，并对甲骨文字做出释文，著有《卜辞通纂》和《殷契粹编》。罗振玉（号雪堂）、王国维（号观堂）、郭沫若（字鼎堂）、董作宾（字彦堂）四人是20世纪研究甲骨文的著名学者，因他们字号都带有"堂"字，学界誉为"甲骨四堂"。

20世纪初，随着甲骨文的价值越来越受到人们重视，引发了当地民众对甲骨的私掘热潮，各地古董商人、学者纷至沓来，大量收买。由于民众在挖掘过程中以牟利为目的，不注意保护，原保存情形遭到人为破坏，有些甲骨文被卖给外国人，致使这些珍贵的文物流散海外，现在日本、英国、美国、德国等都收藏着数量不等的甲骨文，大多是那一时期散失的。民国时期，中央研究院在董作宾等人的主持下，组织专门人员对甲骨文进行了15次科学发掘，不仅先后发现了总计24900多片甲骨，而且发现了商代后期的宫殿、宗庙遗址和王陵区，出土了大量的铜器、玉器、陶器，都具有极高的文物价值。日本在侵略占领安阳后，曾组织日本学者在当地发掘甲骨及其他文物，并将所得运往日本。1949年10月1日中华人民共和国成立后，中国科学院等部

---

① 董作宾：(1895—1963)，字彦堂，又作雁堂，号平庐，祖籍河南温县，出生于河南南阳，20世纪著名甲骨学家、史学家。早年曾在北京大学读研究生，先后在福建协和大学、河南中州大学和广州中山大学任教。1928年至1946年在中央研究院历史语言研究所工作，1948年被选为中央研究院院士。1949年以后，在台湾大学、香港大学、新亚书院等任教，1963年病逝于台湾。

② 郭沫若：(1892—1978)，幼名文豹，原名开贞，字鼎堂，号尚武，20世纪著名诗人、古文字学家、考古学家、社会活动家。1926年参加北伐，1927年参加了南昌起义，1928年2月因被国民党通缉，流亡日本。1949年10月1日中华人民共和国成立以后，曾任政务院副总理兼文化教育委员会主任、中国科学院院长、全国人民代表大会常务委员会副委员长、中国科学技术大学校长等职。著有《甲骨文字研究》《卜辞通纂》《古代文字之辩证的发展》《中国古代史的分期问题》《中国古代社会研究》《青铜时代》《十批判书》《奴隶制时代》等。

门继续开展对甲骨的科学发掘，共获得5300多片。现在，甲骨学已成为受世界学者关注的一门学问，越来越多的学者加入研究甲骨文的行列，推动着古语文学、商代历史的研究。

二、金石文献

金石文献是金文文献与石刻文献的合称。

（一）金文文献

金文文献是指以金属为载体的文献，主要以青铜器为主。古代金文通常记载在礼器、乐器、兵器、度量衡、印章、钟等上面，其中礼器上刻文篇幅相对较长，有些具有记事性质。在青铜器上刻文字，早在夏商时已开始出现，周代尤为盛行，此后一直延续不断。商代金文一般较为简短，多呈图形，有些刻画动物如马、狗、猪等，也有些是人与动物相结合，这些图形除了艺术的表现外，有些还以最为简单的方式反映当时祭祀或战争等重大事件。周代铜器形制增大，文字增多，出现了长篇记事文，如西周时期的毛公鼎①，载文将近500字。金文文献是研究历史的重要资料，特别是商周时期史料缺乏，利用出土金文文献与传世纸质文献互相考证，可澄清一些历史事实，如1976年在陕西省临潼出土的利簋②，是最早记录周武王伐商的文献，有些内容可以与《尚书》《诗经》等相互印证。春秋以后，金文又趋简要，长篇记事文不再出现。

---

① 毛公鼎：西周晚期青铜器，因作器者毛公而得名。清道光二十三年（1843）出土于陕西岐山（今宝鸡市岐山县），现藏于台北"故宫博物院"。高53.8厘米，腹深27.2厘米，口径47厘米，重34.7公斤，口饰重环纹一道，敞口，双立耳，三蹄足。

② 簋（guǐ）：古代中国用于盛放煮熟饭食的器皿，也用作礼器。利簋，又名武王征商簋、周代天灭簋或檀公簋，西周早期青铜器。1976年出土于陕西省临潼县零口镇，收藏于中国国家博物馆。利簋通高28厘米，口径22厘米，重7.95公斤，器内底铸铭文4行33字。

其他金属器物如乐器、兵器、度量衡、印章、钟等所载文字一般较为简短，但有些亦具有很高的史料价值。如吐蕃时期藏族的桑耶寺钟①、昌珠寺钟②等，年代久远，是研究藏族史的重要参考资料。

以金属作为文献载体，虽利于长期保存，但材质昂贵，制造困难，刻字面积很小，一般只用于极为重要的历史记载。由于石质材料较之青铜取材容易，载文面积更大，故而秦以后石刻文献逐渐盛行。

（二）石刻文献

石刻文献是指以石质材料为载体的文献。汉代以前石刻文献的文字主要刻在圆形石柱上，称为"碣"；汉代出现了方形石刻，称为"碑"。现存最早的石刻文献是秦代的石鼓文，共10块，高约3尺，径约2尺，分别刻有小篆四言诗一首，共10首，约700字。由于发现时已残缺不全，现今仅存300余字。

汉文"石经"是刻有儒家经典的大型石刻文献。石经制作约始于汉魏时，一直到清代不断，历史上刻写石经的目的主要是为儒家经典文献的学习和传播提供较为准确、权威的文本。由于石经保存了古代文献的原貌，对研究古代文字、经学等具有珍贵的价值。历史上著名的石经有：东汉灵帝熹平年间的"熹平石经"；三国曹魏时正始年间的"正始石经"，因碑文每字皆用古文、小篆和汉隶三种字体刻写，又称"三体石经"；唐朝开成年间的"开成石经"，又称"唐石经"；五代后蜀广政年间的"广政石经"；北宋嘉祐年间的"嘉祐石经"；南宋高宗赵构手书刻成的石经称为"高宗御书石经"或

---

① 桑耶寺：在西藏自治区山南地区的扎囊县桑耶镇境内，是藏族著名寺庙。据史书记载，该寺建造于公元8世纪赤松德赞时期。桑耶寺钟是赤松德赞妃主持铸造，汉译文为"王妃甲贸赞母子二人，为供奉十方三宝之故，铸造此钟。以此福德之力，祝愿天神赞普赤松德赞父子、眷属，具六十种妙音，证无上之菩提"。

② 昌珠寺：位于西藏自治区山南雅隆河东岸的贡布日山南麓。据史书记载，该寺建于松赞干布时期，传闻文成公主曾在此驻足修行。

"南宋石经";清乾隆年间刻的石经称为"乾隆石经"。

墓志碑刻包括神道碑、墓志铭等,在古代石刻文献中数量最多。神道即墓道,碑就是立在墓道前的石碑,早期的神道碑一般很简单,只是刻写"某某神道之碑",后来碑文内容越来越丰富,有些记载着人物的生平及事迹等。墓志铭是一种悼念性的文体,多由志和铭两部分组成,一般志叙述逝者的姓名、籍贯、生平事略等,铭是对逝者一生的评价,有的只有志或只有铭。墓志铭一般是刻在石头上,放置于墓中,相当于逝者的一份档案。

此外,还有纪功碑、庙碑、会盟碑、摩崖等。纪功碑是记载功德的石碑,有些纪功碑只记某个人功德,如吐蕃时期留存下来藏族著名石碑《达扎路恭纪功碑》[①] 等;有些纪功碑记集体姓名加以表彰,如修桥、修路等出资者姓名刻于石碑之上而形成的石碑;也有记载和评价历史事件的石碑,如《康熙御制平定西藏碑》[②] 等。这些碑文保存时间长久,具有很高的文献价值。庙碑是古代建庙以后立的石碑,最初多是为鬼神而立,后来慢慢地废除了鬼神碑,改为记事、留念等文字碑,有些庙碑碑文内容较为丰富,记事清晰,具有很高的历史价值。会盟碑是指不同政治势力或利益集团经协商达成一定的协议,为使协议持久有效,将盟文刻于石上。如唐朝的《唐蕃会盟碑》,也称《舅甥会盟碑》,立于唐长庆三年(823),高4.78米、宽0.95米、厚0.5米,上有石帽覆盖,四面有字,碑文主要记载唐蕃之间永久和好的盟誓,现保存在拉萨大昭寺前。摩崖石刻,有广义和狭义之分:广义的摩崖石刻是指人们在天然石壁上刻画的所有内容,包括文字、造像、岩画等;狭义的摩崖石刻则专指文字石刻,即利用天然的石壁刻文,主要用以歌颂、题诗或记事等。

---

① 按:达扎路恭是吐蕃赤松德赞时的重要大臣,达扎路恭纪功碑是为表彰其功绩而立。
② 按:该碑以满、汉、蒙古、藏四种文字镌刻,详细记述了清朝康熙时期派兵入藏平定蒙古准噶尔部的情况。

由于历史原因,一些民族纸质文献多已佚失,而石刻文献却因坚固持久,而保存较为完好,成为研究少数民族史的重要史料。如现在保存下来的突厥文文献除敦煌文书中的纸质文献外,主要以石刻文献为主,其中具有代表性的石刻文有《阙特勤碑》《毗伽可汗碑》《暾欲谷碑》等。《阙特勤碑》碑文中"阙"是人名,"特勤"是突厥子弟的称号,该碑立于公元732年,于1889年由俄国考古队发现,碑身高3.15米、下宽1.24米、厚0.14米,碑三面突厥文、一面汉文。其中突厥文主要记载阙特勤的生平事迹以及唐朝和突厥的关系等,还提到阙特勤去世后各族派人吊唁,唐朝派人刻碑的盛况;汉文为唐玄宗悼念已故突厥可汗阙特勤的悼文。《毗伽可汗碑》是由俄国学者于1899年发现,碑高3.75米、下宽1.74米、厚0.72米,碑文为汉文与突厥文。毗伽可汗与阙特勤为兄弟,突厥文主要记述毗伽可汗的生平事迹。《暾欲谷碑》共存突厥文62行,刻在两根插入土中的石柱上,南柱高1.7米,北柱高1.6米,碑文主要记述暾欲谷为谋臣时的丰功伟绩。①

甲骨、金石文献都很笨重,体积较大,载体制作困难,不易携带,更不利于传播流通,随着时间的发展,逐渐出现了更为轻便的文献载体。

三、简帛文献

简包括竹简和木简,是指以竹或木作为载体的文献;帛是一种丝织品,以此作为载体的文献称为帛书。

---

① 突阙文石刻文献参考了张铁山主编:《中国少数民族文献学基础教程》,65—69页,北京,中央民族大学出版社,2012。

（一）简牍文献

竹子和木头是简牍文献的主要载体，一般而言，刻字于较狭长的竹片或木条称之为"竹简"或"木简"，而刻字于较宽的竹片或木板称之为"竹牍"或"木牍"。因竹子含有较多水分，容易腐烂生虫，所以制作竹简是先用火烘烤竹片，将青竹里的水分逸出，因好像出汗，又称"汗青"。竹片烘干后，再将表面刮削平滑，这样即可写字了。相较于竹简的制作，木简的制作较简单，先将木头劈成片状木板，刮磨平滑后即可写字。若书写错误，则用刀将错字刮去，重新书写，因此古人常用"刀笔"称呼书写工具。从出土文献看，牍大都是木制。简的长度不一样，有的三尺长，有的只有五寸。经书和法律，一般写在二尺四寸（约80厘米）长的简上。牍的长度也不一样，将面积稍小的称为札，将面积再小的称为"笺"，而信一般写于一尺长的牍上，故古人又把信称之为"尺牍"。古代每片简牍上写的字也不固定，有的写三四十个字，有的只写几个字，较长的文章或书所用的竹简较多，需按顺序排列，然后用绳子、丝线或牛皮条编串起来，叫做"策"或者"册"。

相对于早期将文字刻于甲骨、青铜器而言，以简牍为载体，书写方便，是中国历史上早期文献的重要载体。简牍始于何时已不可考，但至少春秋战国时期已广泛使用。据史书记载，西汉武帝时，在孔子家墙壁中发现战国竹简，经人整理有《尚书》《礼记》《论语》等。公元281年，有盗墓者在汲郡（今河南省卫辉市西南）发现数十车竹简，皆长二尺四寸，每简40字，用白绳编连，当时学者从中整理出《竹书纪年》①《穆天子传》②《易经》等16种书籍，被称为"汲冢书"。在纸张盛行以后，竹木简逐渐退出历史舞台，约

---

① 《竹书纪年》：是春秋时期晋国史官和战国时期魏国史官所作的一部编年体通史，西晋时被盗墓者掘出，但约在元代又佚失了。

② 《穆天子传》：撰写者不详。该书以时间为序，记载了周穆王驾八骏西巡天下，行程三万五千里，会见西王母的故事。

在隋唐时人们已不再使用竹木简，原来流行的竹木简大多消失，但也有的被埋于地下，或受到专门的保护而留存到今天。

20世纪以来，新发现挖掘的简牍文献非常多，其中，在我国西北发现的居延汉简、敦煌汉简、武威汉简等最为著名，一般将之称为"西北汉简"。居延汉简发现遗址在今天内蒙古自治区额济纳旗和甘肃省金塔县境内。古居延地区是指黑河下游流域，因黑河源于祁连山，下游注入额济纳旗的居延海而得名。公元前121年春，汉将军霍去病①率骑兵自陇西郡出发，向西北进军，跨黄河、湟水河②，越焉耆山③，攻击匈奴，为保证去西域的道路畅通，保障西征军的后勤供应，修建居延要塞，汉朝长期派兵驻守，为解决驻兵粮草转运困难的问题，就在当地发展屯垦。因长期的驻兵和屯垦，有大量的军事文件，以及在经济、政治和军事等管理方面的文书，这些文献后来大都被埋在地下，这就是居延汉简的由来。20世纪初，西北汉简不断被发现，逐渐受到世人重视，英籍匈牙利人斯坦因④在敦煌西北汉烽燧遗址掘得705枚，最早为汉武帝天汉三年（前98），最晚为东汉顺帝永和二年（137）。1930年，中国和瑞典共同组成的西北科学考察团在古居延地区的破城子、肩水金关等汉代烽燧遗址中掘得1万多枚，除少量是竹简外，大部分为木简。这批木简出土后，瑞典学者贝格曼强烈要求将这批简带走，但中国很多著名学者

---

① 霍去病：（公元前140—前117），河东平阳（今山西省临汾西南）人，西汉名将、军事家，自幼善骑射，用兵灵活，善于长途奔袭、快速突袭和大迂回、大穿插作战。17岁初次征战即率领800骁骑深入敌境数百里，把匈奴兵杀得四散逃窜。在两次河西之战中，霍去病大破匈奴，俘获匈奴祭天金人，直取祁连山。在漠北之战中，霍去病封狼居胥，大捷而归。元狩六年（前117），霍去病因病去世，年仅23岁，武帝很悲伤，追谥为景桓侯。
② 湟水河：也称为西宁河，是从西宁城北经过的黄河重要支流。该河发源于今青海省海晏县包呼图山，向东南流经今西宁市，在兰州汇入黄河。
③ 焉耆山：又称"焉支山"，在今甘肃省民乐县东。
④ 斯坦因：全称马尔克·奥莱尔·斯坦因，（1862—1943），原籍匈牙利，是一名犹太人，1904年入英国籍，是世界著名考古学家、语言学家、地理学家和探险家，分别于1900—1901年、1906—1908年、1913—1916年、1930—1931年进行了著名的四次中亚考察，考察的重点是中国新疆和甘肃，从中国带走了大量的文物。

坚决反对，进行了交涉，最终这批汉简留在了中国。此次发掘的居延汉简先是保存在北京大学图书馆，日本军队侵占北平（今北京）后，一些学者冒着生命危险将这批汉简秘密运到香港，存于香港大学。1940年战火逼近香港，汉简又转移到美国华盛顿中国大使馆，1965年台湾当局与美国接洽，这批居延汉简运回中国台湾，至今保存完好。1972—1976年，甘肃省博物馆等单位组成居延考古队，在破城子、肩水金关、甲渠塞第四燧等处，又掘得2万多枚汉简，被称为"居延新简"。这两批居延汉简，长短宽窄不一，不少有刮削修改痕迹，时代约自西汉武帝末年（前1世纪）至东汉中期（2世纪初），其中以西汉中晚期及东汉早期简居多。这些汉简时间跨度达270多年，内容极为丰富，对研究汉代的政治、军事、经济、科技、文化、法律、民族、宗教以及社会生活状况等，具有非常重要的作用。

1972年在山东临沂银雀山汉墓中出土了4000多枚竹简，其内容有《孙子兵法》[①]《孙膑兵法》[②]《尉缭子》[③]《六韬》[④]等。

1975年在湖北云梦睡虎地秦墓中发现1000多枚秦简，这是第一次发现秦代竹简，内容包括《编年记》《语书》[⑤]《为吏之道》《封诊式》[⑥]《日书》[⑦]等。由于秦代竹木简出土较少，因此这批竹简的出土对研究秦代法制和社会具有重要意义。

[①]《孙子兵法》：又称《孙武兵法》，作者是战国时期著名军事家孙武。该书是我国现存最早的兵书，历代被奉为兵家经典。

[②]《孙膑兵法》：作者孙膑，是战国时期著名军事家。该书也是中国古代著名军事著作之一，但后来佚失，银雀山汉墓出土，又使这部书失而复得。

[③]《尉缭子》：是中国古代一部重要的兵书，过去疑古派一直认为《尉缭子》是伪书，故被长期冷落。1972年银雀山汉墓出土文献证明《尉缭子》并非伪书。

[④]《六韬》：又称《太公六韬》或《太公兵法》，是中国古代一部著名兵书。其题为西周时姜尚著，实际是战国时期有人伪托其名。

[⑤]《语书》：是南郡守腾在秦始皇二十年对县、道官员发布的告示。

[⑥]《封诊式》：是关于审判原则及对案件进行调查、勘验、审讯、查封等方面的规定和案例。

[⑦]《日书》：是古人从事婚嫁、生子、丧葬、农作、出行等活动时，选择时日、吉凶、宜忌的参考之书。

1996年在湖南长沙走马楼一个古井内，发现了10多万枚简牍。这批简牍形制、宽窄不一，内容丰富多样，有经济券、司法文书、账簿、民籍类等，为研究三国时期吴国的社会、政治、经济等提供了重要资料。

2002年在湖南省湘西土家族苗族自治州龙山县里耶镇里耶古城古井中，发现了3万多枚秦朝竹木简，此外还有一些战国、秦朝的器物，人们将这批竹木简称之为"里耶秦简"。内容包括秦朝迁陵（即今里耶镇）的户籍管理、田赋、劳役、邮驿、祭祀、土地买卖、奴隶买卖、教育等，其中一枚木简是乘法口诀表，与我们现在的乘法口诀基本一致，使我们对数学史的发展有了新的认识。里耶秦简的出土，弥补了《史记》记载的不足，对于秦朝历史研究有极高的学术价值。

除了汉文简牍外，在甘肃省还出土了一些少数民族文字的简牍，如粟特文简以及唐宋时期的藏文简和西夏文简等；在新疆近几十年也陆续发现了很多藏文简牍。这些都是非常珍贵的历史文献。

（二）帛书文献

将丝织品作为书写载体，在我国历史上很早就已经出现，汉代总称丝织品为帛或缯，或合称"缯帛"，所以帛书也叫"缯书"。由于帛轻薄柔软平滑，既可写字又可作画，因此，在战国时，帛书已较为广泛的使用。由于丝织品较为昂贵，故只有皇室或富贵人家才用。

如1942年，在湖南省长沙子弹库楚墓中发现的战国帛书，图文并茂，具有极高的文献价值，后被美国人骗走，实物现仍藏于美国。1973年，湖南省博物馆对该墓重新清理挖掘，又发现一幅人物御龙帛画，画中一男子驾一巨龙，龙尾上站立一鹤，是一幅反映战国时期神仙思想的作品。

1973年，长沙马王堆汉墓出土大批帛书，包括《周易》《老子》①《战国纵横家书》②《相马经》③等，其中《老子》有两个版本。这批帛书在学术界产生了很大影响。

帛书相较简牍而言，更加轻便，易于携带。此外，帛除用于书写文字外，还多用于绘画和绘制地图，马王堆汉墓出土的帛书就有地图和驻军图。

四、贝叶文献

贝叶产自于热带、亚热带地区的"贝叶棕"。据玄奘《大唐西域记》④记载，古代印度、尼泊尔等地广泛使用贝叶书写。贝叶从树上摘下并不是直接用于书写，一般要经过水煮、晾晒、压平、切割等程序方能使用，用贝叶书写能防潮、防腐、防蛀，经久耐用，利于文献的保存。在我国各少数民族中，傣族使用贝叶书写较具有代表性⑤，几百年来，傣族人民除了用贝叶抄写佛经外，还记载天文地理、医学历算、语言文字、社会历史、农田水利等，其中《游世界记》《维先达罗》等都是非常珍贵的文献。《游世界记》，傣语原

---

① 《老子》：又称《道德经》，是老子所著，先秦时期道家的代表作品。
② 《战国纵横家书》：是一部以苏秦游说为主的战国纵横家言论的辑本。
③ 《相马经》：是中国最早相马术著作。
④ 《大唐西域记》：又称《西域记》，共12卷，唐玄奘述，辩机撰文。该书是玄奘自印度归来后，奉唐太宗敕命而著，于贞观二十年（646）成书。书中记述了玄奘西行的见闻，记载了沿途及印度的概况，涉及疆域、气候、山川、风土、人情、语言、宗教、寺庙以及大量的历史传说、神话故事等，是研究中古时期中亚、南亚诸国的历史、地理、宗教、文化和中西交通的珍贵资料，也是研究佛教史学、佛教遗迹的重要文献。
⑤ 按：关于利用贝叶刻写文字，傣族民间有动人的传说：很久很久以前，有一个傣族小伙子为了寻找光明，辞别了他的未婚妻到远方，他们每天都要给对方写一封信，把字刻写在芭蕉叶上，并由一只鹦鹉为他们传递。随着小伙子越走越远，芭蕉信尚未到达便枯萎了，字迹模糊难辨。有一天，小伙子在森林中见到一种棕榈的叶片，由于昆虫啃食叶肉而在叶片上留下清晰的纹路。受到启发，他把文字刻在那种棕榈的叶片上，虽经多天的传递，但字迹也完好如初。这样，傣族先民们便发明了用贝叶刻写文字的方法，贝叶也就象征着"光明"与"爱情"。实际上，这只是一个美好的传说，贝叶的使用是随着佛教在中国的传播而逐渐开始广泛使用的。

名为《当难列普罗克》,全书用贝叶200余张,两面刻写,记述了释迦牟尼周游世界的传说,其中也涉及傣族的起源和风土人情等。《维先达罗》现存有不同的贝叶本,是傣族重要佛教经典,内容记述释迦牟尼修行成正果的故事。除傣族贝叶文献外,藏文贝叶文献也非常出名,西藏自治区各档案馆、寺庙等藏有大量的贝叶经。

五、兽皮文献

兽皮文献在历史上不多见,古代埃及较早使用羊皮作为书写材料,后来在欧洲也曾使用过羊皮纸。我国兽皮文献以彝文文献最具代表性,彝文发明者毕摩①认为,几种消灾的书必须写在兽皮上才有法力,故而出现了一些兽皮文献,现今贵州省毕节地区威宁县民族事务委员会就收藏有兽皮书的彝文文献。②

六、纸质文献

造纸术、指南针、火药及活字印刷术为中国古代四大发明。我们经常说是东汉蔡伦③于公元105年发明造纸术,但这种说法并不准确,从考古发现来看,其实早在西汉初年已有纸。1957年,在陕西省西安灞桥古墓中出土了汉武帝时期的一叠麻纸,此外,在古居延地区、陕西扶风、甘肃敦煌、甘肃

---

① 毕摩:彝语音译,"毕"为"念经"之意,"摩"为"有知识的长者",是专门替人礼赞、祈祷、祭祀的祭师。
② 张铁山:《中国少数民族文献学基础教程》,136页,北京,中央民族大学出版社,2012。
③ 蔡伦:(?—121),字敬仲,东汉桂阳郡人,早年入宫为宦官,章和二年(88),蔡伦因有功于太后而升为中常侍,又以位尊九卿之身兼任尚书令。蔡伦总结以往人们的造纸经验,革新造纸工艺,终于制成了"蔡侯纸",奏报朝廷,汉和帝下令推广他的造纸法。建光元年(121),因宫廷权力斗争蔡伦自杀身亡。

天水等地都发现了西汉时期的纸。历史上将造纸术归于蔡伦，是因为在蔡伦之前，生产的纸较为粗糙，不利于书写，目前考古发现的西汉时期的纸都是用于包裹或衬垫等杂用，而不用于书写，说明西汉时期的纸尚未成为文献载体。蔡伦将造纸使用的原料以及制作方法加以改进，他突破了人们单用丝、麻为原料的方法，使用树皮、麻头、渔网等作为新的造纸原料，将多种原料经过剥皮、沤烂、蒸煮、舂捣、漂白等程序，提高了纸的质量，为纸张广泛用于书写提供了条件。据史书所记载情况来看，蔡伦改进造纸术后，纸张并没有马上广泛用于书写，可能当时生产纸的能力还不足以供应大多数人书写，无法普及。此外，简帛长期作为书写材料，在人们心目中已形成习惯，纸张在社会中广泛应用需要一个过程。从历史记载以及考古发现来看，在三国西晋时期，纸张与简牍并用，但纸张容易制造，携带方便，又比缣帛便宜，其优点逐渐得到人们的认识，纸张越来越多地用于书写。到东晋时，纸基本上取代了简牍，成为最为常见的文献载体。隋唐时，除一些少数民族还使用简牍外，汉文文献的载体基本上已由竹木变成了纸张，缣帛除了作画或创作特殊内容文献外，也不再用于书写。造纸术的改进是中国历史上的一件大事，文献载体的变化大大促进了中国文化的发展。六百多年后，中国造纸术流传到中亚，又传播到欧洲，对整个世界文化发展也产生了深远影响。

第二节　现代文献载体

随着现代科学技术的发展，文献载体越来越丰富，声像、电子、网络等文献相继问世。而且这些文献体积小，或是根本不需要实物的虚拟载体，容量大，便于检索，对当今社会发展起着非常重要的作用。下面对常见的几种现代文献载体加以简介。

一、声像文献

声像文献也称"视听文献",是储存声音或图像的文献,包括唱片、磁带、录音带、幻灯片、胶片等,声像文献图、文、声、像兼备,且查阅方便,可以大大提高人们学习、阅读的效率。但需一定的设备才能打开利用,且有效保存时间较短,有些因时间过长,或长期受到破损,在特定的设备上无法打开,实际上已造成文献的佚失。

二、缩微文献

缩微文献是用缩微照相的技术将原始文献缩小若干倍,存储在感光材料上,人们可以借助特定的设备阅读文献。这种文献体积小,信息量大,便于检索,易于复制和转换,但缩微文献要通过专门设备才能阅读,而且要妥善保管,否则会大大减短使用寿命。目前,各大型图书馆、档案馆多将所存善本古籍和非常珍贵的档案制成缩微文献,以便读者阅读使用。

三、电子文献

电子文献是以数字代码方式将图、文、声、像等信息存储在磁盘、光盘上,人们通过计算机来阅读。当前硬盘体积越来越小而容量越来越大,检索方便,很多古籍经过数字化后,制成电子出版物,对社会文化的发展起到了极大的推动作用。

四、网络文献

前面提到的三种现代文献载体都是实物,借助于特定的设备可打开阅读。互联网兴起后,人们将文字信息等存储于网络,只要借助连接互联网的计算机或手机等,即可阅读使用,文献的载体由实物变成虚拟,存储量更大,能够永久保存,内容丰富,可以是集图、文、声、像为一体的动态信息,同一种文献可被多人同时阅读,人们可以自由检索、浏览、下载,不受时间、地点的限制,在各种场合可随意阅读,非常方便。网络文献还具有远距离、高速度传输的优点,世界上任何一个地方的用户在网络环境下只需几秒钟便可得到所需的文献信息,可轻松实现从研读、批注到下载、打印等一站式作业,从而帮助使用者在获得空前广阔的学术视野同时,极大地提高学习、工作效率。

网络文献虽然优点明显,但是也存在一些不足。首先,它必须借助一定的设备,并且与网络连接才能阅读,有时因网络速度等原因,会导致打开缓慢或无法连接的现象;其次,很多网络文献没有经过认真审核编辑,质量无法保证,尤其是数字化的古籍,有些疑难字处理不好,给阅读带来不便,甚至造成误解等。

现代文献载体体积小或成为虚拟载体,容量大,相较纸质文献来说,有很多便利之处,但现代新载体文献并不能代替传统纸质文献,所有现代文献都必须借助一定的设备,有时候也会造成不方便,长时间看电脑会给人的视力及颈椎等带来很大伤害。因此,阅读纸质文献仍是现代人们生活的重要方式。

推荐阅读书目

1. [美] 钱存训:《书于竹帛——中国古代的文字记录》,上海,上海书店,2004年。

提要:钱存训(1910—2015),出生于江苏泰县,曾担任芝加哥大学远东图书馆馆长。该书是钱存训在美国芝加哥大学的博士学位论文基础上修改而成,论文原名为 The pre-printing records of China: a study of the development of early Chinese inscriptions and books。该书系统论述了中国古代不同时代的主要文献载体,包括甲骨、青铜、陶器、玉石、简牍、缣帛和纸张等。最后一章总结以上各章所述要点,以通俗易懂的语言记述了中国古代文字及其载体和书写工具之演变历程,是我们了解文献载体的发展演变的重要参考书。

2. 毛建军:《古籍数字化理论与实践》,北京,航空工业出版社,2009年。

提要:毛建军,1971年出生,河南省潢川人,博士,长期致力于古籍数字化研究。该书共六章,对古籍数字化的性质、开发,以及古籍索引电子化、古籍书目数据库的利用、古籍全文数据库的实现与利用等,做了较为全面的介绍,从理论和实践层面分析古籍数字化的开发与建设问题,对于开拓古籍整理和文献学专业的视野非常有益。

第三章 历史文献的收藏与散佚

中国历史悠久，文化发达，国内各族人民共同创造了中华民族灿烂的文化，积累了丰富的文献典籍。自古以来，我国各民族都有重视文献收藏的传统，受不同社会文化环境的影响，各民族形成了多样的有利于图书流传和保存的制度和方法，为后人留下了宝贵的文化遗产；但由于政治、战争、文化等原因，每一个民族的文献在历史上都有不同程度的散佚，这些散佚的文献，有些是在历史上被外国人掠走而散藏在国外，有些是彻底佚失了，这是我们无法弥补的损失。

第一节 历史文献的收藏

按藏书者划分，历史文献的收藏大致上可以分为官府藏书、私家藏书、书院藏书和寺观藏书四类。

一、官府藏书

官府藏书是最早的一种图书收藏形式，自从有了文字，国家便开始收藏图书。据考古学家研究，出土的甲骨文并不是随意放置，而是按朝代顺序有规律地贮存在专用的窖穴之中，这种有序地保存甲骨的现象，可视为古代官府藏书的萌芽。据史书记载，周朝时官府藏书数量扩大，开始设管理图书的官职，《周礼》"外史掌书外令，掌四方之志，掌三皇五帝之书"，说明当时已有了一些管理图书的制度。据说，老子曾为周守藏室之史，即为管理周王室藏书的官员。春秋战国时，诸侯分立，除周王室藏书外，在各诸侯国中都有不少藏书，并有专人管理。孔子整理六经，就是收集并利用了鲁、宋、杞等诸侯国的文献。秦统一后，收集了六国所藏图书，增加了秦的官府藏书。《史记·萧相国世家》记载："沛公至咸阳，诸将皆争走金帛财物之府分之，何①独先入收秦丞相、御史律令图书藏之。"② 说明秦朝的藏书已非常丰富。西汉官府藏书取得了很大的成绩，西汉初年废除了秦朝民间不能挟书、藏书的律令，并广开献书之路，从民间征集图书，经过几十年的搜集，官府藏书日益丰富，朝廷设置了规模较大的藏书机构，如兰台、东观等，都是当时著名的藏书之所，且有专人管理，这是中国古代藏书发展较快的时期。东汉时，朝廷也非常重视藏书，官府藏书超过了西汉，汉桓帝延熹二年（159），朝廷设秘书监，这是中国历史上第一个专门管理国家藏书的正式机构，存续时间长达一千多年。

魏晋南北朝时期，社会长期混乱，官府藏书时聚时散，总体来看发展较为缓慢，不过，这一时期史书数量增多，佛经翻译较为兴盛，使藏书的种类发生了较大变化。隋朝虽短暂，但重视图书收藏，在秘书监牛弘建议下，隋文帝命人在民间广集图书，并规定献书一卷赏绢一匹，官府抄写完毕后，原

---

① 何：即萧何（前257—前193），秦朝沛郡丰邑（今江苏省丰县）人，是汉朝初年丞相、政治家，早年任秦沛县狱吏，秦末辅佐刘邦起义，攻克咸阳后，诸将皆争夺金银财宝，他却接收了秦丞相、御史府所藏的律令、图书，掌握了全国的山川险要、郡县户口，并知民间疾苦，对后来取得楚汉战争胜利以及西汉初年政策的制定起了重要作用。

② 司马迁：《史记·萧相国世家》，卷53，2014页，北京，中华书局，1972。

书仍归还献书人，官府藏书逐渐增多。同时，朝廷还命人将一些重要的书籍抄写副本，以供保存，防止孤本佚失，在图书收藏制度上有了进一步发展。唐朝建立后，接收了隋朝藏书，又在各地搜购书籍，并派一些有名的学者整理国家藏书。如开元九年（721）元行冲①等人编成《开元群书四部录》，著录图书达到48169卷。后来，图书又不断增多，很多书都备有正副二本，分别藏在长安和洛阳，这些书籍除了经、史、子、集外，还有佛经、道经等，可惜这些图书在"安史之乱"中大都散佚了。

唐代各少数民族的藏书也有很大的成就，其中尤以藏族藏书发展最快。据藏文史书记载，早在吐蕃统一青藏高原之前，拉脱脱日年赞②时天降经函，落于宫顶，时人不识为何物，拉脱脱日年赞将其藏于宫中，奉为神物加以供奉。但也有些藏文史书记载，这些经书系印度来藏传播佛教的僧人所携带，因当时传播佛教受阻，将书籍留下离开，后一种似乎更接近历史事实，我们可以将之视为藏族藏书的发端。一般来说，松赞干布以前，藏族没有文字，松赞干布时派吞米·桑布扎③前往印度学习文字，后来吞米·桑布扎根据梵文创制了藏文，并翻译了一些佛经，从此藏族图书事业有了快速发展。松赞干布时积极与周边民族进行文化交流，有不少梵文经书传入吐蕃，并开始译经。同时，从内地获得了大量汉文书籍，据藏文史籍《柱间史》记载，文成公主进藏时，唐太宗赐予大量图书，"大唐一十四法典，诗文曲赋及注疏，大唐法规和律令，赐予爱女作嫁妆；农耕畜牧与历算，良方妙法之书卷，赐予爱女作嫁妆；汉唐卜筮三百部，风水吉凶妙算书，赐予爱女作嫁妆；楼堂舍屋善构书，各种工巧六百部，赐予爱女作嫁妆；疾病诊断四百四，内诊百

---

① 元行冲：(653—729)，名澹，字行冲，河南洛阳人，少孤，博学多识，尤善音律及训诂，举进士，迁通事舍人，开元中，拜国子祭酒，授太常少卿，历任散骑常侍、大理寺卿、太子宾客、弘文馆学士，封常山郡公，致仕。开元十七年卒，年七十七，赠礼部尚书，谥曰献。
② 拉脱脱日年赞：吐蕃政权建立之前的一位赞普，较松赞干布早五代。
③ 吞米·桑布扎：出生于公元618年，藏族早期语言文字家和翻译家，松赞干布时期的重要大臣，据说是藏文创造者。

法外治五，药剂配方医方明，赐予爱女作嫁妆；显乘密宗经律论，能断烦恼八万四，能积无量功德海，取舍十善十不善，成就六度四摄事，赐予爱女作嫁妆"①。这些记载有关汉文书籍的数量虽然不完全符合历史实际，但是文成公主进藏时带去了大量图书是完全真实的，这些图书大大丰富了吐蕃官府藏书。赤德祖赞②时，派人前往印度求取佛法，带回梵文书籍，并命人修建五座"祖拉康"（寺庙），作为藏书之所。吐蕃时期，官方非常注重图书、档案的收藏，据《谐拉康碑》载："有关班第·定埃增如何忠贞、如何效力，对社稷如何利济，以及所盟誓文如何等等详尽节目，均书于诏敕盟书之内，而藏于密处。其一文本盖印加封，置于此敕匮内。另一副本，盖印加封，交付执掌之。"③由于史料的局限，关于吐蕃官方藏书的具体数量和种类虽然我们不太清楚，但是当时有专门的藏书机构，其收藏内容包含了梵文经书、藏译经书、汉文书籍、藏文档案、藏文史书等。

宋代藏书远远超过前代，达到空前繁荣。雕版印刷术在唐五代时已开始使用，至宋代已在社会中普及并代替抄写，雕版印刷术相对抄写来说，制造书籍的速度大大加快，因此，藏书也相应有了发展。宋朝统治者也非常注重收藏图书，藏书机构有昭文馆、史馆、集贤院，号称"三馆"，后又增建秘阁，亦是藏书之所。据史书记载，北宋前后藏书共计7万多卷，有6000多部。

辽、西夏、金都是我国北方建立的少数民族政权，据史书记载，这三个政权官府藏书都较为发达。辽朝（907—1125）由契丹人建立，受汉文化影响，辽统治者积极收集图书，辽太宗耶律德光灭后晋④之后，将后晋藏书悉

---

① 阿底峡尊者发掘，卢亚军译：《柱间史》，109—111页，北京，中国藏学出版社，2010。
② 赤德祖赞：在汉文史书中又称弃隶蹜赞、弃迭祖赞、弃隶缩赞等。按照藏族传统说法，他是吐蕃王朝第36任赞普，704年至755年在位，迎娶了唐朝金城公主。
③ 《谐拉康碑》汉译文，见《王尧藏学文集》（2），122页，北京，中国藏学出版社，2012。
④ 后晋：（936—947），是中国历史上五代十国时期其中一个政权。

数北运，丰富了辽皇室藏书，后来建"乾文阁"专门收藏图书。契丹人曾自己创制了两套文字，即大字和小字。据学者研究，契丹人当时曾经同时使用这两套文字，契丹文文献在当时官府中有大量收藏，但辽灭亡后，这些图书都已佚失。辽统治者实行非常严格的书禁，对私自刻书和携带书籍出境者处以极刑，这一措施初衷虽是保护契丹文图书，但导致契丹文献无法流通和向外传播。随着辽朝的灭亡，契丹文文献也随之佚失殆尽。今天契丹文几乎成为不可识别的文字，留下来的契丹文献实物非常少，其藏书实际状况已无法了解。西夏（1038—1227）是古代少数民族党项人在北方建立的政权，辖下民族成分复杂，包括党项、汉、藏、回鹘、契丹等。西夏统治者注重发展文化，汉文化、藏传佛教在西夏都较为兴盛。西夏在建立后，便创造了本民族的文字，藏书也较为兴盛，20世纪初在黑水城发现了大量西夏文献[①]，可以反映西夏藏书之盛。金（1115—1234）是女真人建立的一个少数民族政权，女真人在创制文字之前使用的是契丹文字和汉字。金建立后，完颜阿骨打命人创制了女真文字，称为"大字"，后来女真人又创制了"小字"。据史书记载，女真大、小字曾并行，政府公文、撰修国史等都使用女真文，可惜这些文献大都亡佚了。金从建立后，便注意搜求书籍，1125年金灭辽时，将辽的藏书运走，后来攻下北宋都城开封，又将宋皇室藏书北运，藏书数量极为可观。

元朝建立后，汇集了南宋、金的藏书，仍设秘书监管理图书。元军攻破南宋都城临安（今浙江省杭州）时，因众多汉臣劝阻，元军没有大规模屠城、烧杀，书籍得以保存下来。南宋大量藏书后被运往大都（今北京）保

---

① 按：黑水城位于内蒙古自治区额济纳旗，是西夏在西部地区重要的农牧业基地和边防要塞。20世纪初，俄国人科兹洛夫和英国人斯坦因先后在黑水城发现了大量的西夏文献，这些宝贵的文献现今藏在俄罗斯的有8000多件，藏在英国的有4000多件，藏于中国的仅有3000多件。

存，成为元代官府藏书的最主要内容。元成宗时，王祯①采用木活字印刷，既节省人力，又可提高印刷效率，促进了图书事业的发展。明朝官府藏书非常丰富，明朝初年在南京建都，将元秘书监书籍运至南京，藏于文渊阁。明成祖朱棣迁都北京，将图书又运至北京，并在北京新建文渊阁收藏图书。朱棣还注意在民间收集罕见书籍，命礼部尚书郑赐派人四处访购，"惟其所欲与之，勿较值"②，不惜成本收集图书，使皇室藏书越来越丰富。明英宗正统年间，大学士杨士奇③整理国家藏书，编成《文渊阁书目》，共著录图书7000多部，达4万多册。清代是中国古代官府藏书鼎盛时期，乾隆时期为纂修《四库全书》，在民间征集图书达1.3万多种，藏书机构也非常多，如天禄琳琅、五经萃室、懋勤殿、味腴书屋等，此外，在翰林院、国子监内也有藏书。乾隆时期纂修的《四库全书》共抄写7份，分别保存在北京紫禁城的文渊阁、圆明园的文源阁、承德避暑山庄的文津阁、盛京（沈阳）故宫的文溯阁、杭州的文澜阁、扬州的文汇阁、镇江的文宗阁。

近代以来，藏书观念发生了很大变化，重藏而不重用的局面被打破，官府藏书开始转变为公共图书馆。1904年，湖南省率先成立了公共图书馆，此后，其他各省也纷纷成立图书馆，以便读者阅读。1912年，京师图书馆正式开放，这是我国第一个具有国家图书馆性质的公共图书馆，现在中国国家图书馆就是由京师图书馆发展演变而来。

古代官方之所以注重藏书，并取得了很大的成就。究其原因有四：一是标榜文治，历朝历代统治者都喜欢标榜文治，聚书藏书成为他们向世人显示

---

① 王祯：(1271—1368)，字伯善，元代东平（今山东省东平）人，古代农业机械学家，曾任宣州旌德（今安徽省旌德）及信州永丰（今江西省广丰）县令。王祯在大德二年（1298）制造3万余木活字，排印《旌德县志》100部。他还著有《王祯农书》（或称《农书》），是中国古代著名农业类书籍，《农书》末附撰《造活字印书法》，记述其木活字版印刷术。

② （清）张廷玉：《明史》，卷96，2343页，北京，中华书局，1974。

③ 杨士奇：(1366—1444)，名寓，字士奇，号东里，谥文贞，江西泰和（今江西省吉安市泰和县澄江镇）人，明代大臣、学者，官至礼部侍郎兼华盖殿大学士，兼兵部尚书。

文治,宣扬盛世的重要方法。二是统治者个人的爱好,古代皇帝和大臣中不乏有喜欢藏书者,这也是推动官府藏书发展的重要因素。三是国家和地方政府经济实力雄厚,有时还可以利用行政手段丰富藏书。收藏书籍需要经济力量作为支撑,国家和政府的力量当然远胜私人。有时国家还可以强制民间藏书家向朝廷献书,如乾隆时期为纂修《四库全书》,乾隆皇帝敕令各地官员,将搜集图书作为一项政治任务,强令各地献书,大大丰富了官府藏书。四是少数民族官府藏书,除受以上三个方面影响外,还与统治者宗教信仰有密切关系。

二、私家藏书

春秋以前,学在官府,私人一般没有藏书。春秋战国时期,社会动荡,诸侯纷争,打破了官府垄断藏书的局面,私家藏书开始兴起,孔子、墨子等都是当时有名的藏书家。《墨子》卷十二《贵义篇》载:"子墨子南游使卫,关中载书甚多……"① 说明墨子已拥有相对丰富的藏书。秦始皇焚书坑儒,烧毁了很多图书,但也有些民间藏书家,冒着生命危险,将书籍隐藏起来,不少书籍因此得以保存流传下来。这是私家藏书对中国图书发展和流传做出的巨大贡献。

两汉时期,不仅官府藏书发展很快,私人藏书也非常兴盛。西汉时期河间献王刘德②喜爱收藏图书,凡从民间得到罕见书籍,必抄写一份,并赏赐给献书人大量物品。于是,有些人不远千里,将先祖留下来的书籍献于刘德,

---

① (清)毕沅校注,吴旭民校点:《墨子》,卷12,230页,上海,上海古籍出版社,2014。关中,犹言扃(jiōng)中,古代关、扃音相近。

② 刘德:(前171—前130),汉景帝时封为河间王,他将毕生精力投入对古籍的收集与整理,逝后赐谥为"献王"。

刘德的藏书后来几乎与汉皇室藏书相当。东汉时期蔡邕①是著名藏书家,由于赏识王粲②的才华,晚年将所藏图书数车送给王粲,后曹操在与蔡邕女儿蔡琰谈话时,问及蔡家藏书数量,蔡琰回答称,其父曾遗留给她书籍4000余卷,可见蔡邕藏书之丰富。西晋时藏书家范平累世收藏图书,至其孙范蔚时"有书七千余卷,远近来读者恒有百余人,蔚为办衣食"③,在中国藏书史上流为佳话。西晋著名藏书家张华爱好藏书,身死之日,家无余财,只有丰富的藏书,官府修书有时还要向张华借书,所藏罕见之本甚至超越官府藏书。

唐代私家藏书更为兴盛,出现了很多有名的藏书家,有些藏书家收藏图书超过万卷,专门建造了藏书楼保存图书,并对藏书分类保管。如唐朝李泌④建藏书楼,藏书达3万卷,按照经、史、子、集分类,使用不同的标识,经部用红牙签,史部用绿牙签,子部用青牙签,集部用白牙签,排列整齐,非常壮观。有些藏书家对自己所藏书籍加以校勘、编目,如唐朝藏书家吴兢⑤,家中藏书甚多,他将所藏之书整理编目,称《吴氏西斋书目》。有的藏书家为了使图书永久保存,还规定了一些保存方法,如柳公绰⑥家藏典籍数千卷,至其子柳仲郢时,喜抄书、聚书。史称:"家有书万卷,所藏必三本,上者贮库,其副常所阅,下者幼学焉。"⑦ 宋代重文轻武,不仅官府藏书丰

---

① 蔡邕:(133—192),字伯喈(jiē),陈留圉(yǔ)(今河南省开封市陈留镇)人,东汉文学家、书法家。董卓专权时,拜左中郎将,故后人也称他"蔡中郎"。董卓被诛杀后,蔡邕因在王允座上感叹而被下狱,不久死于狱中,时年60岁。
② 王粲:(177—217),字仲宣,山阳郡高平县(今山东省微山两城镇)人,东汉末年文学家,受曹操器重,任侍中。
③ (唐)房玄龄等:《晋书·范平传》,卷91,2346—2347页,北京,中华书局,1997。
④ 李泌(bì):(722—789),字长源,京兆(今陕西省西安)人,唐朝中期著名政治家、谋臣。
⑤ 吴兢:(670—749),汴州浚仪(今河南省开封)人,唐朝著名史学家,撰有《贞观政要》,对后世影响很大。
⑥ 柳公绰:(763—832),字宽,唐朝大臣、书法家、藏书家。
⑦ (宋)欧阳修等:《新唐书·柳公绰传》,卷163,5025页,北京,中华书局,1975。

富，而且私家藏书在藏书数量、管理等方面也超过前代。宋代著名藏书家尤袤①一生酷爱书籍，经常手抄古书，其子弟及子女亦抄书，曾说："吾所抄书今若干卷，将汇而目之，饥读之以当肉；寒读之以当裘；孤寂而读之以当友朋；幽忧而读之以当金石琴瑟也。"② 因此，一生收藏了大量图书。宋代藏书家在整理个人藏书方面成就非常突出，如晁公武的《郡斋读书志》③、尤袤的《遂初堂书目》、陈振孙的《直斋书录解题》④ 都是在个人藏书基础上编制的目录，对后世影响很大。辽金时期，辽朝的耶律倍⑤是当时著名藏书家，收购了大量汉文书籍，所藏图书的数量和价值在汉族藏书家中也很少见，为保存图书，他在闾山建两处藏书之所，名"望海堂"和"桃花洞"，是当时著名藏书楼。

　　元朝也出现了很多有名的藏书家，有些藏书非常丰富，如庄肃⑥建造"万卷轩"以供藏书，收藏图书达到八万卷，陈季模⑦藏书五万余卷，裴居敬藏书两万卷。蒙古族阔里吉思建万卷堂以保存图书，是当时有名的少数民族

---

① 尤袤：（1127—1194），字延之，号遂初居士，江苏无锡人，一生酷爱读书、藏书，凡是他没有读过的书，只要他得知书名，就要想尽办法找来阅读，读后不仅做笔记，借来的还要抄录收藏，其子女也协助其抄书，成为当时著名藏书家。

② 李焘：《遂初堂书目·后序》，见《说郛》，卷28，502 页，上海，上海古籍出版社，1988。

③ 晁公武（1105—1180），南宋著名目录学家、藏书家，济州钜野（今山东省菏泽市巨野县）人。晁公武在四川任职时，其上司为四川转运使井度，是当时一位有名的藏书家，晁公武曾协助井度编书、刻书，深得井度赏识，井度去世时，将五十箧藏书送于晁公武，再加上个人原有藏书，晁公武的藏书达到两万多卷。他将所有家藏书籍加以校勘，写出提要，按照经史、子、集排列，编成《郡斋读书志》。

④ 陈振孙（约1183—约1261），字伯玉，号直斋，浙江安吉县梅溪镇人，是南宋著名藏书家，根据自己藏书，每部书撰写提要，按四部分类法编排，著成《直斋书录解题》。

⑤ 耶律倍：（899—936），辽太祖耶律阿保机的长子，自幼聪颖好学，被立为皇太子，封为东丹国王，称"人皇王"。926 年辽太祖去世后，耶律德光继位为帝，对耶律倍严加控制和监视，无奈之下，930 年耶律倍弃国投奔后唐，936 年后唐发生政变，被害。

⑥ 庄肃：（1245—1315），元代著名藏书家，字恭叔，号蓼塘，松江（今属上海）青龙镇人，早年仕宋为秘书院六品小吏。宋亡后，隐居于松江青龙镇，建"万卷轩"以贮书，收藏图书至 8 万卷，被时人称为江南三大藏书家之一。

⑦ 陈季模：生卒年不详，元代著名藏书家，维扬（今江苏省扬州）人。

藏书家。明代私家藏书较为盛行，特别是南方出现了很多有名的藏书家和藏书楼。嘉靖年间，鄞县（在今浙江省宁波）范钦①创建"天一阁"，"天一"取自《周易》"天一生水"一语，因水能灭火，有防火之意，天一阁在周围又建有水池，方便灭火。天一阁藏书丰富，在明清两代名冠四方。同时，天一阁建筑布局独特，乾隆皇帝在修建《四库全书》藏书楼时，专门派人前去查看天一阁的布局结构加以仿效。为防止图书散失，范钦在去世前，将其家产分为两份，长子分得天一阁，次子分得万两白银，并遗嘱书不可分。其后范氏家族又规定"凡阁橱锁钥，分房掌之。禁以书下阁梯，非各房子孙齐至，不开锁。子孙无故开门入阁者，罚不与祭三次。私领亲友入阁及擅开厨者，罚不与祭一年。擅将书借出者，罚不与祭三年。因而典鬻者，永摈逐不与祭"②。这对防止藏书散失起到了重要作用。江苏著名藏书家毛晋（1599—1659）的汲古阁、目耕楼也是著名藏书楼，为收藏图书，毛晋不惜重金收购，每得善本、珍本，必抄写副本，家中有时雇佣一两百人抄书，所藏多是宋元旧版，数量最多时达到8万多册。毛晋去世后，因子孙不注重保护图书，书籍及印版大都被其他藏书家收购，或毁坏或散佚了。明朝权相严嵩，在政治上迫害忠良，排斥异己，历史上留下恶名，但他也爱好藏书，建宝翰楼藏书6000多部，被革职后，藏书全被没收，珍本图书收入皇宫，其他经、史、子、集分发到各地书院，一些佛道书籍送至寺观收藏。

清代私家藏书非常发达，尤其在江苏、浙江一带，经济条件较好，藏书丰富。其中知名藏书楼有以下十余家：

绛云楼 在江苏常熟，是钱谦益③的藏书楼，藏书丰富，名冠东南，几可与皇室藏书相比，后来绛云楼不慎酿成大火，藏书大多被焚。

---

① 范钦：(1506—1585)，字尧卿，号东明，明代著名藏书家，浙江鄞县（今浙江省宁波）人，官至兵部侍郎。
② 骆兆平：《天一阁藏书史志》，41页，上海，上海古籍出版社，2005。
③ 钱谦益：(1582—1664)，字受之，号牧斋，江苏常熟人，明末清初官员、学者、藏书家。

传是楼 在江苏昆山,是徐乾学①的藏书之所,徐氏还根据藏书编有《传是楼书目》。徐乾学去世后,藏书不少归清怡亲王胤祥所有,后传此楼又遭受火灾,书籍大都散佚。

曝书亭 在浙江嘉兴,是朱彝尊②的藏书之所。至其孙时家贫,不能很好地守护,致使书籍逐渐散佚。

述古堂 在江苏常熟,是钱曾③的藏书之所。钱曾是钱谦益的族孙,除自己长期收藏的图书外,钱谦益去世后,钱曾还收得绛云楼焚余之书,藏书量较为丰富,编有《述古堂书目》。

池北书库 在山东新城,是王士禛④的藏书之所。王士禛去世后,因藏书缺乏保护,多散佚。

抱经堂 在浙江杭州,是卢文弨(chāo)⑤的藏书之所。藏书万卷,卢文弨是清代著名校勘家,所藏书籍皆亲自校勘,精审无误,藏书文献价值很高。

知不足斋 在浙江桐乡,是鲍廷博⑥的藏书之所。乾隆时期纂修《四库全书》,向朝廷献书600多种,可见其藏书之丰富。

士礼居、百宋一廛(chán) 两处藏书楼均在江苏苏州,是黄丕烈⑦的

---

① 徐乾学:(1631—1694),字原一,号健庵,江苏昆山人,清代大臣、学者、藏书家。
② 朱彝尊:(1629—1709),字锡鬯(chàng),号竹垞(chá),浙江秀水(今浙江省嘉兴市)人,清代著名学者、藏书家。
③ 钱曾:(1629—1701),字遵王,号述古主人,江苏常熟人,钱谦益族孙,钱谦益去世后,逼迫其妻柳如是自缢,将钱谦益和柳如是的书籍收归己有,丰富了藏书,是当时著名藏书家。
④ 王士禛:(1634—1711),字贻上,号阮亭,别号渔洋山人,山东新城人,清初著名诗人、藏书家,官至刑部尚书。
⑤ 卢文弨:(1717—1795),字召弓,号矶渔,又号檠(qíng)斋、抱经,人称抱经先生,仁和(今浙江杭州)人,是清代著名校勘学家、藏书家。
⑥ 鲍廷博:(1728—1814),字以文,号渌饮,祖籍安徽歙县,随父移居杭州,后定居桐乡县青镇(今江苏省乌镇),清代著名藏书家、目录学家、刻书家。
⑦ 黄丕烈:(1763—1825),字绍武,号荛圃、又号复翁,江苏吴县人,著名藏书家、目录学家、校勘家。因嗜爱宋版书,自号为"佞宋主人",藏宋版书达百余种,专辟一室名为"百宋一廛"。廛,本意是古代城市平民的房地。

藏书之所，藏书极富，尤多宋本。

铁琴铜剑楼 在江苏常熟，瞿绍基①所建。藏书非常丰富，初名恬裕斋，因瞿氏尝收藏铁琴、铜剑各一，后改为此名。

海源阁 在山东聊城，是杨以增②的藏书之所。后历经四代人收藏，达到二十多万卷。

皕（bì）**宋楼** 意为内藏宋本书籍有两百多种，在浙江归安，是陆心源③建造的藏书之所。晚清社会混乱，很多藏书家书籍外散，陆心源乘机搜集、收购，多有珍本购得，藏书逐渐丰富。陆心源去世后，其子陆树藩以11万元（有说10万元）售给日本岩崎氏静嘉堂文库，这批图书现今仍存放在日本静嘉堂文库，该文库也因此成为日本汉学书籍收藏最丰富的地方。皕宋楼藏书流失海外，是我国藏书史上一个悲剧，令每一个中国人痛心不已。

八千卷楼 在浙江杭州，清代丁国典④慕其远祖宋代丁顗（yǐ）藏书8000卷，而名其所建藏书楼为"八千卷楼"。至其孙丁申、丁丙兄弟时，或购或抄，积书达8万卷。这些图书现多藏于南京图书馆。

铁琴铜剑楼、海源阁、皕宋楼、八千卷楼，因藏书丰富，多善本、珍本，被誉为"清代四大藏书楼"。

清代少数民族藏书家数量远超前代，以满族最为显著。康熙皇帝的第十三子怡亲王允祥、第十七子果亲王允礼都爱好藏书，一生藏书非常丰富，怡亲王府藏书达到四五千种。嘉庆年间满族学者麟庆，生性爱好藏书，为官时

---

① 瞿绍基：(1772—1836)，字厚培，号荫棠，江苏常熟人，喜爱藏书，购藏善本颇多。
② 杨以增：(1787—1855))，字益之，号至堂，别号东樵，官至陕西巡抚、江南河道总督等，一生喜爱收集图书。
③ 陆心源：(1838—1894)，字刚甫，号存斋，晚号"潜园老人"，浙江归安（今浙江省湖州）人，官至福建盐运使，精于金石学，藏书丰富，尤以宋元刊本著称。
④ 丁国典：(1770—1825)，字掌六，浙江钱塘人，是著名藏书家。其孙，丁申（1829—1887）、丁丙（1832—1899），都爱好藏书，世人称为"二丁"。太平天国被镇压以后，丁申、丁丙兄弟收集文澜阁《四库全书》残书万余册，对图书传承和保护作出了巨大贡献。

在各地搜集了大量图书，藏书达到八万卷。清末完颜景贤①、端方②等也都是当时著名藏书家。

民国时期也有很多著名的藏书家和藏书楼，较为出名者有李盛铎③的木犀轩、傅增湘④的双鉴楼、徐世昌⑤的书髓楼、罗振玉的大云书库、刘承干⑥的嘉业堂、周叔弢⑦的自庄严堪、郑振铎⑧的玄览堂等。

历史上，很多少数民族文献都是依赖私家藏书得以保存和流传，如彝文文献、水文文献等。彝文文献以宗教书籍为主，还包括政治、法律、伦理、经济等内容，彝文古文献基本上是由个人收藏，其中以土司府收藏最为集中，成为权力和财富的象征。水文古籍文献也称为"水书"，是水族先民用来卜筮的书籍，能够使用水书的人被称为"水书先生"，水书大多由水书先生代

---

① 完颜景贤：(1876—1926)，字朴孙，满族，收藏字画、书籍非常丰富，是清末民国时期著名的鉴赏家。

② 端方：(1861—1911)，字午桥，号陶斋，清末大臣，官至直隶总督、北洋大臣。1911年入川镇压保路运动，被起义新军所杀。同时他还是金石学家，喜爱收藏，藏书丰富，藏书处曰"宝华庵""陶斋"。

③ 李盛铎：(1859—1934)，字义樵，又字椒微，号木斋，江西德化县（今江西省九江市）人，中国近代著名政治家、收藏家，曾任清朝翰林院编修、国史馆协修、江南道监察御史、京都大学堂京办、顺天府府丞、太常侍卿、出使各国政治考察大臣、山西布政司、陕西巡抚等职。中华民国成立后，又曾担任大总统顾问、参政院参政、农商总长、参政院议长、国政府权会会长等职。

④ 傅增湘：(1872—1949)，字沅叔，别署双鉴楼主人、藏园居士、藏园老人等，四川江安县人，中国近代著名藏书家。光绪二十四年（1898）进士，入翰林院为庶吉士，"五四"运动前曾任教育总长。傅氏一生藏书丰富，有宋金刻本150种、4600余卷，元刻本善本数十种、3700余卷，明清精刻本、抄本、校本更多，总数达20万卷以上。他无论是在藏书、校书方面，还是目录学、版本学方面，都有突出成就。

⑤ 徐世昌：(1855—1939)，字卜五，号菊人，又号弢斋、东海、涛斋，晚号水竹村人、石门山人、东海居士，祖籍天津，出生于河南卫辉府（今河南省卫辉市），曾任军机大臣。民国七年（1918）十月，徐世昌被选为民国大总统，至民国十一年（1922）辞职。他擅长书法，工于山水松竹，一生编书、刻书30余种，如《清儒学案》《退耕堂集》《水竹村人集》等。

⑥ 刘承干：(1881—1963)，字贞一，号翰怡、求恕居士，晚年自称嘉业老人，浙江吴兴县（今浙江省湖州市）人，近代著名的藏书家与刻书家。

⑦ 周叔弢：(1891—1984)，原名暹(xiān)，字叔弢，安徽建德县（今安徽省东至县）人，古籍收藏家、文物鉴藏家。

⑧ 郑振铎：(1898—1958)，原籍福建长乐，出生于浙江温州，中国现代作家、诗人、文学家、翻译家、艺术史家，也是著名的收藏家、训诂家。

代编写、传抄和收藏，只有一些常用的水书在社会中流传，被部分群众收藏。①

私家藏书在历史上能够长期发展，并取得辉煌的成就，与人们的书籍崇拜有密切关系。书籍在很多学人心目中是神圣的，爱书深入骨髓，如痴如醉，历史上不乏倾财购书、舍命护书的事迹。有不少人为了丰富藏书，致使家中日益贫穷。明朝学者王世贞一生爱好藏书，一次为得到一部宋版书，不惜以一庄园购买之。也有些人为守护藏书则放弃高官厚禄，南宋时秦熺欲夺王廉清家中藏书，答应委以高官，王坚决不从，愿守书死，不愿为官。有不少藏书家，希望以自己藏书作为家业传给子孙，认为这是对后代最好的福泽，并教诫子孙善于守护，唐朝的杜暹一生爱好藏书，在书卷后题词曰："鬻及借人为不孝"，以告诫子孙守书。清代藏书家黄丕烈嗜爱书籍，每年举行"书祭"，即为书举行祭祀仪式，以表达对书籍的敬意。少数民族人民对书籍崇拜丝毫不亚于汉族。如过去彝族人民将古文献视作神物，被层层包裹加以珍藏，平时绝不能随意拿下来翻阅，每逢年节还要对之焚香致礼，到使用时，需要进行仪式才能取下阅读。对书籍的文化崇拜心理对书籍保存与流传起到了良好作用，这是中国传统文化的重要组成部分，也是我们应该继承的一种美德。

三、书院藏书

书院在我国有悠久的历史，对传统文化的发展起了重要作用。书院最早可以追溯至汉代的"精舍""精庐"，是儒家聚集生徒，教育后代的场所。唐代开始正式使用"书院"一词，根据主办者不同，唐朝书院可以分为官办书院和私办书院。官办的如丽正书院、集贤书院等；私办的有张九宗书院、义

---

① 参见张铁山：《中国少数民族文献基础教程》，130 页、168 页，北京，中央民族大学出版社，2012。

门书院等。袁枚在《随园随笔》中说："书院之名起唐玄宗时，集贤书院、丽正书院，皆建于朝省，为修书之地，非士子肆业之所也。"① 因此，最初书院为编纂图书、藏书之所。元代欧阳玄在《贞文书院记》中也认为："学者就其书之所在而读之，因号为书院。"② 因书院藏书丰富，学者多在此读书，故而演变成学校性质。

藏书和讲学是书院最主要的职能，历代书院都非常重视藏书，唐代官办的集贤书院藏书达数万卷，一般民间书院则藏书千余卷至数千卷不等。宋代书院兴盛，中国历史上著名的"四大书院"，即白鹿洞书院、应天府书院、岳麓书院、嵩阳书院，③ 都是著名的藏书之所。元明两朝书院都有所发展，但自由讲学、重学术的风气不浓，藏书发展不大。清代上至皇室下到普通学者多重视藏书，书院藏书也有较大的发展，其数量超越前代。

1840年鸦片战争以后，受西方影响，旧式书院逐渐解体，其教育功能被学校代替，藏书功能也由图书馆来承担。当前，各个大学都设有图书馆，以供学生学习、阅读，就是在旧式书院基础上，结合现代教育模式发展起来的。

（一）书院书籍的主要来源

1. 个人捐赠

书院所在地一些官员、士绅，有爱好文雅者，为博取名声或为教育后代，

---

① 袁枚：《随园随笔》，卷12，见《续修四库全书》子部，第180册，286页，上海，上海古籍出版社，1995。
② 欧阳玄：《欧阳玄集》，45页，长沙，岳麓书院，2010。
③ 按：白鹿洞书院位于江西省九江庐山五老峰南麓，相传书院的创始人是南唐的李渤，李渤养有一只白鹿，终日相随，人称"白鹿先生"，后来李渤就任江州（今江西省九江）刺史，在此修建亭台楼阁，种花植木。此处本无洞，因山峰回合，形如一洞，故取名为"白鹿洞"，南宋朱熹、陆九渊都曾在此讲学。应天府书院又称"睢阳书院"，位于河南省商丘，由五代后晋杨悫（què）创立，北宋时聚书1000多卷，广招生徒，"靖康之变"后，衰退。岳麓书院位于湖南省长沙市，唐末由僧人初创，北宋时正式建立书院，明代学者王阳明曾在此讲学，现在成为湖南大学重要的人文社会科学研究基地。嵩阳书院位于河南省登封市，因在嵩山之阳而得名，始建于北魏，最初为寺庙，隋朝曾改为道观，北宋时成为书院，更名为嵩阳书院，程颢、程颐、司马光、范仲淹等人曾在此讲学。

向书院捐书，如南宋朱熹曾将自己的一些书籍捐献给白鹿洞书院。有时，书院会举行募捐活动，鼓励人们向书院捐赠书籍。

2. 购买

书院根据生徒需求以及资金情况，会购买一些书籍。

3. 官方赐书

皇帝为了表示兴学重教，有时直接赏赐书院图书，地方官府为了推动地区教育发展，有时也会向书院赠送书籍。

4. 书院刻书

刻书是书院藏书的重要来源，有些书院刻书规模很大，校勘精良，不仅可以供书院学子读书，丰富藏书，还可以为书院赢利。

（二）书院藏书的特点

1. 重流通和借阅

一般来说，官府藏书特别是皇室藏书，一般人很难有机会阅读，而藏书家对私人藏书视若珍宝，基本不外借，主要以收藏为目的。书院藏书目的是教育学生，供人阅读是其初衷，因此相对较为开放。

2. 藏书内容相对单一

官府藏书、私家藏书追求藏书齐全，罕见之书越多，越能显示藏书的价值，而书院藏书主要是为学生学习使用，因此在藏书的种类上一般不如官府藏书和私家藏书丰富。

3. 书院藏书保管、借阅制度较为完善

书院藏书非个人所有，目的是服务于学习和研究，具有开放性，但又要保证书籍不流失，供后人阅读，因此一般都有专人保管，遵守严格的借阅制度。

四、寺观藏书

寺观藏书主要指佛教寺院和道教道观藏书，是随着宗教发展和传播逐渐形成的独特藏书形式。

一般认为，佛教是在东汉明帝时传入中国[①]。最早的寺院白马寺除了供外来僧人修行、生活外，还有译经、藏书的功能。魏、晋、南北朝时期佛教在中国迅速发展，随着印度典籍不断传入中国，译经规模越来越大，佛教书籍数量逐渐增多。因此，大多寺院建有藏经阁，专门收藏图书。南北朝时期南京的定林寺，是当时收藏图书较多的寺院，藏书4000多卷，并编制了寺院藏书目录。

隋唐五代时佛教寺院藏书继续发展，藏书规模很大，玄奘自印度取经回来后，将携带回来的佛经500多箧全部放置于大慈恩寺，在此主持译经事宜。唐高宗时在寺内建塔一座，以贮存经书、舍利，这就是著名的大雁塔。唐代寺院藏书种类多样化，除占据多数的佛经外，还有向普通民众宣讲教义的通俗文书，形式上有讲经文、讲因缘文和变文三类。讲经文是佛教徒用大众化方式宣讲佛经的话本，多由三个部分组成：一是唱经，在开讲的时候，先把要讲的经文唱出来；二是讲经，把唱出来的经文加以解释；三是唱词，把解释的要旨用赞歌重复演唱一次。讲因缘文是佛教徒通过讲唱佛或菩萨等的神迹来验证佛经的故事。变文是一种讲唱文学，由散文及韵文交替组成，用以演绎佛经故事，宣讲佛经义旨。这类文献并不用作高僧学习，只是向普通老

---

① 按：东汉永平七年（64），汉明帝刘庄（刘秀之子）夜梦一个身高六丈，头顶放光的金人在殿庭飞绕，次日晨，汉明帝请大臣解梦，博士傅毅启奏说："西方有神，称为佛，就像您梦到的那样。"汉明帝听罢大喜，派大臣蔡音、秦景等十余人出使西域，拜求佛经、佛法。蔡、秦等人在大月氏国（今阿富汗境至中亚一带），遇到印度高僧摄摩腾、竺法兰，见到了佛经和释迦牟尼佛白毡像，邀请两位高僧赴中国弘法布教。两位高僧应邀同使者一起用白马驮经，运至洛阳。汉明帝见到佛像、佛经非常高兴，为纪念白马驮经建白马寺，白马寺成为中国第一座寺院。

百姓宣讲的文本。其他经、史、子、集类的文献或多或少都有收藏。

宋代佛教兴盛，寺院藏书发展很快。宋太宗太平兴国八年（983），历史上第一部雕版印刷的汉文大藏经《开宝藏》，在成都雕印完毕。《大藏经》是将一切佛教典籍汇集起来编成的一部总集，宋代及以后大藏经成为寺院藏书的重要内容。由于《大藏经》汇集了佛教大部分书籍，因此，佛教藏书不会因一处失火、水淹、战争等原因，而造成书籍亡佚，是一种保存书籍的重要方法。元朝统治者信奉藏传佛教，在崇佛的文化环境中，寺院藏书发展迅速，汉文、藏文等不同文种大藏经的刊刻，为丰富寺院藏书提供了书籍来源。元世祖、元文宗时，均敕印《大藏经》发放给国内著名寺院。明清时期，不同文种的《大藏经》又不断刊刻印刷，各寺院藏书因此更加丰富，如清代五台山收藏各种版本的汉文、蒙古文、满文、藏文经书达到两万余册。

寺院藏书是古代藏族藏书最主要的形式，从公元10世纪，藏族历史进入分裂时期，佛教在藏地重新兴起，各地寺院林立，僧人数量众多，苯教虽不如佛教兴盛，但仍有不少寺院。古代藏族寺院不仅是僧人修行的地方，还是文化教育、刊刻图书、保存图书的场所，承担着传承文化的功能。寺院都建有藏经阁，有些大的寺院分若干学院，在各学院中也会保存一些图书。寺院藏书来源主要有购买、捐赠、收存本寺僧人遗作等，拉卜楞寺第二世嘉木样曾规定："凡示寂僧侣曾习修的极为稀少的孤本、善本、珍本之类均要收于本馆，为后来的闻思学士们提供以显密经典为主的各种普通学科文献资料，以便建立相应的大型藏书馆。"[①] 其他寺院情况也基本类似，因此，藏书的数量和种类越来越多。藏族寺院藏书管理制度也非常严格，很多寺院藏经楼有几把锁，钥匙分别由几个不同的管理人员掌管，打开书库时，需几个管理人员同时到场，一般外人很难进入。

[①] 阿莽班智达贡却坚赞著，玛钦·诺悟更志、道周译注：《拉卜楞寺志》，561页，兰州，甘肃人民出版社，1997。

道教是中国本土宗教，以黄、老道家思想为理论根据，承袭战国以来的神仙方术衍化形成。东汉末年出现大量道教组织，著名的有太平道、五斗米道，祖天师张道陵①创立教团组织后，道教正式成为一种宗教。西晋末年道士郑隐②藏书约 1200 卷，以道经为主，说明当时已有丰富的藏书。北魏时期楼观台道士王道义，四处搜购经书达万余卷，南朝道士陆修静对当时存有的道教经典统一整理，编成《三洞经书目录》，当时存有道书 6300 余卷③，规模已很大。唐朝建立后，皇室因与老子李耳同姓，故崇奉道教，封老子为"太上玄元皇帝"，道教兴盛一时，长安的玄都观、太清宫、昊天观等都是著名的藏书之所。宋朝道教仍非常兴盛，藏书发展很快。道藏，即汇集道教所有书籍的总集，在此时开始整理、刊刻，宋徽宗时刊刻的《政和万寿道藏》，是历史上刊刻的第一部道藏，计 5000 多卷，被许多道观收藏。此后，除元代道观藏书遭到破坏而减少外，明清两代道观藏书仍有较大发展，但其数量和规模不及佛教藏书。

寺观藏书在历史上能够长期发展，并且书籍保护完好，与佛教徒和道教徒的书籍崇拜有直接关系。在宗教徒心目中，经书具有不可亵渎的神圣性，因此，对于书籍的崇拜和热爱达到无以复加的地步。如元代僧人善继，发愿用自己的鲜血抄写《华严经》，计 81 卷，前后共用 20 年才完成，称为"血经"，苏州法华院专门建毗卢阁珍藏此书，后法华院被毁，此书被移至龙寿山居，建石柜珍藏，这部血经虽历经磨难，甚至有外国人企图盗走，但人们千方百计将之保存至今。其他还有"血经"多部，都包含了书写的高僧们对经书的无限崇拜，有些高僧为了书写血经，因失血过多去世。吐蕃末期，朗

---

① 张道陵：东汉时期五斗米道的创始人，被道教徒称为张天师。
② 郑隐：（？—302），字思远，拜葛玄为师，常年有 50 余位弟子，80 岁时体力充沛，健步如飞，藏书 1298 卷，涵盖经、记、符、图、文、篆、律、仪、法、言等。302 年，为躲避兵祸，带弟子隐居深山，不知所终。
③ 徐凌志：《中国历代藏书史》，78 页，南昌，江西人民出版社，2004。

达玛灭佛迫害僧人，有三名僧人正在山中修行，得知情况后，急忙携带经书逃亡，在危急关头，他们仍然不忘记保护书籍。

五、伏藏

伏藏是藏书的一种特殊形式，是指出于各种原因，将书籍埋藏在山洞、地下等隐藏起来，后来被人们发现，重新流传于世。西汉时期在孔子壁中发现古文经书，即是一种伏藏。在各民族文献史上，藏族伏藏数量最多，据史书记载，在赤德祖赞时曾派桑喜①等人来内地求取佛经，桑喜携带经书返回吐蕃时，赤德祖赞已去世，其子赤松德赞年幼，反佛大臣掌握着权力，桑喜只好把经书埋藏在山洞中，等赤松德赞长大后，从洞中取出供其阅读。此后，苯教与佛教在吐蕃斗争激烈，在一方得势时，另一方总是以伏藏的形式保护图书。当然，后来发现的一些伏藏文献，是后人伪托吐蕃时期人物撰写的，属于伪书，已不属于藏书的内容。20世纪初在敦煌藏经洞发现的大批文书，可以说是世界上最大的伏藏，保存了大量图书。有些从坟墓中挖掘出来的图书，最初是作为随葬品埋藏起来的，其目的并不是为了保存图书，因此，我们认为这些属于地下出土文献，并不是伏藏。

第二节　历史文献的散佚

历史上文献散佚与收藏相始终，我国各民族在历史上创造了灿烂的文明，文献无计其数，然亡佚现象也非常严重。其原因也多种多样，大体上分为以

---

① 桑喜：吐蕃赤松德赞时期的大臣，据一些藏文史籍记载，桑喜是一位唐朝出使吐蕃使者的儿子，后来留在吐蕃成为赤松德赞的玩伴。但现在学者一般认为桑喜是藏族。

下几种情况。

一、自然亡佚

　　自然亡佚首要原因是载体无法长久保存。甲骨、金石文献较为坚固，但制造不便，数量相对较少，倘若时间久远，有些也会遭到损坏，如石碑断裂，或因雨水冲刷，导致字迹消失等。简牍文献容易腐烂，特别是潮湿的地方不便保存。纸质文献更容易损坏，若纸张质量不好，则易发黄和粘连，岁月一久，轻微接触就会成为碎片，这些文献如果不加以重新抄写、刊印，时间一长自然就会亡佚。光盘、硬盘等一旦电脑不能读取，则所保存内容就会随之佚失。

　　其次，并不是所有的古代文献都具有很高的学术价值，随着时间的流逝，一些价值不高，对社会意义不大的书籍慢慢地就会消失，包括我们现在能看到的书籍，几十年或几百年后，有很多可能都会亡佚。如"文化大革命"期间，人们天天可以见到的一些小册子，现在已很难找到了。

　　再次，在历史上因观点不符合学术主流，造成人们对之漠视，久而久之，慢慢地便佚失了。如先秦时期诸子百家的图书非常丰富，西汉时人们尚能见到很多，但到晚清已数量很少，主要原因是汉武帝时"罢黜百家，独尊儒术"，使儒家文化成为学术主流，后来儒家典籍备受重视，而诸子类趋于衰弱。吐蕃时期，藏族记载政治、经济等社会世俗的典籍很多，吐蕃也藏有很多汉文典籍以及译成藏文的汉文书籍，吐蕃瓦解以后，佛教很快复兴，并占据文化主流地位，吐蕃时期很多对佛教发展不利或仅记载社会世俗内容的书籍则慢慢消失。

二、未能善加保管

图书要想长久保存，藏书者必须对图书有呵护之心，善加保管，持之以恒，代代相传，方能不散佚。历史上有很多著名藏书家，都是因为子孙不能守护，藏书散佚，如果某一家藏书失守，流落至另外一家，还保存在国内，并不算是真正的散佚，但每一次藏书楼图书向外界流散，不可避免地丢失一些，甚至有些流落至外国人手中，那就是真正的散佚了。清代著名藏书家陆心源的"皕宋楼"，因其子不能守护而出售给日本人，使我国珍贵古籍流落国外；敦煌文书发现后，也未能很好地守护，致使流散海外，这些都成为中国人心中永远的伤痛。实际上，我们很多人都没有保护图书的习惯，我们小学、中学的课本，相信没有几个人会保存至今，即便是我们现在的教材，过几年可能就佚失了，这些教材是常见的书籍，因一些专门机构有收藏，故而不会失传，但如果我们家中藏有稀见书籍，如家谱、族谱或父祖留下来的书籍，不善加保护就会真正的佚失，损失是巨大的。因此，养成保护图书的习惯是非常必要的。

火、水、虫、鼠等的损坏，也是图书未能被妥善保管而造成的佚失。书籍最怕火灾，一旦失火，无论多少藏书都会毁于一旦。如清代藏书家钱谦益藏书丰富，曾对他人说：我晚年贫穷，书却富有。不料十余日后，幼女夜中在楼上玩耍，蜡烛余烬落于纸堆，大火四起，顷刻之间楼与书俱毁。嘉庆二年（1797），乾清宫失火，昭仁殿在其东侧同时被焚，宫中所藏400余种宋元抄校善本荡然无存。水浸受潮、虫蛀鼠咬等都是损坏图书的重要原因，如清代著名藏书家王世禛，藏书之所称为"池北书库"，王世禛去世后，长子长年生病，图书缺乏妥善保管，几年以后检查书籍，发现多半被水浸、虫蛀、鼠咬，损失惨重。

三、社会动乱对书籍带来的毁坏

乱世毁书,盛世藏书,这是历史给我们留下来的经验教训。中国历史上很多图书都是在社会动乱中遭到毁坏而佚失,这样的事例举不胜举。

西汉时,宫室藏书丰富,末年战乱,王莽改朝后,长安兵起,宫室藏书多被焚烬。东汉末年,战乱四起,官府大量藏书散佚。唐朝安史之乱、黄巢起义均毁坏了大量藏书。吐蕃时期,藏族有非常丰富的藏书,但随着朗达玛灭佛以及随后战乱,吐蕃藏书散失殆尽。辽、金、西夏少数民族政权均有大量藏书,然流传至今的数量极少,大多是政权灭亡时在战争中被毁掉。明朝末年李自成起义,在退出北京时,纵火烧皇宫,很多图书化为灰烬。太平天国起义,东南官私藏书俱受极大损毁,以至于太平军被镇压后,世人买书困难,无书可读。英法联军火烧圆明园,园中丰富的藏书毁于一旦,片纸不留。义和团运动时,翰林院遭人为放火,烧掉很多图书,一些精通汉学的外国人趁机哄抢图书,致使书籍四散。日本侵略我国十四年的时间中,飞机四处轰炸,损毁图书无计其数,并掠夺中国很多书籍运至日本。

四、政治原因带来书籍浩劫

统治者根据自己的统治需要,有时会采取极端的政治手段毁灭图书,致使大量图书亡佚,历史上因政治原因给书籍带来的厄运也很多。

秦始皇在灭六国以后,李斯建议:"史官非秦记,皆烧之。非博士官所职,天下敢有藏《诗》《书》百家语者,悉诣守、尉杂烧之。有敢偶语《诗》《书》

第三章 历史文献的收藏与散佚

者弃市,以古非今者族。吏见知不举,与同罪。令下三十日不烧,黥为城旦。"① 大量书籍被焚毁。

唐代赤松德赞时,吐蕃佛苯辩论,苯教失败,赤松德赞严令禁止苯教传播,将苯教典籍全部投入水中。朗达玛灭佛时,毁掉了大量的佛教书籍。

元宪宗蒙哥时,因《老子化胡经》② 真伪问题,佛道两教相互辩论,道教失利,宪宗敕令焚毁道教数十部经文印版。元世祖忽必烈时,佛道两教之间又在宫廷举行一场盛大辩论会,最终道教失败,世祖下令,除《道德经》外,其余《道藏》经文悉数焚毁,南方很多道观的藏书也遭到不同程度的损毁。

明朝在西南地区推行民族文化专制政策,在大理等地焚毁了大量的白文文献,致使现存白文古籍数量极少。

清代乾隆时期,为纂修《四库全书》在全国范围内征集图书,同时,对于不利于清朝统治的书籍全面禁毁,在长达19年时间中,禁毁图书3000多种15万部以上。

"文化大革命"期间,很多民间收藏的文献被烧毁,包括一些少数民族地区的藏书、寺观藏书都有不少佚失。

推荐阅读书目

1. 陈登原:《古今典籍聚散考》,上海,上海书店,1983年。

提要:陈登原(1900—1975),原名登元,字伯瀛,浙江省慈溪市周巷镇人。1915年入浙江第四师范学校求学,毕业后在余姚县第一高等小学任教。1922年考入南京东南大学历史系,毕业后,先后任教于南京金陵大学、

---

① 司马迁:《史记》,卷6,《秦始皇本纪》,1155页,北京,中华书局,1972。
② 《老子化胡经》:道教徒编造的书籍,内容是老子与弟子尹喜到西域及天竺化身为佛,创立佛法的故事。

西北大学等。该书分为政治卷、兵燹（xiǎn）卷、藏弆（jǔ）卷、人事卷四部分，以事为经、以时为纬，全面梳理了中国古代图书聚散情况，是第一部对古代图书聚散规律及其原因进行总结和归纳分析的专著，开创了图书聚散研究的先声。

2. 傅璇琮、谢灼华主编：《中国藏书通史》，宁波，宁波出版社，2001年。

提要：傅璇琮（1933—2016），浙江省宁波人，曾任中华书局总编，对中国古籍整理出版等作出了很大贡献。谢灼华，广东省梅州市人，武汉大学教授，主编有《中国图书和图书馆史》等。该书集众人之力，以通史体例概括中国藏书的四大体系，即官府藏书、私家藏书、寺观藏书、书院藏书，分别论述了中国藏书的不同发展阶段及特点，并介绍了诸如图书的购置、鉴别、校勘、装帧、典藏、抄补等内容。

推荐阅读论文

1. 周少川：《藏书与文化——中国古代私家藏书文化研究刍议》，载《安徽大学学报》，2003年第2期。

提要：周少川，1954年出生，广东省汕头人，北京师范大学教授。该文简要阐述了中国古代私家藏书的发展线索和特征，分析了中国古代私家藏书文化研究的对象、内容和意义，并探讨了从文化视角开展古代私家藏书研究的基本思路和方法。

2. 徐凌志：《中国古代藏书理念研究》，载《江西社会科学》，2005年第9期。

提要：徐凌志，1947年出生，江西省广丰县人，江西省社会科学院图书馆研究员，著有《中国历代藏书史》。该文从10个方面对中国古代藏书理念进行探讨、归纳、研究和评价，较为全面地揭示了中国古代文人藏书的文化心理。

第四章　类书与丛书的编纂

类书与丛书都是古代书籍的重要编纂形式，对于图书的保存和利用起到过重要的作用。

第一节　类书及其发展

一、什么是类书

类书是从各种书籍中抄录出一些词、句、段、篇，再按一定类别加以编纂，以供阅读和检查的书籍。类书一般不创作新的内容，偶尔会加入编者的按语，基本上是摘录其他书籍的内容，对于抄录来的内容并不改动。有不少人将类书比作百科全书，其实这二者有不小区别，虽然类书与百科全书都是按类别对专门知识加以编排，但是类书是对他书的原文抄写；百科全书则是由编者对知识加以综合，用自己的语言表述出来。百科全书包含社会当中的各门学科，类书既有综合性的，也有专门性的。

二、类书的起源及发展

一般认为,《皇览》是中国历史上第一部类书,编成于魏文帝曹丕[①]黄初三年(222)。《三国志·魏书》记载:"帝好文学,以著述为务,自所勒成,垂百篇。又使诸儒撰集经传,随类相从,凡千余篇,号曰《皇览》。"[②] 可惜的是,这部类书在唐宋之际已佚失了。

南北朝时编纂类书成为一时风气,南朝梁刘孝标[③]的《类苑》120卷,梁武帝萧衍命人编纂《华林遍略》700卷,两书都是包罗广泛的类书,但均已佚失。北朝北齐后主高纬命祖珽等编纂《修文殿御览》360卷,约在明代也佚失了。

隋朝虽短暂,但仍有编类书的活动,如隋炀帝时编的《长洲玉镜》238卷,今已失传。虞世南编的《北堂书钞》在学术史上较为有名,北堂为隋秘书省的后堂,因虞世南在此处编纂,故名《北堂书钞》。全书分为帝王、后妃、政术、刑法、封爵、设官、礼仪、艺文、乐、武功、衣冠、仪饰、服饰、舟、车、酒食、天、岁时、地19部。唐代类书编纂较为兴盛,官修类书有《艺文类聚》100卷、《文思博要》1200卷、《瑶山玉彩》500卷、《累壁》400卷、《玄览》100卷、《三教珠英》1300卷、《事类》130卷、《初学记》30卷等,但只有《艺文类聚》和《初学记》流传于世,其他均已亡佚。《艺文类聚》由欧阳询等人奉敕编纂,成书于武德七年(624),是我国现存最早、最完整的官修类书,共100卷,分46部,每部下分子目,共727个子

[①] 曹丕:(187—226),字子桓,曹操的次子,曹操死后,丕袭魏王、丞相。延康元年(220),曹丕代汉称帝,为魏文帝,都洛阳。

[②] 陈寿:《三国志·魏书》,卷2,88页,北京,中华书局,1959。

[③] 刘孝标:名刘峻(463—521),南朝梁学者、文学家,字孝标,山东德州人,一生穷困,但富有才华,以注释刘义庆等编撰的《世说新语》最为有名。

目，每个子目先列举相关事项的文字，然后再收录有关诗文，对后世类书纂修影响很大。《初学记》部头较小，只有 30 卷，据《大唐新语》载，该书是唐玄宗为方便皇子学习，命张说①、徐坚②等人"撰集要事并要文，以类相从。务取省便，令儿子等易见成就也"③，故名为初学。《四库全书总目》评论说："在唐人类书中，博不及《艺文类聚》，而精则胜之。若《北堂书钞》及《六帖》则出此书下远矣。"④《初学记》在编纂体例和内容上也是较有特色的一部类书。私人修类书虽很多，但多已失传，只有白居易的《白氏六帖》流传至今。

宋代是古代类书发展的一个高潮时期，如《太平御览》1000 卷、《册府元龟》1000 卷、《文苑英华》1000 卷、《太平广记》500 卷。这四部类书部头都较大，完好地保存到了今天。

《太平御览》是由李昉⑤等人奉敕撰，初始名为《太平编类》，书成之后，宋太宗下诏改名为《太平御览》，令有司日进三卷，亲自阅览。全书以天、地、人、事、物为序，分成 55 部，包罗万象，保存了宋代以前很多宝贵的文献。

《册府元龟》是王钦若等人奉敕编纂的一部大型类书，"册府"是古代帝王藏书的地方，"元龟"，即龟鉴、借鉴，以史为鉴之意。全书共包括 31 部，分别为帝王、闰位⑥、僭伪⑦、列国君⑧、储宫⑨、宗室、外戚、宰辅、将帅、

---

① 张说：(yuè)（667—730），字道济，一字说之，河南洛阳人，唐朝政治家、文学家。
② 徐坚：(659—729)，字元固，浙江湖州人，唐朝学者，参与《则天实录》《初学记》等书的编纂。
③ 刘肃：《大唐新语》，卷 9，137 页，北京，中华书局，1997。
④ 纪昀等：《四库全书总目》，1773 页，北京，中华书局，1997。
⑤ 李昉：(925—996)，字明远，深州饶阳（今河北饶阳县）人，北宋初年官员、学者，曾参与编写宋代四大类书中的三部——《太平御览》《文苑英华》《太平广记》。
⑥ 闰位：指非正统的帝位。
⑦ 僭伪：指割据一方，非正统的地方政权。
⑧ 列国君：内容涉及分封的诸侯国君臣事迹等。
⑨ 储宫：指太子。

台省①、邦计②、宪官③、谏诤、词臣、国史、掌礼、学校、刑法、卿监④、环卫⑤、铨选⑥、贡举⑦、奉使、内臣⑧、牧守⑨、令长⑩、宫臣⑪、幕府⑫、陪臣⑬、总录⑭、外臣⑮，内容极为丰富。

《文苑英华》是由李昉等人奉敕编纂的一部文学内容的类书。该书按文体分赋、诗、歌行⑯、杂文、制诰⑰等三十九类⑱，每类之中又按题材分若干子目，如赋类下分天象、岁时、地、水、帝德、京都等四十二小类，书中内容基本上是抄录南北朝和唐朝的作品，保存了不少有价值的文献资料。

《太平广记》是由李昉等人奉敕编纂，同《太平御览》一样，编纂于太平兴国时期，所以叫作《太平广记》。这是一部汇集古代小说的类书，全书

---

① 台省：汉代指尚书，唐代是尚书省、中书省、门下省的总称。
② 邦计：指国家经济。
③ 宪官：负责监察的官员。
④ 卿监：唐代的卿监是指九寺五监。九寺是太常寺（掌宗庙礼仪）、光禄寺（掌皇室膳食）、卫尉寺（掌仪仗）、宗正寺（掌皇族事务）、太仆寺（掌车马）、大理寺（掌刑狱案件审理）、鸿胪寺（掌外宾之事）、司农寺（掌农事）、太府寺（掌理财）；五监是国子监（中央官学，掌邦国儒学训导之政令）、少府监（掌百工技巧之事）、将作监（掌宫室建筑）、都水监（掌河渠、津梁、堤堰等事务）、军器监（掌营造甲弩）。
⑤ 环卫：指护卫皇宫。
⑥ 铨选：指选才授官。
⑦ 贡举：即推举。
⑧ 内臣：即宦官。
⑨ 牧守：指州郡长官。
⑩ 令长：指县官。
⑪ 宫臣：指太子属官。
⑫ 幕府：古代权臣、将帅、牧守等，引荐亲信士人入府署参与行事决策。
⑬ 陪臣：古代诸侯王的大臣。
⑭ 总录：《册府元龟》总录部分，涉及忠、孝、礼、友、信、勇、交友、游说、复仇、名望、隐逸、训子、规箴、养生、任侠、报恩、救患、讼冤、独行、游说、工巧、改过、伪政、嗜酒、偏执、妖妄、不忠、畏懦、不知、枉横、告讦、吝啬、不嗣、伪感、寡学、虚名等，内容广泛。
⑮ 外臣：内容涉及周边民族及国家。
⑯ 歌行：中国古典诗歌的一种体裁，属乐府诗一类。行是乐曲的意思，汉魏以后的乐府诗，题名为"歌"和"行"的很多，如《大风歌》《燕歌行》等。后来人们称之为歌行体。
⑰ 制诰：草拟皇帝的诏令。
⑱ 按：书中有谥册和哀册，若将二者视为一类，则为三十八类。

按主题分九十二大类，下面又分一百五十多小类，其中神怪故事占据了很大比重。

在私人纂修的类书中，王应麟的《玉海》影响最大。王应麟（1223—1296），字伯厚，先世居河南开封，后迁至浙江，南宋末年著名学者，涉猎经史百家，天文地理无所不通，熟悉掌故制度，长于考证，一生著述颇富。一般认为，历史上著名的蒙学著作《三字经》就是王应麟编写的，该书风行700多年，流传海外众多国家，是一部优秀的儿童道德教育教材。《玉海》最初编纂是为学子应考而作，全书共22部，分别为：天文、律历、地理、帝学、圣文、艺文、诏令、礼仪、车服、器用、郊祀、音乐、学校、选举、官制、兵制、朝贡、宫室、食货、兵捷、祥瑞、辞学指南。前面21部以收录各种专门知识为主，最后一类辞学指南，包括编题、作文法、诵书、编文、制、诰等，是教人们如何撰文的内容，可以视为撰写应用文指南的内容汇集。

明代在类书编纂方面成就突出，编纂了我国古代史上最大的类书《永乐大典》。

《永乐大典》编纂始于永乐元年（1403），明成祖朱棣夺取帝位后，为了笼络一些知识分子，便下令由解缙①主持，集朝臣儒生一百多人，编纂大型类书。一年以后，编纂完成，明成祖赐名《文献大成》，并赏赐编纂者。但很快明成祖朱棣发现书中内容过于简略，类目不齐，不符合原来设想，于是永乐三年（1405）命人重新编纂。此次由太子少保姚广孝、礼部尚书郑赐、侍读解缙担任监修，刑部侍郎刘季篪、翰林院修撰兼右春坊右赞善梁潜、通政司右通政李至刚任副监修，监修以下还设有总裁、副总裁、纂修官、编写人、缮录、圈点生等。《永乐大典》编纂前后历时三年多，参与的官员、学

---

① 解缙：（1369—1415），字大绅，一字缙绅，号春雨，明朝吉水（今江西省吉水）人。洪武二十一年（1388）中进士，官至内阁首辅、右春坊大学士，参与机要事务。他因为才学高而好直言被忌惮，屡遭贬黜，最终以"无人臣礼"入狱，永乐十三年（1415）冬被埋入雪堆冻死。

者、抄手等共计 2000 多人。其中很多都是当时知识渊博的知名学者，如监修姚广孝（1335—1418），江苏苏州人，少年时出家为僧，后辅佐朱棣夺得天下，受到重用，他于儒学、诸子百家无不通晓，尤其精通阴阳术数，在《永乐大典》编纂过程中起了非常重要的作用。除了朝廷有学问的官员外，还从民间选录有学问的人才，如武进人（今属江苏省常州）陈济，经、史、子、集无所不通，以布衣征召为都总裁，为《永乐大典》纂修作出了重大贡献。在《永乐大典》编纂过程中，朝廷还专门在全国范围内广泛搜集图书，永乐三年（1405），明成祖朱棣到文渊阁观书，问解缙说："文渊阁经、史、子、集皆备否？"解缙回答说："经、史粗备，子、集尚多阙。"明成祖遂命礼部尚书郑赐搜购图书，并说"惟其所欲与之，勿较值"①，在全国广泛征集、购求图书，为《永乐大典》编纂提供了有利的条件。永乐六年（1408）冬，《永乐大典》最终编纂完成，全书采用包背装形式装帧，共计 22877 卷，另有目录 60 卷，装成 11095 册，约计 3.7 亿字。明成祖亲自撰写序文，并赐名《永乐大典》。该书收录内容广泛，涉及天文、地理、人伦、道德、政治、医学、诗词、科技、佛教、道教以及奇闻异见等，所录书籍有很多后来都佚失了，其内容因抄入《永乐大典》得以保存，成为后人辑佚的重要资料来源。《永乐大典》在编排顺序上不是按类别划分，而是按《洪武正韵》②的韵目顺序编排，编排方式较为独特。

《永乐大典》成书后，历经曲折坎坷，多遭散失。《永乐大典》编纂完成后，定本最初贮存在南京文渊阁，明成祖迁都北京后，将之迁运至北京皇宫中。嘉靖皇帝③在位时，非常喜欢《永乐大典》，经常放置案头数册翻阅，嘉

---

① 张廷玉等：《明史》，卷 96，2343 页，北京，中华书局，1974。
② 《洪武正韵》：明朝初年官方纂修的一部韵书。
③ 按：明世宗朱厚熜（zōng）（1507—1567），明朝第十一位皇帝，1521—1566 年在位，年号嘉靖，后世称嘉靖帝。在位早期较为英明，严以驭官，宽以治民，整顿朝纲，减轻赋役，对外抗击倭寇，重振国政，开创了嘉靖中兴的局面，后期好道教，一心修炼长生之术。

靖四十一年（1562），宫中失火，《永乐大典》险些遭毁。有鉴于此，为防不测，嘉靖皇帝命人重新抄写一套，这样《永乐大典》就有正副两本。当时，永乐年间抄写的正本放在皇宫中的文渊阁，而重抄的副本置于皇史宬。正本后来在史籍中缺乏记载，不知下落。目前学术界对于正本有两种说法：一种说法是毁于明末战火；另一种说法认为，作为随葬品埋于明世宗嘉靖皇帝的永陵。副本经历明末清初的战乱，至康熙年间清查已有残缺，雍正年间将其移入翰林院收藏。乾隆时期修《四库全书》，对《永乐大典》作了认真清点，保存有9881册，20473卷。由于翰林院管理不善，不断有人偷窃，致使《永乐大典》佚失越来越多。1900年八国联军占领北京，《永乐大典》因战火焚毁，外国侵略者抢劫，损失严重。1912年，民国政府成立，将翰林院残存的《永乐大典》移至北平图书馆保存。1933年，华北局势动荡不安，北平图书馆将所藏《永乐大典》运至上海保存。1937年，上海沦陷，又从《永乐大典》中选出60册，运至美国。1965年，这60册从美国运至台湾，现保存在台北"故宫博物院"；其他留在上海的，抗日战争后，又运回北平（今北京）。1949年以后，国家不断从国内外收集《永乐大典》残本，苏联先后赠还60多册，国内藏书家不断将收藏的残本送给国家，这些大都保存在中国国家图书馆，其他国家如日本、美国、德国、英国等也或多或少有收藏。

  清代纂修的最重要的类书是《古今图书集成》，康熙年间由陈梦雷①编

---

  ① 陈梦雷：(1650—1741)，字则震，号省斋，号天一道人，晚号松鹤老人，福建闽县人。清代著名学者、文献学家。康熙九年（1670）中进士，选庶吉士，散馆后授编修。康熙十二年，回乡省亲，被耿精忠所虏。康熙二十一年（1682），被流放至辽宁，到戍所后，陈梦雷病倒，家中父母先后去世，妻子也在流放地亡故，陈梦雷万分悲痛，但仍手不释卷，刻苦读书和著述。康熙三十七年（1698）九月，康熙巡视盛京（今辽宁省沈阳），陈梦雷献诗称旨，被召回京师。次年，入内苑，侍奉诚亲王胤祉（康熙第三子）读书。康熙四十年（1701）受命主编《古今图书集成》。雍正元年（1723），在《古今图书集成》将要编完时，因受胤祉牵连，被再度流放到黑龙江，乾隆六年（1741），卒于戍所。

纂，雍正初年他被流放至黑龙江，雍正皇帝命蒋廷锡①等重编，最终以蒋廷锡署名，全书共 10000 卷，目录 40 卷，约 1.6 亿字，分为 6 汇编、32 典、6117 部。全书按天、地、人、物、事次序展开，规模宏大，分类细密，举凡天文地理、人伦规范、文史哲学、自然艺术、经济政治、教育科举、农桑渔牧、医药良方、百家考工等，无所不包。由于《永乐大典》现在大都已经佚失，因此《古今图书集成》成为我国现存部头最大的古代类书，国外汉学界誉之为"康熙百科全书"。

三、类书的主要功能

第一，查阅史料。大多类书都包罗万象，从各种文献中摘抄相关内容，按类编排，只要按类查阅，便能得到一些专门的知识。如想了解古代边疆或少数民族问题，可以从《古今图书集成·边裔典》中查找相关内容。

第二，校勘书籍。类书的内容是从其他书籍中摘抄的，所抄录内容可以校勘原书的其他版本。

第三，辑佚。类书是保存书籍的一种重要形式，如果所抄录书籍在社会中佚失了，那么可以通过类书所保存的内容恢复原书。如二十四史中的《旧五代史》在明清之际就佚失了，现在读到的本子就是清人邵晋涵②从《永乐大典》等书籍中辑佚出来的。

---

① 蒋廷锡：(1669—1732)，字酉君，号南沙、西谷，又号青桐居士，江苏常熟人。清朝前期政治人物、诗人、画家，官至户部尚书、文华殿大学士、太子太傅等职。

② 邵晋涵：(1743—1796)，字与桐，号二云，又号南江，浙江余姚人，是清代著名学者、史学家、经学家。《四库全书》纂修时任纂修官，主要负责史部书籍的校订以及撰写提要，他在《四库全书》馆中，利用各种书籍，辑佚《旧五代史》，使这部重要著作在较大程度上恢复了原书面目。他还撰有《尔雅正义》，在经学史上具有重要地位。

第二节　丛书及其发展

一、什么是丛书

丛书是将原单行本的书籍汇聚在一起,并冠以总名,以保存图书,供人阅读的书籍汇编。丛书与类书不同,类书是从不同书籍中摘抄,抄录或长或短,短的只是一句话,长的可能是一卷或数卷,而丛书保留原书的完整性。

丛书可分为专门性丛书和综合性丛书两大类。专门性丛书,是汇集某一相同部类的书籍而构成的书籍汇编,如佛教的《大藏经》,道教的《道藏》等;综合性丛书则是汇集不同部类书籍的汇编,如历史上著名的《四库全书》等。

二、丛书发展源流

一般认为,南朝齐陆澄收集地志之类的书籍160多家,编在一起,取名《地理书》,后来南朝梁任昉在《地理书》基础上,又增加了84家,重新编纂,题名《地记》,这应是我国历史上最早出现的丛书。不过,这两种丛书都是专门性丛书。南宋时俞鼎孙、俞经兄弟辑刻的《儒学警悟》,是我国第一部综合性丛书。南宋末年左圭的《百川学海》汇集了两晋以来图书100种,内容涵盖经、史、子、集四部,是一部规模相对较大的综合性丛书,对后世综合性丛书的编纂产生了很大影响。

历史上,佛教的《大藏经》和道教的《道藏》都是影响较大的专门性丛书。《大藏经》是汇集佛教著作的一种大型丛书,在我国历史上编纂的《大藏经》难以计数，它们的篇幅、卷数有较大差别，按文字划分，有汉文、藏文、满文、蒙古文、傣文等。汉文《大藏经》编纂有悠久的历史，宋朝以前即有佛经的汇集，都是以抄本卷轴装形式流传。北宋开宝年间（968—975），木雕版《大藏经》问世，这是我国第一部印刷的《大藏经》。此后，元明清均刊刻过汉文《大藏经》。

藏文《大藏经》分为甘珠尔和丹珠尔两部分①，元代以前藏文大藏经以抄写本形式流传，元、明、清时期藏文刻本《大藏经》不断涌现。目前传世的有：永乐版，明永乐八年（1410）刊刻，只刻了甘珠尔，印本大部用朱砂刷印，亦称赤字版；万历版，明万历三十三年（1605）续刻了丹珠尔；塔尔寺版，刻于青海塔尔寺，仅有甘珠尔；昌都版，刻于昌都寺，仅有甘珠尔；理塘版，明末崇祯年间，由云南丽江纳西族土司赞助，仅有甘珠尔；北京版，又名嵩祝寺版，清康熙二十二年（1683）在北京嵩祝寺刊刻，先刻了甘珠尔，至雍正二年（1724）续刻了丹珠尔，因系清皇室刻本，刊刻、装帧颇为精良，版型较一般藏文经要大，每夹扉画均为手工绘制，笔触细腻，设色鲜丽，大多出自藏族和蒙古族画家手笔，该版曾流传到日本和欧洲；卓尼版，清代甘肃卓尼土司资助刻印；德格版，清代德格印经院刻印；奈塘新版，七世达赖喇嘛据奈塘古版增入布敦目录典籍刊刻，甘珠尔成于雍正八年（1730），丹珠尔成于乾隆七年（1742）；拉萨版，1933年，在十三世达赖喇嘛主持下印制，当时仅刻出甘珠尔。

为了更好地保存佛教文献，使佛教文化得到进一步传播，1982年我国成立中华大藏经编辑局，编纂、校勘包括汉、藏、蒙古、满等文字的《大藏经》，简称《中华藏》，出齐后将成为有史以来经籍数量最多的《大藏经》。

《道藏》是汇集道教书籍的大型丛书，据说东晋时期，道士郑隐收集道

---

① 按："甘珠尔"意为翻译的佛教经典，"丹珠尔"意为翻译的佛教论著。

教书籍 261 种 1299 卷，但是否编为丛书，还不确定。刘宋时道士陆修静得到宋明帝的支持，广泛搜集各地道经，编成《三洞经书》，并编制了目录，确定了分类方法，这可能是较早出现的《道藏》。此后，历朝历代都有编纂《道藏》的事迹。1996 年，由中国道教协会副会长张继禹道长主持编修《中华道藏》，集大量的人力和物力，历经数年，于 2004 年正式出版发行，这是目前规模最大，编纂质量最好的一部《道藏》。

历史上，《大藏经》《道藏》的编纂，对汉文传统书籍的收藏以及编纂大型丛书产生了很大影响。清代周永年①曾提出，儒学书籍"藏之一地，不能藏之于天下；藏之一时，不能藏于万世"②，应吸取儒家书籍时聚时散的教训，以佛、道二藏为榜样，编纂《儒藏》以便书籍的保存和利用。

中国古代史上编纂最大的综合性丛书是《四库全书》。《四库全书》编纂于乾隆时期，乾隆三十七年（1772），安徽学政朱筠③上奏，翰林院藏有明朝编纂的《永乐大典》，虽已佚失不少，但所余部分保留了很多珍贵书籍，请从中辑佚已失传的书籍，这一建议得到乾隆皇帝的支持，在朝廷官员中选出一些学问较优者辑佚《永乐大典》，这是《四库全书》编纂的肇始。在辑佚《永乐大典》的同时，乾隆皇帝又命全国各地向朝廷献书，并将内府藏书汇于一起，下令编成了一部大型丛书，命名为《四库全书》。为编纂《四库全书》朝廷专门成立四库馆作为编纂机构，在朝廷官员中选取学问优秀的充当纂修官，并从没有官职的人员中征召数名学识渊博的人员。四库馆人员分为总裁、副总裁、总阅官、总纂官、纂修官、总校官、分校官、提调官、督催官、缮录人员等，总裁、副总裁由皇子、大学士以及各部尚书担任，总阅官

---

① 周永年：(1730—1791)，字书昌，山东历城（今属山东省济南市）人，《四库全书》纂修时曾任纂修官，以数十年精力，博采旁搜，弃产营书，积书 10 万卷，供人阅读抄写，提倡"儒藏说"，以保护书籍。

② 李希泌、张椒华：《中国古代藏书与近代图书馆史料》，47 页，北京，中华书局，1982。

③ 朱筠：(1729—1781)，字竹君，一字美叔，又称"筼河先生"，曾任翰林院编修、安徽学政等职，博学多识，精于小学、金石之学，善于提携后进，对清中期学术发展有很大影响。

主要负责校阅书籍，总纂官是编纂《四库全书》的主要负责者。纪昀①和陆锡熊②长期担任这一职务，对《四库全书》贡献最大。总校官、分校官负责书籍校对，提调官负责书籍的收发。

纂修《四库全书》主要工作有以下几项：一是从《永乐大典》中辑佚书籍，经过众多学者数年的艰辛努力，从《永乐大典》残卷中辑出了385种图书，计4946卷；二是对内府藏书改纂、增补、校阅，清朝内府藏书非常丰富，一些书籍当中因有讹误，纂修官据其他版本书加以改正，一些书籍不够完整，如《大清一统志》编成于乾隆八年（1743），至《四库全书》编纂时，国内形势已有新的变化，原书已无法反映清朝疆域的实际情形，故纂修官对之加以重修；三是对全国各地献书加以校阅，为纂修《四库全书》，朝廷向全国各地征集了大量图书，由于各地进呈书籍优劣不一，故需要认真清理甄别，另外，有些进呈书籍内容对清统治不利，故需要选出，列为禁书销毁，或对原书加以改编；四是对于入选的书籍要鉴定版本、考辨真伪、校阅内容、订正讹误；五是撰写提要，对每一本入选的书籍都要撰写提要；六是抄录，入选的书籍分为两种：一是全文抄录，二是只保留书目和提要。对于全文抄录的书籍，需要大量的抄手，在整个编纂过程中，前后用抄写人员近4000；七是校对，书籍抄写时很容易抄错，很多官员学者参与了校对工作，为此，四库馆也严格规定了一些奖惩制度，以提高纂修质量。

为了"广布流传，以光文治"，乾隆皇帝下令，《四库全书》共抄写7份，修建7个藏书楼作为贮藏之所，分别为皇宫的文渊阁、圆明园的文源阁、承德避暑山庄的文津阁、盛京（今辽宁省沈阳）的文溯阁、江苏扬州的文汇

---

① 纪昀：(1724—1805)，字晓岚，一字春帆，晚号石云，直隶献县（今河北沧州）人，清代官员、学者。官至兵部尚书、礼部尚书等，早年曾因事被发往乌鲁木齐，后任《四库全书》总纂官，对《四库全书》纂修作出了很大贡献。

② 陆锡熊：(1734—1792)，字健男，号耳山，上海人，清代官员、学者，官至刑部郎中、翰林院侍读、左副都御史等，与纪昀同ুই《四库全书》总纂官，对《四库全书》纂修作出了很大贡献。后因乾隆皇帝发现书有讹谬，至奉天校正文溯阁《四库全书》，卒于奉天（今辽宁省沈阳市）。

阁、江苏镇江的文宗阁、浙江杭州的文澜阁。这七部《四库全书》在流传过程中，几经坎坷，历经磨难。

文渊阁所存《四库全书》在辛亥革命后，由清室善后委员会接管，不久又交给故宫博物院保管，"九一八"事变后，随着华北局势日益危机，被运往上海，后来辗转重庆、南京等地，最终运至台湾，现保存在台北"故宫博物院"。

文源阁所存《四库全书》在第二次鸦片战争中，因英法联军火烧圆明园，被烧为灰烬。

文津阁所存《四库全书》在辛亥革命后，由教育部建议运至北京，1915年连同书架正式移交京师图书馆，现保存在国家图书馆。

文溯阁所存《四库全书》在1914年曾一度被运至北京，后于1925年又被运回沈阳。1966年，经国务院批准由沈阳运至兰州，今保存在甘肃省图书馆。

文宗阁、文汇阁所存《四库全书》在太平天国运动中，被全部烧毁。

文澜阁《四库全书》在太平天国运动中散失严重，当地藏书家丁申、丁丙兄弟发现一些商贩包装食物的纸竟然是《四库全书》的散页，于是四处收集购买，共得到8000多册，约为整部书的四分之一，后来又进行了补抄工作，现保存在浙江省图书馆。

在《四库全书》编纂过程中，乾隆皇帝诏令将一些珍本、善本交武英殿刊刻，当时总管大臣金简建议使用枣木活字，摆版刷印，乾隆皇帝对这一刻书办法深为赞赏，并为活字版命名为"聚珍版"。因此，武英殿此次刊刻的丛书名《武英殿聚珍版丛书》。

三、丛书的作用

丛书在书籍的保存、流传和利用方面发挥着重大作用：

第一，有不少书籍单行本虽然佚失了，但是因收录在丛书中，一直流传下来。如《四库全书》就保留了不少已经佚失了的书籍。

第二，丛书为人们利用书籍提供了便利，如20世纪初编成的《丛书集成初编》等，因某些书的单行本不易查找，丛书便成为人们阅读经常利用的版本，给人们带来便利。因此，利用丛书是一种有效的查阅书籍的方法。

推荐阅读书目

1. 胡道静：《中国古代的类书》，北京，中华书局，1982年。

提要：胡道静（1913—2003）祖籍安徽泾县，生于上海，在古籍整理、古代科技史等方面都卓有建树。该书按时代论述中国古代类书的发展，由于原稿的下半部分在"文化大革命"期间损佚，只留下宋代以前的内容。虽为半部著作，但在类书研究中具有重要地位，仍是了解古代类书发展的重要参考书目。

2. 张忱石：《永乐大典史话》，北京，中华书局，1986年。

提要：张忱石，1940年出生，江苏宜兴人，1964年毕业于北京大学中文系古典文献专业，曾任中华书局古代史编辑室副编审、主任，主要致力于古籍研究和整理工作。该书以通俗易懂的语言简要叙述了《永乐大典》纂修过程、流传、价值和利用等，对了解《永乐大典》很有帮助。

3. 黄爱平：《四库全书纂修研究》，北京，中国人民大学出版社，1989年。

提要：黄爱平个人简介已见前文。该书运用大量历史档案资料，结合清前期的社会背景及学术状况，对《四库全书》的编纂过程、内容及其影响作了全面研究，对清乾隆年间的文字狱、禁书等问题也进行了深入的探讨，是学术界研究《四库全书》的重要著作。

推荐阅读论文

曹之：《丛书源流考略》，载《山东图书馆学刊》，2011年第5期。

提要：曹之，1944年出生，河南省荥阳人，武汉大学教授，著有《中国古籍版本学》《中国印刷术的起源》《中国古籍编撰史》等。该文按时间顺序简略介绍了丛书发展脉络，并对丛书的检索、价值和利用作了进一步论述，有助于我们对丛书发展的深入了解。

第五章 目录学、版本学和校勘学

第一节 目录学

目录学是历史文献学的重要分支学科,学习目录学对我们了解各时代图书状况、检索文献、掌握学术发展源流等具有重要意义。

一、目录及其体制

目录虽是我们今天常用的词汇,但很多人并不知道其古今含义的差别。古代目录原本是目和录的合称。目指篇目,是一部书篇或卷的名称;录指叙录,是记述某一部书内容、作者生平、版本,以及对该书评价和整理的文字。目录类型多样,有综合目录、专科目录和特种目录:综合目录是以某一时期、某一地区的所有图书为著录对象而编制的目录,如国家藏书目录、地方藏书目录、藏书家藏书目录等,这些目录著录内容广泛,涉及各种不同门类的图书;专科目录是以某一学科的图书为著录对象而编制的目录,如政治类、经济类、军事类等;特种目录是根据特殊目的或用途而编制的目录,如推荐书目、参考书目、禁毁书目等。

目录学是研究目录形成和发展的学科,研究范围包括目录的体制、目录的编制、目录学史、目录的功用等。对目录的研究很早就已开始，南宋郑樵的《通志·校雠略》和清代章学诚的《校雠通义》，都包含丰富的目录学理论。近代著名目录学家余嘉锡著《目录学发微》，是一部全面阐述目录学理论和发展的著作。

一部完整的目录书，其体制主要包括序文、书名、篇卷、版本、提要等几个部分。

序文，分为大序和小序：大序就是对大的部类作一篇序言，介绍学术发展源流，该书收录书籍情况，书中分类的方法及原因等；小序就是对某一个类别图书著录情况加以介绍，并简要论述这一类别图书的发展状况。我们以《四库全书总目》序为例加以说明：

大序，如经部总叙：

> 经禀圣裁，垂型万世。删定之旨，如日中天，无所容其赞述，所论次者，诂经之说而已。自汉京①以后，垂二千年，儒者沿波，学凡六变，其初专门授受，递禀师承，非惟诂训相传，莫敢同异，即篇章字句，亦恪守所闻，其学笃实谨严，及其弊也拘。王弼②、王肃③稍持异议，流风所扇，或信或疑，越孔、贾、啖、赵④，以及

---

① 汉京：汉都城，指两汉。
② 王弼：(226—249)，字辅嗣，三国曹魏山阳郡（今河南省焦作）人，经学家、哲学家，著有《老子注》《老子指略》《周易注》《周易略例》等，是魏晋玄学的主要代表人物及创始人之一。
③ 王肃：(195—256)，字子雍，东海郡郯（tán）县（今山东省临沂市郯城西南）人，三国时期曹魏著名经学家。
④ 孔、贾、啖（dàn）、赵：是指唐朝孔颖达、贾公彦、啖助和赵匡四位经学家。孔颖达(574—648)，孔子嫡孙，编订《五经正义》，排除了经学内部的家法师说等门户之见，于众学中择优而定一尊，广采以备博览，从而在一定程度上结束了自西汉以来的各种纷争；贾公彦，生卒年不详，永年（今河北省邯郸市东北）人，经学家，官至太常博士，精于三礼；啖助(724—770)，字叔佐，赵州（今河北省赵县）人，后迁居关中，经学家，精于《春秋》；赵匡，生卒年不详，字伯循，河东（今山西省永济蒲州镇）人，师从啖助学《春秋》，亦精于《春秋》。

北宋孙复①、刘敞②等，各自论说，不相统摄，及其弊也杂。洛、闽③继起，道学大昌，摆落汉唐，独研义理，凡经师旧说，俱排斥以为不足信，其学务别是非，及其弊也悍。学脉旁分，攀缘日众，驱除异己，务定一尊，自宋末以逮明初，其学见异不迁，及其弊也党。主持太过，势有所偏，才辨聪明，激而横决，自明正德、嘉靖以后，其学各抒心得，及其弊也肆。空谈臆断，考证必疏，于是博雅之儒引古义以抵其隙，国初诸家，其学征实不诬，及其弊也琐。要其归宿，则不过汉学、宋学两家，互为胜负，夫汉学具有根柢，讲学者以浅陋轻之，不足服汉儒也，宋学具有精微，读书者以空疏薄之，亦不足服宋儒也。消融门户之见，而各取所长，则私心祛而公理出，公理出而经义明矣。盖经者，非他，即天下之公理而已。今参稽众说，务取持平，各明去取之故，分为十类：曰易，曰书，曰诗，曰礼，曰春秋，曰孝经，曰五经总义，曰四书，曰乐，曰小学。④

小序，如史部的正史类序：

正史之名见于《隋志》⑤，至宋而定，著十有七，明刊监版，合宋、辽、金、元四史，为二十有一，皇上钦定《明史》，又诏增

---

① 孙复：（992—1057），字明复，号富春，晋州平阳（今山西省临汾市）人，北宋理学家、教育家，著有《春秋尊王发微》12 卷。
② 刘敞：（1019—1068），字原父，世称公是先生，临江新喻（今江西省新余）人，北宋著名经学家、史学家，对《春秋》研究成就很大。
③ 洛、闽：洛学和闽学的合称，即程朱理学，北宋程颢、程颐为洛阳人，故称为洛学；南宋朱熹曾侨居、讲学于福建，因此称为闽学。
④ 纪昀等：《四库全书总目》，1 页，北京，中华书局，1997。
⑤ 《隋志》：即《隋书·经籍志》。

《旧唐书》，为二十有三，近搜罗四库，薛居正①《旧五代史》得裒集成编，钦禀睿裁，与欧阳修②书并列，共为二十有四。今并从官本校录，几未经宸③断者，则悉不滥登，盖正史体尊，义与经配，非悬诸令典，莫敢私增，所由与稗官野记异也。其他训释音义者，如《史记索隐》④之类；掇拾遗阙者，如《补后汉书年表》⑤之类；辨正异同者，如《新唐书纠缪》⑥之类；校正字句者，如《两汉刊误补遗》⑦之类。若别为编次，寻检为繁，即各附本书，用资参证。至宋、辽、金、元四史译语，旧皆舛谬，今悉改正，以存其真，其子部、集部，亦均视此。以考校厘订自正史始，谨发其凡于此。⑧

篇目，也就是篇卷。汉文著作在西汉以后，一般多在卷前注明何书、多少篇或多少卷，但在西汉以前一般不著篇名或书名，今天阅读先秦古籍，书中所载篇卷，多是后人在整理时，根据需要为前人的著作分为若干篇卷，并加上题名。

提要，又称叙录，或解题，就是我们前面所说"目录"的"录"。提要的文字有长有短，长者上千字，短则一二十字，如《四库全书总目·大唐创

---

① 薛居正：(912—981)，字子平，开封浚仪（今河南省开封）人，北宋大臣、史学家，著有《旧五代史》，该书在明中期已失传，至清乾隆时期，史学家邵晋涵从《永乐大典》等书中辑佚出来，重新流传于世。
② 欧阳修：(1007—1072)，字永叔，号醉翁、六一居士，吉州永丰（今江西省吉安市永丰县）人，北宋政治家、文学家、史学家，著有《新五代史》等。
③ 宸：(chén)，原意指屋宇，深邃的房屋，也指北极星（北辰）的所在，后借指帝王所居，引申为王位、帝王。此处宸断，即是指经皇帝指定。
④ 《史记索隐》：一部注解《史记》的史书，由唐代司马贞撰写，共30卷。
⑤ 《补后汉书年表》：一部为《后汉书》补表的史著，由宋代学者熊芳著，共10卷。
⑥ 《新唐书纠缪》：一部专门纠正《新唐书》失误的史著，由宋代学者吴缜著，共20卷。
⑦ 《两汉刊误补遗》：宋代学者吴仁杰撰写的史书，为刘攽《两汉书刊误》而作，以校正《汉书》《后汉书》字句为主。
⑧ 纪昀等：《四库全书总目》，613页，北京，中华书局，1997。

业起居注》：

《大唐创业起居注》，三卷，浙江巡抚采进本。

唐温大雅撰。大雅字彦宏，并州祁人。官礼部尚书，封黎国公。事迹具《唐书》本传。是书《唐志》《宋志》皆作三卷，惟《文献通考》作五卷。此本上卷记起义旗至发引四十八日之事，中卷记起自太原至京城一百二十六日之事，下卷记起摄政至即真①一百八十三日之事，与《书录解题》所云记三百五十七日之事者，其数相符，首尾完具，无所佚阙，不应复有二卷，《通考》殆讹三为五也。大雅本传称"高祖兵兴，引为记室参军，主文檄"。则此书得诸闻见，记录当真。今取与《高祖本纪》相较，若刘仁恭为突厥所败，炀帝驿系高祖，此书称高祖侧耳谓秦王曰："隋运将尽，吾家继膺符命，所以不早起兵者，为尔兄弟未集耳。今遭羑里②之厄，尔昆季须会盟津之师。"是兴师由高祖，而《本纪》则谓举事由秦王。又此书载隋少帝以夏四月诏曰："今遵故事，逊于旧邸。"而《本纪》则系之五月戊午。凡此之类，皆颇相抵牾。书中所谓大郎即建成，二郎即太宗，于太宗殊无所表异。胡震亨③跋谓："大抵载笔之时，建成方为太子，故凡言结纳贤豪，攻略城邑，必与太宗并称。"殆其然欤？抑或贞观十七年，敬播、房玄龄、许敬宗等所修《高祖实录》，欲以创业之功独归太宗，不能无所润色也。观大雅所讳，独宫婢私侍一事耳。至于称臣突厥，则以不用书而用启，隐约其词。

---

① 即真：指正式即皇帝位。
② 羑（yǒu）里：古地名，又称"羑都"，在今河南省安阳市汤阴县北，据说是商纣王囚禁周文王的地方。
③ 胡震亨：(1569—1645)，字孝辕，自号赤城山人，晚号遯叟，浙江省海盐武原镇人，明代文学家、藏书家。

而于炀帝命为太原道安抚大使，则载高祖私喜此行，以为天授。于炀帝命击突厥，则载高祖私谓人曰："天其或者将以畀余。"俱据事直书，无所粉饰。则凡与唐史不同者，或此书反为实录，亦未可定也。①

历史上目录著作类型很多，并不都像《四库全书总目》有大序、小序、提要那样完善，有些目录有小序而无提要，如《汉书·艺文志》《隋书·经籍志》等，我们在阅读这一类的目录著作时，可以了解学术脉络、书籍流传、藏书状况等，但无法直接了解每一部书的具体情况。此外，还有一类目录，既无小序、也无解题，只著录书名、作者、卷数等最基本信息，如《明史·艺文志》《书目答问》② 等，这类目录只能明确书籍类例，反映书籍发展状况，但无法直接给我们以学术发展脉络信息，也不能直接了解书籍本身情况。以上三类目录著作，虽内容详略不一，但有共同的著书宗旨以及功用，我们统称这些为目录。

二、目录的功用

目录的功用大体上说，有以下几个方面。

（一）了解藏书状况

通过反映国家藏书的综合性目录，可以了解历史上全国的图书种类，如阅读《汉书·艺文志》我们可以了解汉代国家藏书状况。一些地方志中收录的地方书籍目录，反映了某一地区的书籍状况。通过藏书家的藏书目录可以

---

① 纪昀等：《四库全书总目》，649 页，北京，中华书局，1997。
② 《书目答问》：是晚清张之洞编纂的一部目录著作，按经、史、子、集四部分类法著录。

知道藏书楼的书籍收藏情况,古代很多著名的藏书楼因种种原因书籍或流散他处,或已佚失,我们利用当时编纂的藏书目录,方能大体窥知当时藏书状况。

(二) 了解某一图书发展脉络

通过目录著录情况,我们可以了解某一图书何时产生、何时增添了新的版本、何时亡佚或有缺损等。尤袤的《遂初堂书目》对很多图书都记载不同版本,如《史记》有川本、严州本等,这些对我们了解图书版本增添过程非常有益。朱彝尊的《经义考》分别以"存""亡""阙""未见"四项著录,为后人了解图书本身流传情况,提供了详细的资料。

(三) 作为考辨古书的依据

20世纪著名文献学家余嘉锡总结目录在考辨古书方面的作用,主要有六点[①]。

1. 以目录之有无,断书之真伪

如班固《汉书·东方朔传》载:"朔之文辞,此二篇最善(指《答客难》《非有先生论》)。其余有《封泰山》《责和氏璧》及《皇太子生禖》《屏风》《殿上柏柱》《平乐观赋猎》《八言》《七言上下》《从公孙弘借车》,凡刘向所录朔书具是矣,世所传它事皆非也。"班固首次将目录书作为判别书籍真伪的依据,认为凡刘向《别录》所载为真,其他流传的东方朔著作而《别录》不载者,均为伪。此后,很多学者都以前代目录是否著录作为考辨古书真伪的依据。当然,我们也不能武断地认为前代目录不著录就一定属于伪书,因为任何一部目录著作都不可能穷尽所有图书,有些被目录遗漏的图

---

① 引自余嘉锡:《目录学发微》,10—11页,南京,凤凰出版社,2009。

书也确实存在。我们说，目录是考辨古书真伪的重要依据，而不是绝对证据。

2. 用目录书考古书篇目之分合

历史上很多书籍篇目变化很大，不同时期因篇目的差异，甚至会被人误认为两部不同的书籍，通过前代目录著录情况，我们可以了解某书篇目的分合。

3. 以目录书著录之部次定古书之性质

意即从书籍在前代目录之类属来判断书籍性质。

4. 因目录访求缺佚

据《隋书·牛弘传》载，开皇初年，牛弘请开献书之路，说："今御书单本，合一万五千余卷，部帙之间，仍有残缺。比梁之旧目，止有其半。至于阴阳河洛之篇，医方图谱之说，弥复为少。"建议依照梁时目录，从民间悬赏求书，为征集图书提供了很好的方法。

5. 以目录考亡佚之书

前代目录著录之书，而后代目录不著录，多已亡佚，有些目录书还明确著录"已佚"，据此我们大体可知书籍亡佚的时代。

6. 以目录书所载姓名、卷数，考古书之真伪

如《子夏易传》一书据传是孔子弟子子夏所作，刘知几对此议论说："案《汉书·艺文志》，《易》有十三家，而无子夏作传者。至梁阮（孝绪）氏《七录》，始有《子夏易传》六卷"。以此怀疑《子夏易传》为伪书，司马贞论说："案刘歆《七略》，有《子夏易传》，但此书不行已久，今所存者多非真本。荀勖《晋中经簿》云：'《子夏传》四卷，或云丁宽所作'，是先达疑非子夏矣。又《隋书经籍志》云'子夏传残阙，梁时六卷，今三卷'，是知其书错谬多矣。"

（四）考辨学术源流

编制目录并不是一件简单的工作，绝不是部次甲、乙、丙、丁那么容易，

而是一项具有很高学术要求的活动。梳理学术发展脉络是古代目录学的优良传统，西汉刘向、刘歆父子编纂《七略》，不仅是对皇室藏书进行整理和编目，也是一次重要的学术总结活动。此后东汉时期的《汉书·艺文志》亦是对先秦至汉代学术发展的总结。南宋郑樵提出"类例既分，学术自明"。① 清代学者章学诚说："校雠之义，盖自刘向父子部次条别，将以辨章学术，考镜源流，非深明于道术精微，群言得失之故者，不足与此"。又说："古人著录不徒为甲乙部次计，如徒为甲乙部次纪，则一掌故令史足矣，何用父子世业，阅年二纪，仅乃卒业乎？盖部次流别，申明大道，叙列九流百氏之学，使之绳贯珠联，无少缺逸，欲人即类求书，因书究学"。② 姚名达总结目录学意义说："目录学者，将群书部次甲乙，条别异同，推阐大义，疏通伦类，将以辨章学术，考镜源流，欲人即类求书，因书究学之专门学术也。"③ 都是对目录具有考辨学术源流作用的精辟总结。

（五）读书治学的门径

掌握目录知识，对于人们学习和研究来说具有非常重要的作用，很多学者将目录书作为读书治学的门径。清代学者王鸣盛说："目录之学，学中第一紧要事，必从此问途，方能得其门而入。"④ 张之洞极力推荐《四库全书总目》，认为这是了解学术的门径。文献学家余嘉锡说："目录之学为读书引导之资，凡承学之士，皆不可不涉其藩篱。"⑤ 都强调目录在学习中的重要性。

---

① 郑樵撰，王树民点校：《通志·二十略》，1806页，北京，中华书局，1995。
② 章学诚：《章学诚遗书》，95页、96页，北京，文物出版社，1985。
③ 姚名达：《中国目录学史》，8页，北京，商务印书馆，1984。
④ 王鸣盛撰，黄曙辉点校：《十七史商榷》，卷1，1页，上海，上海书店出版社，2005。
⑤ 余嘉锡：《目录学发微》，12页，南京，凤凰出版社，2009。

三、古代汉文目录分类法的演变

汉文书籍目录从古至今大体上经历了从六分法到四分法的过程，中间也出现了五分法、七分法、九分法和十二分法等，但影响不大。20 世纪初，随着西学书籍的增多，传统分类法无法满足图书分类，出现了仿美国杜威的十进制分类法。1949 年中华人民共和国成立以后，又出现过《中国人民大学图书馆图书分类法》《中国图书馆图书分类法》等。

（一）六分法

汉文文献的分类，早在先秦时期已出现，然以目录著作的形式出现是在西汉时期。据《汉书·艺文志》载："至成帝时，以书颇散亡，使谒者陈农求遗书于天下，诏命光禄大夫刘向校经传、诸子、诗赋，步兵校尉任宏校兵书，太史令尹咸校数术，侍医李柱国校方技。"[①] 刘向等人收集各书不同版本，修订篇章，校雠讹文脱简，命定书名，使纷乱的简策成为有系统的书本，最后由刘向条其篇目，撰写序录，包括著录书名和篇目，叙述校雠原委，介绍作者的生平，解释书名含义，辨别书籍真伪，叙书籍内容，论学术源流，评书籍价值，汇集一起称为《别录》。刘向去世后，汉哀帝命其子刘歆在刘向等人整理图书基础上，进一步将朝廷藏书分类编目，最后编成《七略》。据《汉书·艺文志》记载，《七略》中的"辑略"为全书总序，主要阐述全书内容及分类方法，并不是一个独立的类别，因此，《七略》虽名为"七"，实际上是将全国图书分为六类，史称"六分法"。这是我国第一部成熟的官修综合性目录著作。《别录》《七略》后来均佚失，但《汉书·艺文志》保

---

① 班固：《汉书》，卷 30，1071 页，北京，中华书局，1962。

留了《七略》的分类方法，现根据《汉书·艺文志》列其类目如下：

六艺略：易、诗、书、礼、乐、春秋、论语、孝经、小学；

诸子略：儒、道、阴阳、法、名、墨、纵横、杂、农、小说；

诗赋略：屈原等赋、陆贾等赋、孙卿等赋、杂赋、歌诗；

兵书略：兵权谋、兵形势、阴阳、兵技巧；

术数略：天文、历谱、五行、蓍龟、杂占、形法；

方技略：医经、经方、房中、神仙。

下面我们对每一个类别内容加以简单介绍。

1. 六艺略

六艺系孔子编定，后来称为"六经"，即《易》《书》《诗》《礼》《乐》《春秋》。有学者认为《乐》原本无书，只是孔子教育学生时的一门课程；也有学者认为孔子时有《乐》书，但经秦始皇时焚书，至西汉时《乐》已亡佚，后世流传的只有五部书，也称为"五经"。但六艺之名由来已久，故我们现在仍有"六艺"的说法。

（1）易类。《易》，又称为《易经》或《周易》。该书由何人所作，成书于何时，均无定论，大约从商周开始，经历几百年，在卜筮基础上逐渐形成的一部古书。《周易》以"阴""阳"作为观察世界的基础，阴为"- -"，阳为"—"，以此表现寒暑、日月、男女、昼夜、奇偶等众多概念，正所谓"一阴一阳之谓道"。阴阳重叠，配演而成，组成八卦，每卦有卦辞，八卦两两重叠，组成六十四卦的卦形符号与卦爻辞。《周易》对中国文化形成及发展有重大影响，古人用它来预测未来，决策国家大事。实际上，《周易》是讲世界万事万物变化和发展的一门学问，占卜只是《周易》一个功能，它还包括了天文、地理、军事、科学、文学、农学等丰富的知识内容，是古代文化智慧的结晶。

（2）诗类。《诗经》是中国最早的一部诗歌总集，收集了西周初年至春秋中叶的诗歌,共 311 篇。《诗经》除了采集周王朝乐官制作的乐歌,以及各地进献的乐歌外,还有许多原来流传于民间的歌谣。相传,周代设有采诗之官,每年春天,摇着木铎深入民间收集民间歌谣,把能够反映人民欢乐疾苦的作品,整理后交给太师(负责音乐之官)谱曲,演唱给天子听,作为施政的参考。因此,《诗经》的内容最初都是用于歌唱,依据音乐的不同,书中分《风》《雅》《颂》三部分。《诗经》内容丰富,反映了劳动与爱情、战争与徭役、压迫与反抗、风俗与婚姻、祭祖与宴会,甚至天象、地貌、动物、植物等方方面面,是周代社会生活的一面镜子,被誉为古代社会的百科全书。

(3) 书类。即《尚书》。古代"左史记言,右史记事"。其中"记言",就是史官将统治者的训谕记载下来,这些文书汇编在一起,就形成了《尚书》。在春秋战国时期,《尚书》已被很多学者诵读引用,相传孔子晚年集中精力整理古代典籍,经过认真编选,从上古时期官方文献中挑选出 100 篇,这就是百篇《尚书》的由来,在教育学生时,孔子曾将《尚书》作为教材之一。因此说,《尚书》是中国第一部上古历史文件和部分追述古代事迹著作的汇编,它保存了商周特别是西周初期的一些重要史料。

(4) 礼类。《仪礼》最初称为礼,主要包括冠礼[①]、昏礼[②]、葬礼、祭礼[③]、乡礼[④]、朝礼[⑤]、聘礼[⑥]等。

《礼记》又名《小戴礼记》,据传为西汉礼学家戴圣[⑦]所编,是中国古代

---

① 冠礼:是中国古代汉族男性的成年礼,冠礼表示男青年至一定年龄,可以婚嫁,并从此作为氏族的一个成年人参加各项活动。
② 昏礼:指古代汉族婚娶之礼,古时汉族娶亲于黄昏举行,取其阴阳交替有渐之义,故称昏。古代昏礼有六:纳采、问名、纳吉、纳徵、请期、亲迎。
③ 祭礼:指古代汉族祭祀或祭奠的仪式。
④ 乡礼:指古代汉族乡间的礼仪、礼节。
⑤ 朝礼:古代汉族参拜、朝拜之礼。
⑥ 聘礼:古代诸侯间相互聘问之礼。
⑦ 戴圣:(生卒年不详),字次君,西汉时期官员、学者、礼学家、汉代今文经学的开创者,后世称其为"小戴"。

一部重要的典章制度选集，主要记载了先秦的礼制，体现了先秦儒家的哲学思想、教育思想、政治思想、美学思想，是一部儒家思想的资料汇编。

《周礼》又名《周官》，这部书搜集了周王朝及各诸侯国官制及其他制度，以儒家的政治理想加以增减取舍汇编而成。全书共分六篇，包括"天官冢宰"①"地官司徒"②"春官宗伯"③"夏官司马"④"秋官司寇"⑤"冬官司空"⑥。其中，"冬官"一篇早已散佚，仅存《考工记》⑦，称为《冬官考工记》。

(5) 春秋类。《春秋》是孔子根据鲁国史书删订而成，记事起于鲁隐公元年（前722），讫于鲁哀公十四年（前481）。《春秋》内容简约，对其解说的书主要有《左传》《公羊传》《穀梁传》，被称之为"春秋三传"，均列入春秋类。由于西汉时期史书还较少，《七略》没有列史学类书籍，因《春秋》属于编年体史书，故将《史记》等归入春秋类。

(6) 论语类。《论语》是记载孔子及其弟子言行的一部著作，是孔门弟子集体编辑而成的一部书籍，较为集中地体现了孔子的政治主张、伦理思想、道德观念及教育原则等。因《论语》影响深远，历代注解《论语》的书籍非常多，均列入论语类。

(7) 孝经类。《孝经》是以孝为中心，阐述儒家伦理思想的一部著作。书中肯定"孝"是上天所定的规范，并把"忠"与"孝"联系起来，认为

---

① 冢宰：古代官名，也称"太宰"，原为掌管王室财务及宫内事务的官，后来成为总理朝政的官职。
② 司徒：古代官名，相传尧、舜时已经设置，主管教化民众和行政事务，后来不同朝代职掌也不同。
③ 宗伯：古代官名，据传是西周置，掌邦礼。
④ 司马：古代官名，西周时始置，掌军政与军赋，常统率军队出征。
⑤ 司寇：古代官名，中国古代主刑狱之官。
⑥ 司空：古代官名，因《周礼》"冬官司空"部分佚失，故早期司空职掌不详，据后世记载，司空应是掌土木工程之职。
⑦ 《考工记》：是中国春秋战国时期记述官营手工业各工种规范和制造工艺的文献，收录在《周礼》一书，书中保留有先秦大量的手工业生产技术、工艺美术资料，涉及木工、金工、皮革、染色、刮磨、陶瓷六大类30个工种的内容，是重要的科技史著作。

"孝要始于事亲，中于事君，终于立身"，要求"居则致其敬，养则致其乐，病则致其忧，丧则致其哀，祭则致其严"，书中内容对中国古代文化影响深远，是古代人们日常行为的重要准则。

（8）小学类。是古代文字、音韵之学，《尔雅》是目前已知最早的小学类书籍，约成书于战国时期，从西汉开始，不断有注解《尔雅》的书籍出现。

2. 诸子略

《汉书·艺文志》云："诸子十家，其可观者九家而已，皆起于王道既微，诸侯力政，时君世主，好恶殊方，是以九家之说，蜂出并作，各引一端，崇其所善，以此驰说，取合诸侯。其言虽殊，辟犹水火，相灭亦相生也。仁之与义，敬之与和，相反而皆相成也。《易》曰：'天下同归而殊涂，一致而百虑'，今异家者，各推所长，穷知究虑，以明其指，虽有蔽短，合其要归，亦六经之支与流裔。"① 因西汉之时，刘向、刘歆父子所能见到诸子书还有很多，故而居于六艺之次。

（1）儒家类。儒学是孔子创立的一派学说，经秦始皇"焚书坑儒"受到打击，西汉武帝时尊崇儒术，以明经取士，儒家地位迅速上升，在学术思想领域占据了统治地位，成为后世统治的文化依据，其经典著作有已著录的六艺类，后世儒家学者所撰书籍列入儒家类，如《曾子》②《孙卿子》③《盐铁论》④ 等。

---

① 班固：《汉书·艺文志》，卷30，1746页，北京，中华书局，1962。
② 《曾子》：曾子及其弟子撰写的一部书籍，曾子（前505—前435），名参（shēn），字子舆，鲁国南武城人，春秋末年思想家，孔子晚年弟子之一。
③ 《孙卿子》：也称《荀子》，是战国时期著名思想家荀卿的著作。荀子（约前313—前238），名况，字卿，战国末期赵国人，时人尊称"荀卿"。西汉时因避齐宣帝刘询讳，因"荀"与"孙"二字古音相通，故又称"孙卿"，曾三次出任齐国稷下学宫的祭酒。
④ 《盐铁论》：是西汉桓宽根据"盐铁会议"记录整理撰写的书籍。该书以对话的方式，记述了西汉昭帝时期的政治、经济、军事、外交、文化的辩论。

(2) 道家类。《汉书·艺文志》云:"道家者流,盖出于史官,历记成败存亡祸福古今之道,然后知秉要执本,清虚以自守,卑弱以自持,此君人南面之术也。"① 西汉初年提倡道家,以黄老无为作为治国之策,道家学说较为兴盛。汉武帝时,罢黜百家,独尊儒术,儒家学说占据了文化的主体地位,但道家思想仍有发展,对中国古代思想文化影响深远,如《老子》《庄子》等书,一直都是中国古代文人必读之书。

(3) 阴阳家类。阴阳家是盛行于战国末期到西汉初期的一种哲学流派。《汉书·艺文志》云:"阴阳家者流,盖出于羲和之官,敬顺昊天,历象日月星辰,敬授民时,此其所长也。及拘者为之,则牵于禁忌,泥于小数,舍人事而任鬼神"②。代表性著作如《邹子》等,其中《邹子》是战国时期邹衍所著。邹衍,生卒年不详,据推断大约生于公元前 324 年,迄于公元前 250 年,曾为燕昭王之师,号谈天衍,在战国时期影响很大,他主要提倡"阴阳五行说""五德终始说""大九州说"。"阴阳说"将"阴"和"阳"看作万事万物内部两种互相消长的力量,是孕育天地万物的生成法则;"五行说"则是由"金、木、水、火、土"相生相克而推动事物的变化发展,邹衍还以五行学说来阐释历史变迁和王朝更替,对后来统治者影响很大。"大九州说"是邹衍提出对世界地理的一种看法,认为除中国赤县神州以外,还有 8 个州,合称"九州"。

(4) 法家类。《汉书·艺文志》云:"法家者流,盖出于理官,信赏必罚,以辅礼制,《易》曰'先王以明罚饬法',此其所长也。及刻者为之,则无教化,去仁爱,专任刑法而欲以致治,至于残害至亲,伤恩薄厚。"③ 代表

---

① 班固:《汉书·艺文志》,卷30,1732 页,北京,中华书局,1962。
② 班固:《汉书·艺文志》,卷30,1734—1735 页,北京,中华书局,1962。羲和,上古传说中制定时历的神。
③ 班固:《汉书·艺文志》,卷30,1736 页,北京,中华书局,1962。

性著作如《商君》①《韩子》② 等。

（5）名家类。名家是先秦时期以辩论名实等问题为特征的一个流派，据说源自古代礼官，名家一般以擅长辩论著称，注重分析名词和概念的异同。代表性著作《公孙龙子》③《惠子》④ 等。

（6）墨家类。墨家是先秦时期一个重要派别，创始人为墨翟（墨子），主要主张人与人之间平等相爱，反对侵略战争，推崇节约、反对铺张浪费，重视继承前人的文化财富，掌握自然规律等。这一派别在西汉时逐渐衰落，几乎没人再持这一派别的主张。主要代表作有《墨子》⑤ 等。

（7）纵横家类。战国时期各诸侯国割据纷争，为了各自的利益，需要相互利用、联合、排斥，有些人善揣摩，通辩辞，会机变，游说于各诸侯王中。这些人被称为"纵横家"，如苏秦佩齐、赵、燕三国相印，联合六国共同抗秦；张仪游说各诸侯王放弃联合抗秦。代表性著作有《苏子》⑥　《张子》⑦ 等。

（8）杂家类。杂家是战国末期至西汉初年产生的一个派别，《汉书·艺

---

① 《商君》：也称《商君书》《商子》，据传是战国时期商鞅所著，书中内容反映秦国变法一派的理论和措施。

② 《韩子》：是后人整理战国时期法家代表人物韩非所著的文章而编成的书籍。韩非（约前280年—前233），又称"韩非子"，是战国末期著名的思想家、文学家，法家思想的集大成者。他在出使秦国时，遭到李斯的陷害，被逼服毒自杀，死于狱中。

③ 《公孙龙子》：战国时期公孙龙（前320—前250）著，据《汉书·艺文志》载该书有14篇，后来大多已佚失。

④ 《惠子》：战国时期惠施，也称惠子（前390—前317）著，据《汉书·艺文志》载该书一篇，已佚失。

⑤ 《墨子》：战国时期墨家的经典，墨家学派创立者墨翟（dí）著。该书提倡兼爱、非攻、尚贤、尚同、明鬼、非命、非乐、节葬、节用，涉及哲学、逻辑学、军事学、工程学、力学、几何学、光学等，内容广泛。现存《墨子》一书，由墨子自著和弟子记述墨子言论两部分组成。据《汉书·艺文志》载该书71篇，但后来散佚很多，至清中期仅存53篇。

⑥ 《苏子》：是战国时期纵横家苏秦的著作，《汉书·艺文志》载该书31篇，但多已佚失。今天我们看到的《苏子》是后人从《战国纵横家书》《战国策》等书中辑出的，除了苏秦的作品外，还有该派其他人物的模仿作品。

⑦ 《张子》：是战国时期纵横家张仪的著作，《汉书·艺文志》载该书10篇，但后来多已佚失。

文志》云:"杂家者流,盖出于议官,兼儒墨,合名法"①。于百家之道兼收并蓄,无所不通,代表性著作如《淮南子》②《吕氏春秋》③ 等。

(9) 农家类。《汉书·艺文志》云:"农家者流,盖出于农稷之官,播百谷,劝耕桑,以足衣食。"④ 奉神农氏为祖师,主要是劝课农桑及有关农业种植等。代表性著作如《神农》⑤《氾胜之》⑥ 等。

(10) 小说家类。《汉书·艺文志》云:"小说家者流,盖出于稗官,街谈巷语,道听途说者之所造也。"⑦ 代表性著作如《伊尹说》⑧《鬻子说》⑨ 等。

3. 诗赋略

诗赋是古代文学的重要体裁,《汉书·艺文志》云:"《传》曰不歌而诵,谓之赋,登高能赋,可以为大夫,言感物造耑,材知深美,可与图事,故可以为列大夫也。古者诸侯卿大夫交接邻国,以微言相感,当揖让之时,必称诗以谕其志,盖以别贤不肖而观盛衰焉。故孔子曰:'不学诗无以言也'。春秋之后周道浸坏,聘问歌咏不行于列国,学诗之士逸在布衣,而贤人失志之赋作矣"⑩。据《汉书·艺文志》,《七略》诗赋类主要收录图书情况简介如下:

---

① 班固:《汉书·艺文志》,卷30,1742页,北京,中华书局,1962。
② 《淮南子》:也称为《淮南鸿烈》,是西汉皇族淮南王刘安召集门客编写的一部哲学著作。该书以道家为主,糅合了阴阳、墨、法和一部分儒家思想。
③ 《吕氏春秋》:秦国丞相吕不韦集合门客编撰的一部著作。该书成书于秦始皇统一中国前夕,以道家理论为基础,博采众长,兼容儒家、名家、法家、墨家、农家、兵家、阴阳家等。
④ 班固:《汉书·艺文志》,卷30,1743页,北京,中华书局,1962。
⑤ 《神农》:是战国时期的作品,托名于神农氏。
⑥ 《氾胜之》:西汉成帝(前33—前7)时氾胜之的作品。
⑦ 班固:《汉书·艺文志》,卷30,1745页,北京,中华书局,1962。
⑧ 《伊尹说》:据说是夏末商初著名政治家伊尹的著作。据《汉书·艺文志》载该书27篇,称"其语浅薄,似依托也",后来全部佚失。
⑨ 《鬻子说》:据说是西周时期鬻熊的著作,《汉书·艺文志》载该书19篇,并注"后世所加",《汉书·艺文志》道家类还载有《鬻子》一书,一般认为这是两部书。《鬻子说》后来佚失。
⑩ 班固:《汉书·艺文志》,卷30,1756页,北京,中华书局,1962。耑(duān),通端,事物的起始。

（1）屈原等赋类。主要包括屈原、宋玉①、贾谊②等人的赋作。屈原（约前 340 或 339—前 278），战国时期楚国诗人、政治家，出生于楚国秭归（今湖北省宜昌），早年受楚怀王信任，任左徒、三闾大夫，兼管内政外交大事。后因遭贵族排挤毁谤，被先后流放至汉北和沅湘流域。秦将白起攻破楚国郢都后，屈原自沉于汨罗江。屈原是"楚辞"的创立者和代表作者，被誉为"中华诗祖""辞赋之祖"，主要作品有《离骚》《九歌》等。

（2）陆贾等赋类。主要包括陆贾、扬雄③等人的赋作。陆贾（约前 240—前 170），西汉思想家、政治家，因能言善辩常出使诸侯。汉初两次出使南越，说服赵佗臣服汉朝，对安定汉初局势做出了很大贡献，著有《新语》等。

（3）孙卿等赋类。主要包括荀子、李思等人赋作。荀子（约前 313—前 238），名况，字卿，战国时期著名思想家、文学家，时人尊称"荀卿"，著有《荀子》一书。李思著有《孝景皇帝颂》等。

（4）杂赋类。一般认为这类赋来自下层，篇幅短小，作者无征，多诙谐调侃之意。

（5）歌诗类。指可以咏唱的诗篇。

4. 兵书略

《汉书·艺文志》云："兵家者，盖出古司马之职，王官之武备也。"④ 兵家是春秋战国时期一个重要派别，书籍数量也较多，故而专列一类别。其下

---

① 宋玉：（约前 298—约前 222），字子渊，战国时期鄢（今湖北省襄阳宜城）人，生于屈原之后。有人说是屈原弟子，是继屈原之后著名的辞赋家。
② 贾谊：（前 200—前 168），洛阳人，西汉初年著名政论家、文学家，世称贾生。汉文帝时任博士，迁太中大夫，受大臣周勃、灌婴排挤，贬为长沙王太傅，三年后被召回长安，为梁怀王太傅，梁怀王坠马而死，贾谊深自歉疚，抑郁而亡，时年仅 33 岁。司马迁对屈原、贾谊都寄予同情，为二人写了一篇合传，后世因而把贾谊与屈原并称为"屈贾"。
③ 扬雄：（前 53—前 18），字子云，蜀郡成都人，西汉时期辞赋家、思想家。
④ 班固：《汉书·艺文志》，卷 30，1762 页，北京，中华书局，1962。

设四类。

(1) 兵权谋类。《汉书·艺文志》云:"权谋者,以正守国,以奇用兵,先计而后战,兼形势,包阴阳,用技巧者也。"① 代表作为《孙子兵法》。

(2) 兵形势类。《汉书·艺文志》云:"形势者,雷动风举,后发而先至,离合背向,变化无常,以轻疾制敌者也。"② 代表作有《楚兵法》《蚩尤》等。

(3) 兵阴阳类。《汉书·艺文志》云:"阴阳者,顺时而发,推刑德,随斗击,因五胜,假鬼神而为助者也。"③ 代表作有《太壹兵法》《天一兵法》等。

(4) 兵技巧类。《汉书·艺文志》:"习手足,便器械,积机关,以立攻守之胜者也。"④ 代表作为《李将军射法》《剑道》等。

5. 术数略

古人将从自然界所观察到的各种变化,与人事、政治、社会的变化结合起来,认为二者有某种内在关系。这种关系可用术数来归纳、推理,用于推测个人以及国家的吉凶祸福,是古代一种神秘的文化。

(1) 天文类。《汉书·艺文志》云:"天文者,序二十八宿,步五星日月,以纪吉凶之象,圣王所以参政也。"⑤ 此类书主要研究日月星象,测算星辰日月的运行,观测气候等,并与社会现象相联系。如《泰壹杂子星》等书。

(2) 历谱类。《汉书·艺文志》云:"历谱者,序四时之位,正分至之节,会日月五星之辰,以考寒暑杀生之实,故圣王必正历数,以定三统服色之制,又以探知五星日月之会,凶阨之患,吉隆之喜,其术皆出焉。"⑥ 此类

---

① 班固:《汉书·艺文志》,卷30,1758 页,北京,中华书局,1962。
② 班固:《汉书·艺文志》,卷30,1759 页,北京,中华书局,1962。
③ 班固:《汉书·艺文志》,卷30,1760 页,北京,中华书局,1962。
④ 班固:《汉书·艺文志》,卷30,1762 页,北京,中华书局,1962。
⑤ 班固:《汉书·艺文志》,卷30,1765 页,北京,中华书局,1962。
⑥ 班固:《汉书·艺文志》,卷30,1767 页,北京,中华书局,1962。

书侧重于分四时、定节气，推算日月星辰之行度以记时日，并修古代帝王年谱。如《黄帝五家历》《帝王诸侯世谱》等书。

（3）五行类。此类书主要是有关阴阳五行的变化、推衍之类。如《黄帝阴阳》等书。

（4）蓍龟类。古人以蓍草与龟甲占卜凶吉，《汉书·艺文志》云："蓍龟者，圣人之所用也"①。如《龟书》《蓍书》等书。

（5）杂占类。《汉书·艺文志》云："杂占者，纪百事之象，候善恶之征。"② 如《黄帝长柳占梦》《请雨止雨》等书。

（6）形法类。《汉书·艺文志》云："形法者，大举九州之势以立城郭室舍形，人及六畜骨法之度数，器物之形容以求其声气贵贱吉凶，犹律有长短，而各征其声，非有鬼神，数自然也。"③ 如《宫宅地形》《相人》等书。

6. 方技略

方技略主要是著录与人疾病和健康有关的书籍，《汉书·艺文志》云："皆生生之具，王官之一守也。"④

（1）医经类。主要收录医学理论类书籍。《汉书·艺文志》云："医经者，原人血脉经络骨髓阴阳表里，以起百病之本，死生之分，而用度箴石汤火所施。调百药齐和之所宜，至齐之得，犹慈石取铁，以物相使，拙者失理，以愈为剧，以死为生。"⑤ 如《黄帝内经》等书。

（2）经方类。此类是收录药方的书籍。《汉书·艺文志》云："经方者，本草石之寒温，量疾病之浅深，假药味之滋，因气感之宜，辩五苦六辛，致水火之齐，以通闭解结，反之于平。"⑥ 如《风寒热十六病方》等书。

---

① 班固：《汉书·艺文志》，卷30，1771页，北京，中华书局，1962。
② 班固：《汉书·艺文志》，卷30，1773页，北京，中华书局，1962。
③ 班固：《汉书·艺文志》，卷30，1775页，北京，中华书局，1962。
④ 班固：《汉书·艺文志》，卷30，1780页，北京，中华书局，1962。
⑤ 班固：《汉书·艺文志》，卷30，1776页，北京，中华书局，1962。
⑥ 班固：《汉书·艺文志》，卷30，1778页，北京，中华书局，1962。

（3）房中类。此类主要讲述男女房内之事，禁止纵欲，以修身养性。《汉书·艺文志》云："乐而有节，则和平寿考。及迷者弗顾，以生疾而陨性命。"① 如《三家内房有子方》等书。

（4）神仙类。此类书包括以"长生之术"为目的各种方术、修炼之法等。如《神农杂子技道》等书。

以上是《七略》大体分类情况，作为我国历史上最早的一部综合性目录著作。它纲举目张，分类细密，注重学术脉络的梳理，是一部非常成熟的目录著作。此外，《七略》在分类时，有一书可入二类，著明互见，有一书中单篇不属本类而可入他类者，则裁编别出，称为别裁。互著、别裁也是《七略》的重要特点。

（二）九分法

南北朝时期四分法虽然出现，并开始广泛采用，但是其他分类法也在试用。说明这一时期目录分类法仍在不断探索中。

南朝齐王俭编《七志》，虽名为七，实为九分法，具体分类如下。经典志：六艺、小学、史记、杂传；诸子志：古今诸子；文翰志：诗赋；军书志：兵书；阴阳志：阴阳图纬；艺术志：方技；图谱志：地域、图；（附）佛/道。

南朝梁阮孝绪编《七录》分内外篇，共设七类。具体分类情况如下：

内篇　经典录：六艺；纪传录：史传；子兵录：子书、兵书；文集录：诗赋；术技录：数术。

外篇　佛法录；仙道录。

《七志》和《七录》分类法并没有为后人所沿用，而四分法由于适合图书分类，成为传统目录学最为重要的分类方法。

---

① 班固：《汉书·艺文志》，卷30，1779页，北京，中华书局，1962。

（三）四分法

1.《中经新簿》

魏晋南北朝时，书籍数量和种类都有了很大变化，这时目录著作分类方法也开始随之而变。西晋武帝时，荀勖领秘书监事，负责整理图书，编成《中经新簿》，以甲、乙、丙、丁四分法著录图书，一般认为这是我国第一部以四分法分类的目录著作。具体分类如下：甲部：六艺、小学；乙部：古诸子家、近世子家、兵书、兵家、术数；丙部：史记、旧事、皇览簿、杂事；丁部：诗赋、图赞、汲冢书。

（1）甲部，实际上相当于《七略》的六艺略。自西汉儒家学说占据文化主体后，儒学经典受到重视，在社会中广泛流传，一直位于目录分类中的首位。

（2）乙部，是诸子图书，相当于《七略》的诸子略、兵书略、术数略、方技略。原六分法中的四类合并为一类，说明随着时间的发展，诸子类图书受到冷遇，该类书籍数量在整个国家藏书的比例降低，故而合并于一起。

（3）丙部，是记载历史的书籍。西汉时期由于史书数量较少，故而《七略》不设史书类，只是附于《春秋》后面。魏晋时期是史学发展较快的一段时期，史书数量大增，《中经新簿》首设史书类别，即反映了这一时期史学发展状况。其中"史记"类，并非司马迁的《史记》，而是指比较正式的史书，应是纪传体和编年体两类史著。"旧事"是指记载与朝政相关的故事、典故类的史书。"皇览簿"即类书，类书并非一种史书体裁，《中经新簿》将类书列于丙部，说明史书类在设立之初，著录内容还略有杂乱。"杂事"是体裁、内容比较芜杂的史书。

（4）丁部，相当于《七略》的诗赋略。其中"图赞"类是较为特殊的一类，中国古代图书并称，即书中多有图，由于在古代传抄过程中，文字易抄写，而图不易描摹，故很多图亡书存。《七略》在著录时即重书而略图，对后世产生了负面影响，《中经新簿》立"图赞"类，在目录学史上是一大贡献。"汲冢书"是西晋时在古墓中发现的书籍，荀勖曾参与汲冢书的整理，这些书籍内容丰富，并不属于哪一类别，据学者研究，由于汲冢书的整理在《中经新簿》编纂之后，故而将这些图书统统置于书末。

2.《晋元帝四部书目》

东晋时，著作郎李充编《晋元帝四部书目》，沿袭四部分类法，但顺序略有调整。其具体分类如下：甲部：五经；乙部：史记；丙部：诸子；丁部：诗赋。

《晋元帝四部书目》虽然著录图书只有3014卷，仅是《中经新簿》的十分之一，但是将分类次序加以调整，四分法自此成为目录编制的最主要方法，一直为后世沿用。

3.《隋书·经籍志》

唐朝贞观年间魏征等修《隋书》，其中《经籍志》采用四部分类法著录图书，以经、史、子、集取代甲乙丙丁来命名。《隋书·经籍志》分类情况如下。

经：易、诗、书、礼、乐、春秋、孝经、论语、纬书、小学。

史：正史、古史、杂史、霸史、起居注、旧事、职官、仪注、刑法、杂传、地理、谱系、簿录。

子：儒、道、法、名、墨、纵横、杂、农、小说、兵、天文、历数、五行、医方。

集：楚辞、别集、总集。

（1）经部除以前分类包括的经部书外，纬书也是经部重要图书。纬书是相对于经书而言的，即用神学、迷信的方式解释儒家经典的书籍。谶书与纬书连用，合称"谶纬"，其中谶是方士们造作的图录隐语。两汉魏晋时期，谶纬盛行，谶纬图书数量增多，在社会中影响很大，成为时代特色之一。但也有不少学者反对谶纬书籍，至隋炀帝时，下令焚毁谶纬图书，致使此类书籍大大减少。

（2）史部又分多类：正史类是指纪传体史书；古史类是编年体史书；杂史类体例不够严谨，多传说故事，迁怪妄诞，是真虚莫测之类的史书；"霸史"类是记载割据一方政权的史书；起居注类是记录帝王言行举动的史书；旧事类是著录章程典故、故事类史书；职官类是著录百官所职之事类的书籍；仪注类是记养生送死、吊恤贺庆之礼仪类书籍；刑法类是著录法律类书籍；杂传类名目繁多，且杂以怪诞虚妄之说；地理类是记山川河流、政区划界、各地物产贡赋等书籍；谱系是记录家族历史渊源类的书籍；簿录是目录之书。

（3）子部合《七略》诸子、兵书、数术、方技为一，阴阳家不再专门设为一类。

（4）集部除楚辞外，分别集、总集，别集即某一个人的诗文集，总集是集合多人诗文的书籍。

4.《四库全书总目》

清乾隆时期纂修《四库全书》，并编撰了《四库全书总目》，这是中国古代目录学发展的高峰。《四库全书总目》分类体系严密，部类有序，各书均撰有提要，在目录学著作中影响非常大，其分类情况如下。

经部：易、书、诗、礼、春秋、孝经、五经总义、四书、乐、小学。

史部：正史、编年（附起居注）、纪事本末、别史、杂史、诏令奏议、传记、史钞、载记、时令、地理、职官、政书、目录、史评。

子部：儒家、兵家、法家、农家、医家、天文算法、术数、艺术、谱录、杂家、类书、小说家、释家、道家。

集部：楚辞、别集、总集、诗文评、词曲。

（1）经部。易、书、诗等与前代分类所包括的书相同，礼类又分为《周礼》之属、《仪礼》之属、《礼记》之属、三礼总义之属、通礼之属、杂礼书之属。"五经总义"即综论五经的书籍；四书分别是指《论语》《孟子》《大学》《中庸》。《大学》出自《礼记》，原本是《礼记》49 篇中的第四十二篇，相传为曾子所作，实为秦汉时儒家作品，是有关儒家修身治国平天下的内容。《中庸》是一部论述儒家人性修养的著作，原是《礼记》第三十一篇，相传为子思所作，书中主张处理事情不偏不倚，认为过犹不及，成为儒家核心伦理观之一。小学类包括训诂之属、字书之属、韵书之属。

(2) 史部。正史类收录纪传体史书以及注解纪传体的史书。编年体类收录编年体史书，起居注在《隋书·经籍志》中原单独设为一类，因其按时间顺序编纂，故《四库全书总目》将之归于编年体。纪事本末类是南宋时期袁枢有感于《资治通鉴》部头过大、不易阅读而改编的一部史书，书中将《资治通鉴》中同一事件的相关内容从不同的时期提出来，然后连贯叙述成一个整体，形成了一种新的史书体裁；别史类是上不至于正史，下不至于杂史，私人撰著的纪传体史书，但又不能列入正史之类，或称为正史之别史，如《契丹国志》①《东都事略》② 等。杂史类，《隋书·经籍志》已设该类，《四库全书总目》云："大抵取其事系庙堂，语关军事，或但具一事之始末，非一代之全编；或但述一时之见闻，只一家之私记。要期遗文旧事，足以存掌故、资考证，备读史者之参稽云尔。若夫语神怪，供诙啁，里巷琐言，稗官所述，则别有杂家，小说家存焉。"③ 诏令奏议类，帝王之命、令、诏、诰、谕、旨、训、敕、御批、手札等均称为诏令，大臣之奏折、札子、条陈、奏本等称之为奏议，各朝遗留下来的档案等也列入该类中，分为诏令之属和奏

---

① 《契丹国志》：南宋叶隆礼奉诏撰，共 27 卷，包括《帝纪》12 卷，《列传》7 卷，《晋降表、宋辽誓书、议书》1 卷，《南北朝及诸国馈贡礼物数》1 卷，《杂载地理及典章制度》2 卷，《行程录及诸杂记》4 卷。

② 《东都事略》130 卷，南宋王偁撰，记北宋九朝事，全书分本纪 12，世家 5，列传 105，附录 8，叙事言简意赅，议论持平。

③ 纪昀等：《四库全书总目》，711 页，北京，中华书局，1997。

议之属两类。传记类，人物传记在《隋书·经籍志》中列入杂传，《宋史·艺文志》首立传记类，《四库全书总目》沿袭之，下设圣贤之属、名人之属、总录之属、杂录之属、别录之属。史钞类，是将某种书籍加以删削，抄撮举要，变长卷为短篇，以便于诵读，也有些是将原书较为分散的内容集中起来，虽无新意，也没有增加史料，但形成了一种新的史书体裁。《隋书·经籍志》将之归为杂史类，《宋史·艺文志》开始专列史钞类，《四库全书总目》因之。载记类，前代目录中或称"伪史"，或称"霸史"，名称不一，内容都是记载割据地方政权历史的书籍，《四库全书总目》改称为"载记"。时令类，前代多将之列入子部农家类，《四库全书总目》云："大抵农家日用，闾阎风俗为多，与《礼经》所载小异，然民事即王政也，浅识者歧视之耳。"① 因与民众生产、生活密切相关，故而列入史部。地理类、职官类已见于《隋书·经籍志》，《四库全书总目》地理类包括宫殿疏之属、总志之属、都会郡县之属、河渠之属、边防之属、山川之属、古迹之属、杂记之属、游记之属、外纪之属。职官类下设官制之属、官箴之属。政书类，该类书籍前代或列为旧事、故事，《四库全书总目》将以往旧事类和仪注等类并于政书，其内容虽广，但均有关国事，包括通制之属、典礼之属、邦计之属、军政之属、法令之属、考工之属。目录类在《隋书·经籍志》中称为"簿录"，《四库全书总目》立目录类，包含经籍和金石两类。史评类，史评是对史书、史事、史法、史家等进行评论的著作，如唐代刘知几的《史通》等。

（3）子部。儒家、兵家、法家、农家、医家类已见《隋书·经籍志》。天文算法类包括推步和算书两类。术数类包括数学、占候、相宅相墓、占卜、命书相书、阴阳五行、杂技术。艺术类包括书画、琴谱、篆刻、杂技。谱录类包括器物、食谱、草木鸟兽虫鱼。杂家类包括杂学、杂考、杂说、杂品、

---

① 纪昀等：《四库全书总目》，919 页，北京，中华书局，1997。

杂纂、杂编。类书在《中经新簿》中称为"皇览簿"。小说家分为杂事、异闻、琐语三类。

（4）集部。包括楚辞、别集、总集、诗文评、词曲。《隋书·经籍志》中已有楚辞、别集、总集三类，诗文评主要收录文学理论和批评方面的书籍。《四库全书总目》对词曲类评价较低，这一类多收录以词为主的文集以及词话、词谱、词韵等，曲类只收录有关理论性的著作，一般曲文则不收录。

经、史、子、集四部分类法一直沿用至清末，虽然中间也出现过其他分类法，但都影响不大，未动摇四分法的地位。

四、少数民族文献目录学

我国一些少数民族有自己的文字和文献，有些少数民族在悠久的历史中留存下来的文献数量很多，还形成了具有各民族特点的分类方法，如藏族、彝族等，下面简略加以介绍。有些民族文献在古代并没有完善的分类方法，今人根据留存的文献作了一些分类，这些分类方法其实是反映了当前的学术观察方法，这里不再一一叙述。

（一）古代藏文文献分类[①]

藏文书籍是保存较好的少数民族文献，在历史上形成了以佛教为中心的目录编排方式，古代藏族学者在编排佛经时，将佛教总的经典分为甘珠尔和丹珠尔。又根据著作所论内容分为显宗和密宗两部分，显宗再细分为律、经、论三部分，密宗分为四部，即无上瑜伽部、瑜伽部、行部和事部。藏文文献内容涉及广泛，历史上形成了大小五明的分类方法。

---

① 据东嘎·洛桑赤列：《藏文文献目录学》，陈庆英译，北京，中国藏学出版社，2001。

1. 大五明分类法

大五明分别为：内明，佛教的内容，相当于哲学；声明，是文法、音韵之学，类似于汉文的小学；因明，相当于逻辑学；工巧明，是关于营建、制造等技艺；医方明，即医药学。

2. 小五明分类法

小五明分别为：修辞学，是增强言辞或文句效果的学问；辞藻学，是论证事物名字的命名、运用、同义异名和一词多义等道理的学科；韵律学，是论述诗句组合规律和梵文偈句轻重音组合规律的学问；戏剧学，是藏族戏曲、音乐、舞蹈等学问；星象学，推算星宿、天气、季节等学问。

3. 东嘎·洛桑赤列改进目录分类法

藏族学者东嘎·洛桑赤列综合古代目录分类方法，提出改进目录编排的方法。其编排次序为：甘珠尔；丹珠尔；声明；工巧明；医方明；诗歌；辞藻学；韵律学；戏剧学；星象学；历史类；目录；性相学；教派；菩提道次第修心；新密咒；旧密咒；全集；各种零散的著作。

（二）彝文文献分类[①]

彝族有悠久的历史，留下了大量彝文文献。在传统彝族文化中，彝族将文献分为宗教和世俗两大类，如四川凉山彝区把流传于当地的彝文古籍分为"卓卓特依"（民众书籍）和"毕摩特依"（毕摩经典）两类，贵州、云南等地彝族也有类似的划分方式。一般宗教经典由毕摩（祭司）掌管使用，这类书籍收藏和使用都要举行一定的宗教仪式，并有不少禁忌，主要在祭祖大典、祭奠亡灵、驱魔送鬼、占卜吉凶、诅咒盟誓等仪式和巫术等宗教场合使用。世俗书籍，也多由毕摩掌握，应用场合相对较为松散，除了毕摩以外，其他

[①] 据朱崇先：《彝族典籍文化研究》，北京，中央民族大学出版社，1996。

人员也可以诵读和传阅，从目前发现的文献来看，诗歌和传说占很大比重。有些地区彝族知识阶层中出现毕摩和耄史分离的现象，毕摩主持宗教祭祀活动，从事各种祭仪和阴阳占卜等，耄史则编文史，从事各种庆典宴会的司仪与宣诵，对彝族社会历史进行赞颂等，《西南彝志》《宇宙源流》《侬依苏》等都是彝族世俗书籍的代表作。

有些毕摩在自己著书立说时为了显示经典类别，以便检索，将彝文典籍分为作斋经、作祭经、诅咒经、占卜经、献祭经等，民间对世俗书籍也作了必要的分类，如侬依苏、教育书等，都是他们在实际应用中划分的。清代彝族学者概括了彝文典籍的分类传统，曾对彝文典籍的类别作了划分。如道光《大定府志》卷四十九《水西安氏本末》附录《土目安国泰所译夷书九则》中说："书籍曰命理，言性理者也；有曰苴载，记世系事迹者也；曰补书，巫祝书也；曰弄恩，雅颂也；曰怯杰，讽歌也；又有堪舆禄命书。"[1] 足见清代彝族学者已经重视总结书籍分类。自19世纪中叶以来，国内外学者根据书籍内容，对彝族文献作了不同的分类法。20世纪八九十年代朱崇先和巴莫阿依对彝文典籍从版本、地域、内容等不同角度作了各种形式的分类。首先，按照彝文文献的版本特征，将其分为写本和木刻本两类；又按年代将其划分为明代文献和清代文献；再从地区特点，将彝文文献分为凉山、滇南、滇中、滇东北、滇东南、滇东、水西、水东、乌撒、广西10个地区；根据彝文书籍内容分为宗教、历史、天文律历、军事战争、文学艺术、医药病理、地理、伦理道德教育、农牧生产、工艺技术、哲学、字书、译著共13个类，大类下面又分小类，如宗教类下分为作斋经、祭奠亡灵经、祭祖祀神经、消灾除秽经、驱魔送鬼经、诅咒盟誓经、指路经、招魂经、祈祷祝福经、占卜经、宗教仪式神座图录共11个小类，历史类下分历史专著、谱牒世系、传记等类别。

---

[1] 引自朱崇先：《彝族典籍文化研究》，202页，北京，中央民族大学出版社，1996。

（三）纳西族东巴古籍分类①

纳西族是中国少数民族之一，主要生活在云南、四川、西藏等地。东巴古籍以东巴教经典为主，纳西族在使用东巴古籍过程中，逐步形成了自己的分类方法。据学者介绍，可将东巴经典分为四大类：第一类叫"尼虚俄虚奔"，意为"祭神灵仪式及其经典"。其下分祭天、祭村寨神、祭家神、祭祖、祭快乐神、祭胜利神、求寿、祭谷神、祭畜神、求子嗣、求雨、祭署、祭猎神、祭三多等仪式及其经典。第二类叫"古虚阔虚奔"，意为"镇鬼攘灾仪式及其经典"。其下分大祭风、小祭风、攘煞星、攘反常鬼、除秽、送瘟君、招魂、抵灾、祭土皇退口舌是非、除绝后鬼、攘祸鬼、攘倒霉鬼等仪式及其经典。第三类叫"失本务本奔"，意为"祭奠亡魂仪式及其经典"。其下分开丧、超度等仪式及经典，其中超度仪式又分超度将官、超度长寿者、超度什罗、超度什罗夫人、超度牧人、超度木匠、超度铁匠、超度难产者、超度贤人、超度夫妇亡灵、超度暴死者等仪式及其经典。第四类为占卜经书，它一般独立于各种仪式而存在。

五、近代以来图书分类法的变迁

（一）十进制分类法

近代以来，随着西学传入，书籍种类发生变化，目录分类方法开始发生变化，美国学者杜威所创的十进制分类法传入中国后，被学界广泛采用。杜威十进制分类法是以阿拉伯数字 0 到 9 十个数字指代不同学科图书，二级类目下还可以再分出子目，逐级细分，一直到适当为止。20 世纪二三十年代有

---

① 根据张公瑾：《民族古文献概览》，北京，民族出版社，1997。

很多学者仿杜威十进制分类法，并结合中国图书实际状况创造十进制分类体系，并应用于实际编目中。该分类法以三位数字代表分类码，共可分为10个大分类、100个中分类及1000个小分类。主要分类情况如下：

000 – 计算机科学、资讯与总类

100 – 哲学与心理学

200 – 宗教

300 – 社会科学

400 – 语言

500 – 科学（指自然科学）

600 – 技术应用科学

700 – 艺术与休闲

800 – 文学

900 – 历史、地理与传记

（二）中国人民大学图书馆分类法

1949年中华人民共和国成立以后，学术界根据我国学术以及图书发展新状况，创造了中国人民大学图书馆分类法，共包括17个类目，每一个类目下面还可以再细分。具体情况如下：

1. 马克思主义、列宁主义、毛泽东思想

2. 哲学

3. 社会科学、政治

4. 经济

5. 军事

6. 法律

7. 文化、教育、科学、体育

8. 艺术

9. 语言、文字

10. 文学

11. 历史

12. 地理

13. 自然科学

14. 医药、卫生

15. 工程技术

16. 农业科学技术

17. 综合性图书

（三）中国图书馆分类法

20 世纪 50 年代至 70 年代，各图书馆曾广泛使用中国人民大学图书馆分类法。1975 年国家图书馆出版了《中国图书馆分类法》（简称"中图法"），采用 22 个英文字母代表各类图书，并可再细分子目，各类图书馆逐渐开始改用中图法编制目录。中图法具体分类情况如下：

A. 马克思主义、列宁主义、毛泽东思想、邓小平理论

B. 哲学、宗教

C. 社会科学总论

D. 政治、法律

E. 军事

F. 经济

G. 文化、科学、教育、体育

H. 语言、文字

I. 文学

J. 艺术

K. 历史、地理

N. 自然科学总论

O. 数理科学和化学

P. 天文学、地球科学

Q. 生物科学

R. 医药、卫生

S. 农业科学

T. 工业技术

U. 交通运输

V. 航空、航天

X. 环境科学、安全科学

Z. 综合性图书

目前，我国图书典籍，除一些古代文献还保留其他目录保存方式外，基本上都已按照中国图书馆分类法保存文献了。

第二节 版本学

版本学，就是研究书籍版本的鉴别和利用的学问。版的本义是用于书写的竹木片，唐代雕版印刷术出现后，是指刻字的木板。随着雕版印刷术的普及，书籍版本逐渐增多，本与本之间就会产生内容、卷数以及文字等方面的差异。人们在读书过程中，就要选择版本的优劣，在编制目录时，也开始将版本添加进去，慢慢地形成了一门新的学问。

一、版本与读书

我们平时读书,要善于选择版本,尤其是读古籍时,版本问题特别复杂。因此,要认真学习版本学知识,才能帮助我们选择好的版本,避免阅读讹误较多的本子;否则,不仅不能理解文意,还可能出笑话。宋代有个典故,"三舍法[①]行时,有教官出《易》义题云:乾为金,坤又为金,何也?诸生乃怀监本至帘前请云:'题有疑,请问',教官作色曰:'经义岂当上请?'诸生曰:'若公试,固不敢,今乃私试,恐无害'。教官乃为讲解大概。诸生徐出监本,复请曰:'先生恐是看了麻沙本。若监本,则坤为釜也',教授皇恐,谢曰:'某当罚'。即输罚,改题而止"[②]。人们常用善本来表示好的版本,其实善本有两种类型:一是校勘精良,错讹极少的本子;二是文物性善本,版本越早价值越高。对于读书人来说,一般阅读校勘精良的本子就够了,而对于收藏家来说,文物性善本价值更高。如我们读二十四史,读中华书局出版的就可以了,但如果是收藏的话,那就要找最早的版本了。

二、古代文献版式与函套

版式是指图书的样式,古代汉文文献版式较为复杂,一些少数民族的文献版式有不少是模仿汉文书籍的版式。因此,我们主要讲解一下古代汉文文献的版式。

古代汉文文献版式主要有版框、界行和版心等部分组成。版框,也称

[①] 三舍法:北宋王安石变法科目之一,即用学校教育取代科举考试。三舍法,是把太学分为外舍、内舍、上舍三等,即外舍2000人、内舍300人、上舍100人。官员子弟可以免考试入学,而平民子弟需经考试合格入学。变法失败后,废除了此法。

[②] 陆游:《老学庵笔记》,卷7,259页,西安,三秦出版社,2003。

"边栏",是每一张印刷页四周的边线,边线有一条单线的,也有双线的。界行也称"界格",是版面行与行之间的分界线,界行有黑色和红色两种,黑色的称为"乌丝栏",红色的称为"朱丝栏"。版心也称"中缝"或"书口",是版页的中心。鱼尾指在版心的上方或上下双方的鱼尾型标记,如果只在版心上方有一个鱼尾就称为"单鱼尾",如果上下各有一个就称为"双鱼尾",鱼尾主要是为了折页整齐,也有美观的作用。象鼻指在版心上下边栏到鱼尾处的一条黑线,便于折叠、装订。天头也称"书眉",是版面上边栏以上留下的空白处,类似于我们今天说的页眉。地脚是指版面下边栏以下留下的空白处,类似于我们今天说的页脚。书耳指版框外边左上角或右下角所刻的长方形小格,书耳一般刻着篇名、卷数等,与我们今天在页眉上标注章节相似。

从外形结构上看,线装古籍有书衣、书签、书名页、书首、书根、书脑、书脊等。书衣也称为"书皮",是包在全书最外层的一张纸,它一般都较为厚硬,有保护全书的作用。书签是贴在书衣左上方的一长方形纸条,有的是丝绸做的,上面标有书名。书名页是书衣之后题有书名的一页。书首又称"书头",指书的上端。书根,指书的下端。书脑是指装订线右边的部分。书脊也称"书背",是装订线右侧的截面。包角是古代为了保护书籍,在装订线上下两角用丝绢包起的两个角。衬纸是修补旧书时,在书页内所加的白纸,有的在修补旧书时,在书页之内衬一张长于书页上下两端的白纸,因原书已发黄,与新衬的白纸形成鲜明对比,人们称之为"金镶玉"。

部头较大的书籍,或较为贵重的,用布包起来或专门制作放书的书套和盒子,一般卷轴装的书籍往往会一书多轴,为了易于存放保管,用布帛包起,称为"书帙"。书套是一种保护书籍的外套,多为草纸板,以蓝布包起,分为四合套和六合套,四合套是将前、后、左、右四面包起,六合套是将前、后、左、右、上、下六面都包起来。夹板是图书上下各放一个与书籍大小相同的木板，在板的两端各穿两孔，用绳线将之穿起系紧。书匣是专门存放书籍的木制匣子，这是古代存放书籍最好的一种形式。

三、古文献的装帧形式

装帧是指书籍的外部形式，中国汉文古籍的装帧大体上经历了卷轴装、经折装、蝴蝶装、包背装、线装等形式。佛教文献有不少是梵夹装，在我国佛教流行的少数民族地区，保存有不少梵夹装文献。

（一）卷轴装

卷轴装是从竹木简的形式演变而来，竹木简都是用绳子系起来的竹片或木片，不读时可卷起来，后来有了纸质文献后，这种装帧形式继续被沿用。唐代较多使用卷轴装，先将书页一张一张粘连起来，形成了一个长卷，再以一个木棒作轴，从左向右卷起。应当注意的是，古代汉文文献都是从右向左竖着书写，卷的开端在右，末端在左，卷的时候一定是从左向右。现在有些影视剧中有时会出现由右向左的错误，这是不熟悉古代卷轴装造成的。由于卷轴装右端在外，经常磨损，因此古人常在卷子右端接一段纸，并衬以绫、帛等，称为"裱"，也称"包头"。在包头前端中央系一丝带或丝绳，以便捆扎整个卷子，称作"裱带"。卷轴装书籍捆起来放在书架上时，上端朝里，下端朝外，为了方便查找，在卷轴下端挂一个书签，写上书名和卷次，称为"牙签"，现在我们在绘画和书法作品中还经常见到这种形式。卷轴装都是阅读时打开，不用时卷起，竹木简文献经常翻阅易造成连接绳子断损，所谓"韦编三绝"，最初就是指孔子晚年非常喜欢《周易》，因反复阅读而多次翻断了编联竹简的带子，后来"韦编三绝"用来比喻某人读书勤奋。采用卷轴装，如果是纸质文献，因书籍经常卷起来，易造成纸张弯曲，给阅读带来不便，弊端非常明显，后来新的装帧形式慢慢出现并代替了卷轴装。

（二）经折装

首先是在佛教书籍中开始运用，其他书籍也逐渐模仿使用。其方法是将书页粘连成长页，然后再将其折叠成为长方形的折子，上下各施以夹板，作为封面和封底，这是唐代后期产生的一种书籍形式。相对卷轴装来说，经折装更便于翻检阅读，但如果长期翻阅，折叠处也容易断开，这是其不足之处。

（三）梵夹装

梵夹装是从印度传来的一种佛教书籍装帧方式，因印度佛经都书写在贝叶上，故也称为"贝叶经"。佛教传到中国后，抄写、刊印佛经多用纸张，很多经书则用纸代替贝叶。梵夹装，具体制作方法是，先将书写好的贝叶经，按经文的内容顺序排好，用两块经过刮削加工的竹板或木板，上下夹住。其中有些要穿洞打眼，用绳子捆上，以防散乱，也有些只是用板片夹住，再用绸布包起来。

（四）旋风装

旋风装也称"龙鳞装"，是在卷轴装基础上发展而来，大约出现在唐中期。历史上留下的旋风装书籍较少，因此，关于旋风装的制作有不同的说法。一般认为，首先将一个长卷作为底纸，首页单面书写，全幅裱于底纸右端；然后从第二页起，双面书写，将右面右侧无字的边缘部分鳞次向左裱贴于底卷上。除首页不能翻动外，其余各页可以自由翻转。不用时，从右至左卷起收藏，卷起后在外观上与卷轴装相同。这种装帧方式特点是便于翻阅，有利于保护书叶，不过旋风装也有弊端，时间一长书页弯曲，给阅读带来不便。

（四）蝴蝶装

蝴蝶装是将每一页依版心向内对折，然后把折叠好的一叠单页牢牢地粘到裹背纸上，再从外面包上一层硬纸，从书籍中两个单面看起来像蝴蝶的两个翅膀，故名"蝴蝶装"。蝴蝶装一版一叶，文字朝里，版心集于书脊，有利于保护版框以内的文字，没有穿线的针眼和纸钉孔，如果有散开，重装也很方便。因此，宋元时期，在汉文文献中曾流行一时。蝴蝶装也存在一些缺陷，容易造成书中很多都是无字的反面，每读一页，要翻一次空白页，故包背装应运而生。

（五）包背装

包背装仍是将书叶对折。与蝴蝶装不同的是，包背装是将书页有字的一面从版心向外对折，把书页的两个外边粘到书背上，并打眼，用纸捻订起砸平，再用一张硬厚纸对折后，粘于书脊，把书背全部包起，故称为"包背装"。包背装书籍打开即是有字的一面，比蝴蝶装更加进步，这一装帧形式从南宋始，一直到明中叶，曾经流行一时。但包背装也有一个缺陷，如果经常翻阅，容易散开，为了解决这个问题，后来又慢慢出现了线装书。

（五）线装书

线装书同包背装折页、打眼、订纸捻方法相同，只是不再用整张纸包起来作为书衣，而改用两张半页大小的硬纸作为书衣分置于书的前后，再在书的右侧打孔穿线，装订起来，因用线固定，故称为"线装书"。线装书比包背书结实耐用，不易脱落，在明中叶以后开始在社会中普及，目前所存古籍以线装书为多。在少数民族古籍中也有不少是线装书，在彝文古籍中还有一种集包背装和线装一体的特殊装帧方式，既将书背包起来，又打眼用线固定。

（六）卡片装

这种装帧形式较为少见，在彝文古籍中有卡片装的形制，因彝文历算书使用频率极高，又需要几种推算结果相互印证，将书页制作成卡片，平时把卡片重叠在一起用布包裹，并用细绳捆扎成包。使用时可以打开抽取其中需要的卡片，卡片用多层纸张裱糊而成，比较结实，能够经得起反复抽取使用。①

四、古代文献版本的分类

根据书籍的刊刻时间、地点、方式、制版以及使用等，古代文献版本有很多种类型，形成了很多文献术语，我们只有了解这些术语，才能够准确地描述某一古籍的特征。

（一）以书籍产生方式划分

以书籍产生方式划分古代文献版本可分为写抄本、刻本、拓（tà）本、石印本、影印本等。

1. 写抄本

（1）手稿本，即著者手书原稿。

（2）清稿本，是书籍最后定稿誊写的稿本。

（3）传抄本，是指根据某一底本抄写而成的副本。

（4）影抄本，是按原书字体、行款，照原样摹写的本子。

（5）精抄本，是墨好纸良，书法优美，经过严格校勘的抄本。

---

① 参见朱崇先：《中国少数民族古籍学》，110 页，北京，中央民族大学出版社，2017。

（6）旧抄本，是抄写时间不详的抄本。

（7）朱丝栏抄本，是将书籍抄写在红色界行的纸张上形成的抄本

（8）乌丝栏抄本，是指将书籍抄写在黑色界行的纸张上形成的抄本。

（9）毛抄本，明代常熟毛晋是著名藏书家和刻书家，他请人抄写的书籍，人们称之为毛抄本。

（10）四库本，指清代乾隆时期《四库全书》抄写本，其中又分为文渊阁四库本、文津阁四库本、文溯阁四库本和文澜阁四库本。

2. 刻本

刻本又分为很多种，如雕版印刷的本子称为"雕版本"，活字印刷的本子称为"活字本"。活字本又可分为泥活字本、木活字本、铜活字本、铅活字本等。

3. 拓本

拓本是将金石、碑碣、印章上文字拓印下来而形成的本子。制作拓本，首先将纸紧覆在碑碣或金石等器物的文字或花纹上，用墨或其他颜色打出其文字、图形，再将拓纸订书成册，称为"拓本"。用红色拓的本子称为"朱拓本"，用墨拓的本子称为"墨拓本"。

4. 石印本

石印本是将药墨书写在特种纸上，透过石版印制的书。

5. 影印本

指用拍照、扫描、复印的方法复制原书得到的书，称为"影印本"。

（二）按刊刻时代和地区划分

我们描述古籍版本，经常以朝代作为命名的方式，如五代刻本、宋刻本、辽刻本、金刻本、元刻本、明刻本、清刻本、民国刻本等。还有一种称为"祖本"，是众多版本中，最早刊刻的本子。

按地区划分有很多种类，如浙本，即浙江刊刻的图书，再细分还可以分为杭州本、温州本、明州本、台州本、绍兴本等。蜀本，即四川刊刻的图书，再细分有成都本、眉山本等。闽本，也称"建本"，是福建刊刻的图书，其中麻沙本、崇化本较为著名。

（三）按刻书机构划分

（1）官刻，即由官府主持或出资刊刻的书籍。如监本、经厂本、内府本、殿本、州学本、藩刻本、局本等。

（2）私刻，就是由私人出资刊刻的本子，如天一阁本、汲古阁本等。

（3）书院刻本，是由书院主持刊刻的本子，如岳麓书院本等。

（4）坊刻本，也称为"书棚本"，是刻书作坊所刻之书。

（5）寺院本，是指书籍由寺院刊刻印行，多以佛经为主。

（四）按刻印情况划分

（1）精刻本，即纸白墨新，字体优美，校勘精良的本子。

（2）递修本，底版受损，经过修复后刊刻的书籍。这种本子容易出现字体不同，版式不一的现象。

（3）百衲本，"衲"本意是僧人用多种布补缀而成的衣服，所谓"百衲本"就是指将许多不同书版拼集起来印成的书籍。有些百衲本系集众多版本，从中择其精良而成，如"百衲本二十四史"，很受世人重视。

（4）邋遢本，古代书版因印刷多次，已经模糊不清，印出的书被称为"邋遢本"。

（5）花脸本，印版字体大小不一，所印书籍墨色不匀，深浅不同，字迹模糊不清。

（6）仿宋本，依照宋代刊本的行款、字体刻印的书本。

（7）巾箱本，巾箱为古代装头巾的小箧，为了携带方便，在刊刻时专门制作版形特小的书籍能够放在巾箱内。

（8）袖珍本，与巾箱本相同，刊刻的版式很小，便于随身携带，能够藏在怀袖中。

（9）夹带本，印字非常小，专门供考试夹带之用。

（10）书帕本，明代官吏上任或奉使回京，以一书一帕赠予好友，称为"书帕本"。由于这些本子目的都是送人，因此校书不精，或对古书随意删削，本子质量低劣，万历年以后此风气逐渐消失。

（11）影刻本，也称为"翻刻本"，依照原书样式、字体重新刻印的本子。

（12）旧版，明朝以前的刻印本，如果不能确定何朝何时刊刻，一般统称为"旧版"。

（13）通行本，社会当中流通的常见版本。

（14）附刻本，某书附在他书卷后，而两书作者又非一人，称为"附刻本"。

（五）按印制颜色划分

（1）蓝印本，是用蓝色刷印的本子。

（2）朱印本，是用红色印刷的本子。

（3）朱墨本，也称"套印本"，是用朱墨两色套印而成的本子。

（4）饾版本，根据各种印色的需要，每种颜色刻一块小木版，印刷时逐次套印上去，如同拼凑饾饤，故称"饾版"。

（5）拱花本，古代一种不着墨的刻版印刷方法。用凸凹两版嵌合，使版面拱起花纹，以凸出的线条来表现花纹，衬托画中的行云流水、花卉虫鱼，使画面更富神韵。

（六）按内容划分

（1）抽印本，将某书一部分抽出若干卷，文意完整，单独印行，称为"抽印本"。

（2）增订本，是对原书加以增补而形成的新的版本。

（3）删节本，是对原书某些地方加以删节的本子。

（4）足本，书中内容完整无缺的本子。

（5）批点本，在书的空白处有评论，或在文字上有圈点的本子。

（6）残本，是卷数残缺不全的本子。

（7）插图本，书中带有插图的本子。

（8）焦尾本，藏书之所不幸遭受火灾，书籍略受损伤的本子。

（七）按版本的价值划分

（1）孤本，只有一本留存于世。

（2）珍本，刻印较早，流传较少，非常珍贵的版本。

（3）善本，刊印时间较早，经过精心校勘，质量较高，具有很高文物价值的本子。

（4）秘本，珍藏在某地且罕见的本子。

五、古代版刊源流

雕版印刷起源于唐代，目前留存于世的唐代雕版印刷实物都是佛经。五代刻本中，最重要的一项就是"九经印版"，这是古代官方用雕版印刷经书的开始。

宋、辽、金时期刻书业发达，官私刻书都很兴盛，朝廷中国子监①既是教育机构，同时也刊刻图书，刊印书籍多为经史书籍。在地方上公使库刊刻图书也不少，公使库是宋代在各地设立的招待来往官吏的机构，经费有积余的多用来刻书，一些州郡也有刻书场所。在地方上，私人坊刻很多，形成了一些刻书印书中心，著名的如浙江杭州、四川眉山等，人们称之为"浙本""蜀本"。南宋时期，在福建建阳县的麻沙、崇化两镇形成了刻书中心，麻沙镇是当时著名的刻书中心，有些人世代以刻书为业，所刻之书流布天下，人们称之为"麻沙本"。辽刻本是指辽代刻印的书籍，契丹书禁甚严，辽刻本极少流传。1974年，在山西省应县佛宫寺木塔中发现了60余件印刷品，主要有《契丹藏》12卷和《蒙求》1册，这是发现最早的辽刻本。金刻本是金代刻印的书籍，金统治时期，在平水（今山西省临汾）形成了一个刻书中心，所刻书称为"平水本"。现今所流传下来的金刻本最著名的是《大藏经》，这部刻本是金代民间募刻的一部佛教典籍，旧藏在山西赵城广胜寺，因此又称为《赵城金藏》，现藏于国家图书馆。

元代刻书继承了宋、金的传统，在中央主持刻书的机构是兴文署，在地方上，书院刻书较为发达，一些书院本勤于校勘，刻工精细，在社会中广泛流传。元代私人坊刻也较为兴盛，在福建建阳、山西平水、浙江杭州、大都等地形成了多处刻书中心。明代官方刻书主要有国子监本和经厂本，明代最初建都南京，后明成祖朱棣迁都至北京，因此，明代在南京、北京都设有国子监，南京国子监刻本称为"南监本"，北京国子监刻本称为"北监本"。经厂本是明代内府所刻之书，由太监主管的司礼监负责。明代分封的藩王中有些爱好书籍，主持刻印了不少书籍，称之为"藩府刻本"。明代私人刻书主要集中在南方，如南京、苏州、杭州、建宁等刻书业都较为兴盛。其中江苏

---

① 国子监：隋朝以后的中央官学，为中国古代教育体系中的最高学府。

常熟毛晋汲古阁刻本远近闻名，毛晋既是藏书家又是刻书家，他延请了数十位有名学者校勘书籍，校完后再付刻印，所刻之书校勘精良，雕印精细，远销全国各地，人们称之为"毛刻本"或"汲古阁本"。

清代官方刻书以武英殿刊刻的书籍最为出名，称之为"殿本"，雍正年间武英殿曾用铜活字刻印了《古今图书集成》，乾隆时期武英殿用木活字刊刻《武英殿聚珍版丛书》，包含了300多种图书。在地方，扬州诗局刻书较为知名，扬州诗局由曹寅主持，所印之书校刻俱精。清代考证学发达，学风严谨，很多学者精于校勘，一些私人刻书取得了很大成就，所刻之书校勘精良，为世人所重，如黄丕烈、顾广圻等人不仅是著名藏书家、校勘家，还是有名的刻书家。晚清南方的官方书局逐渐兴起，曾国藩在南京设立江南官书局，也称"金陵官书局"，此后，苏州、扬州、杭州、武昌等地也设有官书局。

清代藏族的刻印书籍也规模较大，形成了四川德格、西藏拉萨、甘肃拉卜楞寺三大印书中心。德格印经院始建于1729年，是藏族地区著名的刻书、印书的圣地，保存印版近30万块，在世界史上都是非常罕见的。

古代印刷书籍可分为雕版印刷和活字印刷，雕版印刷出现较早，在唐代已开始使用。活字印刷是北宋毕昇发明的一种印刷术，方法是先制成单字的字模，然后按照稿件把单字挑选出来，排列在字盘内，涂墨印刷，印完后再将字模拆出，留待下次排印时再次使用。毕昇发明活字印刷术，被记载在元代著名学者沈括的《梦溪笔谈》中，毕昇是否用活字印刷术印刷了书籍，史书没有记载，也没有留下实物，但他所发明的方法一直流传下来。历史上人们还发明了泥活字、木活字、铜活字、锡活字等印刷方法。活字印刷术发明后，雕版印刷仍并行不废，二种印刷术各有优缺点。相比活字印刷术，雕版印刷的缺陷主要表现在：一是刻版费时费工费料；二是大批书版存放不便；三是有错字不容易更正；此外，雕版印刷如果是木版雕印，时间一长容易出现裂纹，而活字印刷不存在此问题。活字印刷相较雕版印刷术也有不足之处，活字印刷在排版时，容易出现倒字、横字等，雕版印刷相对来说这种情况较少。

六、版本鉴定与选择

版本鉴定方法很多，一般要确定一本书刊刻时代，要从多方面入手，综合考虑。目前，学术界常用的方法有以下几种。

（一）看序跋

汉文古籍中一般有前序后跋，很多少数民族文献也都有这一特点，序跋中往往会涉及该书撰写过程、刊刻情况，为鉴定版本提供了很重要的信息，但在利用序跋时，要防止书商伪造现象，以免上当受骗。

（二）验牌记

牌记也称"书牌"或"牌子"，是专门记载刻书地点、时间、人员等的内容，一般私刻、坊刻收入牌记的较多。明万历年以后，牌记多改用内封面，即在书名页或扉页刻有刊刻者名字以及刊刻的时间、地点等。近代以来，这些内容改为版权页，标记相关内容。验牌记是鉴别书籍版本的重要方法，但也要防止有人伪造的现象。

（三）看版式

不同时期刊刻的书籍，版式有不同特征，如宋本多白口；南宋后期出现细黑口；元刻本多采用黑口，早期为细黑口，中后期为大黑口。版式只能作为鉴定版本的参考，各时期的书籍并没有统一固定的版式。

（四）查避讳

避讳是古代汉文化的一种特殊现象，主要是避帝王讳，书籍在刊印时，必须要避开皇帝名讳，古人多用缺笔、改字等方法。这是我们鉴定版本的重要依据。

（五）考刻工

古书在刊刻时，常在版心或卷尾刻上刻工的姓名，在佛教文献和少数民族文献中这也是常见的一种现象。如藏族佛教史书或高僧传等多在书尾注明刻印者姓名，在佛教观念中，刊刻与佛教有关的书籍，是一项积累功德的行为，故刊刻其姓名。这是鉴定版本的重要方法，但在利用刻工鉴定版本时要注意存在同姓名的情况，还有一些刻工生平无法确定，也给鉴定版本带来了困难。

（六）看字体

不同时期流行不同的字体，从书法角度也可以了解书籍刊刻的大致时代。但这一点非常难，需要对书法有深入了解。

（七）看装帧

历史上不同装帧方式，出现时间先后不一，根据装帧方式大体上可以对刊刻情况作出粗略推断。但也要注意，有些书籍原本是蝴蝶装或包背装，后来被改为线装，会导致误判。

（八）查藏印

有些学者喜欢在收藏书籍时盖上个人的印章，根据印章可以知道该书刊刻时间不晚于收藏者生活年代。

(九) 查目录书

有些目录书中著录了书籍的版本情况，通过查阅目录书，可以了解要鉴定的书籍在历史上有过哪些版本，从而帮助我们确定版本情况。

除此之外，还有一些其他方法，需要我们增加古代历史知识，在实践中逐渐摸索，积累经验，才能提高我们的版本鉴定能力。

第三节　校勘学

一、什么是校勘学

书籍在流传过程中，因传抄、刻印，中间会出现很多错误，因此，必须经过精心校勘，才能保证书中尽可能减少错误。校勘是广泛搜集不同版本以及相关资料，对某一书籍进行比较核对，校出篇章文字异同，审定是非，力求准确地恢复书籍原貌的一项学术活动。校勘学是将校勘活动作为研究对象，对其历史源流、方法、原则等进行全面系统研究的一门学问。

二、校勘的源流

中国古代校勘活动起源很早，春秋时期孔子整理典籍时，就曾做过校勘。《公羊传·昭公十二年》记载，孔子读鲁国《春秋》，发现昭公十二年"齐高偃帅师纳北燕伯于阳"有误，根据史实，他认为"伯于阳"应为"公子阳生"，这是有关孔子校书的记录。又据《吕氏春秋》记载，孔子的弟子子夏也曾做过类似的校勘,"子夏之晋,过卫,有读史记者曰:'晋师三豕涉河。'子夏曰:'非也,是己亥也。夫己与三相近,豕与亥相似。'至于晋而问之,则曰:'晋师己亥涉河也'"①。子夏据理而推,晋师与猪一起过河,应该有误,因己与三相近,亥与豕相似,故认为应为己亥,虽然孔子及弟子子夏的事例还不属于后来严格意义上的校勘,但已具有校勘性质。

汉代,刘向、刘歆父子等整理国家藏书,正式开始了大规模的校勘活动。西汉时书籍都是竹木简或帛书,书籍全部依赖抄写传播,因反复传抄,社会中出现了一书多本现象。但有些本子中错字很多,刘向等人在整理书籍时,广集众本,进而校出了很多错字和篇章错乱的地方。

唐宋时期,学者大都注重校勘,唐代颜师古为《汉书》作注,认为校勘的任务就是要恢复书籍的本来面目,对校勘的认识进一步加深。元明两代校勘不断,但成就并不显著。至清代,考据学成为学术主流,出现了一大批著名的校勘学家,如卢文弨、段玉裁、王念孙、顾广圻、黄丕烈等。

卢文弨(1717—1795),字召弓,一作绍弓,人称"抱经先生",仁和(今浙江省杭州)人。一生多从事文献整理校勘工作,是当时著名的校勘学家,所校勘、注释之书,汇刻为《抱经堂汇刻书》《群书拾补》,皆称"善本"。

段玉裁(1735—1815),江苏金坛人,清代著名经学家、校勘学家,校书不迷信古本,而是依靠自己的学识,善加判断,对后世影响很大。

王念孙(1744—1832),江苏高邮人,著有《读书杂志》《广雅疏证》等,与其子王引之都是著名经学家、校勘学家,人称"高邮王氏"。

顾广圻(1766—1835),元和(今属江苏省苏州)人,清代著名校勘学家、藏书家、目录学家,被誉为"清代校勘学第一人",提出"唯无自欺,

---

① 陈其猷:《吕氏春秋校释》,卷22,下册,1527页,上海,学林出版社,1984。

亦无书欺。存其真面，以传来兹"的校勘态度，名家所刻各书，争相聘他校勘。

黄丕烈（1763—1825），长洲（今属江苏苏州）人，清代著名藏书家、目录学家、校勘家，有藏书室名士礼居、百宋一廛，精于校勘，经他手所校之书，在藏书家、书商界颇有声望，学术价值也较高。

梁启超总结说："古书传习愈希者，其传钞踵刻，讹谬愈甚，驯至不可读，而其书以废，清儒则博征善本以校雠之，校勘遂成一专门学。"[①] 近代以来，不少学者秉承前人优良传统，校勘学继续发展，20世纪著名学者如王国维、罗振玉、郭沫若、陈垣等都非常重视校勘古籍，并取得了很大成就。

三、校勘对象

对于书籍传抄过程中出现的错误，东晋葛洪在《抱朴子·遐览》中说"书三写，鱼成鲁，虚成虎"，说明书籍极易出现讹误。唐代马总著《意林》引用时，又把"虚成虎"，写成了"帝成虎"，成为历史上一典故。清代学者王鸣盛说："欲读书必先精校书，校之未精而遽读，恐读亦多误矣。"[②] 因此，读书必须校书，书非校勘精良不能读。

我们在古书中常见的错误有衍、脱、讹、倒等现象。

（一）衍文

衍文是古书在传抄过程中，多出的一些字句。古代有"郢书燕说"的故事，就是一个典型的例子，据说郢[③]地有人夜晚给燕国相写信，因烛光昏暗，

---

① 梁启超：《清代学术概论》，78页，成都，四川人民出版社，2018。
② 王鸣盛撰，黄曙辉点校：《十七史商榷·自序》，2页，上海，上海古籍出版社，2016。
③ 郢：春秋战国时期楚国都城，在今湖北省江陵县一带。

对侍者说"举烛",却在不知不觉中将"举烛"两个字写入信中。燕相接到信后,认为"举烛"就是光明,光明之意就是要我们举荐贤人,并委任官职,于是将这一想法报给燕王,燕王接受了举贤的建议。因此,燕国治理越来越好。实际上"举烛"二字就是衍文,而燕国却将之作了发挥。

(二) 脱

脱就是书籍在传抄过程中,漏了字句。如《文选》卷43记载:"及鲁恭王坏孔子宅,欲以为宫,而得古文于坏壁之中,《逸礼》有三十九篇,《书》十六篇,天汉之后,孔安国献之,遭巫蛊仓卒之难,未及施行。"① 其中,天汉是在公元前100年至前97年,据司马迁《史记》记载,孔安国②在天汉年间早已去世,如何向朝廷献书呢?清初著名学者阎若璩对此抱有疑问,后来他在荀悦《汉纪·成帝纪》中一段话找到答案:"鲁恭王坏孔子宅,得《古文尚书》多十六篇,武帝时孔安国家献之,会巫蛊事,未列入学官"。据此可知,《文选》脱了一"家"字,实际上是孔安国家里人献书,而不是孔安国本人。③

(三) 讹

讹是错误的字句。如果书中错字太多,常令人读之不知所云,增加了后人认识历史和研究历史的难度。如张仲景的《伤寒杂病论》,在《新唐书·艺文志》著录为《伤寒卒病论》十卷,古代卒意为死,杂与"卒"区别就非常大了,如果单看书名容易引起人们对书籍内容的误解。

---

① (南朝) 萧统:《昭明文选》。
② 孔安国:(前156—前74),字子国,山东人,孔子十世孙,是西汉著名学者。
③ 参见杨燕起、高国抗主编:《中国历史文献学》,234—235页,北京,北京图书文献出版社,1989。

（四）倒

倒就是颠倒。如《礼记·月令》"制有小大，度有长短"，"小大"与"长短"不谐，应为"短长"。

其他的错误，如缺页、某页重复、篇章前后错位等，还有很多。

四、校勘方法

历史上有不少学者在校勘实践的基础上，不断总结校勘方法。清末民初，文献学家叶德辉在《藏书十约》中论"校书之法"中提出："书不校勘，不如不读。今试言其法：曰死校、曰活校。死校者，据此本以校彼本，一行几字，钩乙如其书，一点一画，照录而不改，虽有误字，必存原本，顾千里广圻、黄荛圃丕烈所刻之书是也。活校者，以群书所引改其误字，补其阙文，又或错举他刻，择善而从，别为丛书，板归一式，卢抱经文弨、孙渊如星衍所刻之书是也。"① 这是历史上首次提出"死校"和"活校"两种校勘方法。20世纪20年代，梁启超在《中国近三百年学术史》中对清代学者校勘方法，从四个方面做了总结：一是"拿两本对照，或根据前人所征引，记其异同，择善而从"；二是"根据本书或他书旁证反证校正文句之原始的讹误"；三是"发见出著书人的原定体例，根据他来刊正全部通有的讹误"；四是"根据别的资料，校正原著之错误或遗漏"。② 这四个方面都是校勘常用的方法。

---

① 叶德辉：《藏书十约》，见祁承㸁等：《澹生堂藏书约》（外八种），50页，上海，上海古籍出版社，2005。叶德辉（1864—1927），字奂彬，号直山，别号郋园，清湖南湘潭人，著名藏书家、版本学家，提倡经学，思想政治保守，早年反对维新运动，后又反对工农运动，被农民协会处死。

② 梁启超：《中国近三百年学术史》，见《饮冰室合集》第10册，224—227页，北京，中华书局，1989。

至20世纪30年代,陈垣[①]在北平故宫发现元刊本《元典章》,对其详加校勘,得谬误一万二千余条,在此基础上,写成《元典章校补释例》总结出"校法四例",有时也称"校勘四法",成为学术界公认的校勘方法的最好总结。

(一) 对校法

对校法是用同一种书的不同版本对比校勘,就是选择一个合适的本子作底本,然后用其他版本逐字逐句对比,记录下相异之处。对校法是校勘中最重要的方法,校书时,一般都先用对校法,然后再用其他校勘方法,对校法只校异同,不校是非,有利于保留古书原貌。

(二) 本校法

本校法是以本书校本书,有些书前后文字有意思相同者,通过比较前后差异,判断是非。如纪传体史书,本纪、列传、表、志,往往有内容互见之处,可以用来相互校勘。

(三) 他校法

他校法就是利用其他书中与所校之书有相关内容来校勘的方法,古代很多书籍内容采自前人,如班固的《汉书》很多引自《史记》,二者可以互校。在藏文文献中,由于很多史书有相同的内容,可以用来相互校勘。有些从外国传来的书籍,被翻译成不同语种,在校勘时,可以互相参考校勘,如汉文佛经的内容可以用来校勘藏文经书,反之亦然。他校法中用来参校的"他

---

① 陈垣:(1880—1971),广东新会人,字援庵,中国历史学家、宗教史学家、教育家,曾任国立北京大学、北平师范大学、辅仁大学的教授、导师。担任过北京师范大学校长、京师图书馆馆长、故宫博物院图书馆馆长等,主要著述有《元西域人华化考》《校勘学释例》《史讳举例》及《通鉴胡注表微》等。

书",取材广泛,可以是金石碑刻、类书、佛道书、外文书籍等。

(四) 理校法

理校法是运用所学知识,据理推断的校勘方法,如子夏纠正"三豕涉河"的故事,就是采用的理校法。这一方法对校勘者的要求非常高,需渊博的知识,否则一不小心就会出现失误。一般只用来校勘显而易见的错误,而不敢凭空臆断,妄下结论。

对校法、本校法、他校法、理校法,在实际校勘中常要综合运用。同时,我们做校勘工作一般要将校勘成果记录下来,撰写"校勘记",对于原书错误也不要轻易改正,而是保留原书的说法,在其后出校记加以说明。

推荐阅读书目

1. 余嘉锡:《目录学发微》《古书通例》合版,北京,中国人民大学出版社,2004 年。

提要:余嘉锡(1884—1955),祖籍湖南常德,出生于河南商丘,著名目录学家、语言文字学家,清末举人,任吏部文选司主事,1927 年后在辅仁大学、北京大学、中国大学、民国大学、北京女子师范大学任教。民国时期当选为中央研究院院士。1949 年 10 月,任中国科学院语言研究所委员,其著作有《目录学发微》《古书通例》《四库提要辨证》《世说新语笺疏》等。《目录学发微》是余嘉锡在北京各大学主讲目录学课程时的讲义,该书对目录书的体制、目录学的源流、历代目录书的类例沿革阐述甚详,对古代目录的分类特点及利弊得失作了深入探讨,是较早系统研究古代目录学发展的专著,对以后目录学发展产生了深远影响。《古书通例》是一部系统研究古籍特征的专著,对于汉魏以前的古书,详加分析,归纳了古书的特点,对于阅读研究古籍有引领门径的作用。

2. 姚名达：《中国目录学史》，北京，商务印书馆，1984年。

提要：姚名达（1905—1942），字达人，号显微，江西省兴国县人。曾在清华大学师从梁启超研治史学，是中国近代史上著名的史学家、目录学家。抗日战争期间任江西中正大学教授，组织师生战地服务团，亲赴前线，1942年在新干县与日寇搏斗中英勇牺牲，是中国抗日战争时期第一个勇赴国难、壮烈殉国的教授。该书分叙论、溯源、分类、体质、校雠、史志、宗教目录、专科目录、特种目录、结论等篇，不仅详尽阐述了中国古代目录学的产生与发展，并概括叙述了20世纪30年代西方图书分类编目理论传入中国以后中国目录学发生的变化，是研究目录学史重要参考书目。

3. 东嘎·洛桑赤列著，陈庆英译：《藏文文献目录学》，北京，中国藏学出版社，2001年。

提要：东嘎·洛桑赤列（1927—1997），早年在寺庙学习，曾在中央民族学院（今中央民族大学）、西藏大学任教，任西藏自治区社会科学院名誉院长。历史上留下的藏文文献十分丰富，编制目录也有悠久的历史，然研究藏文文献目录学的著作很少，该书是为图书馆著录藏文图书而编制，也是第一部研究藏族目录学的著作，虽篇幅短小，但内容言简意赅，论述了藏文古代目录的发展和分类，对当今藏文图书编目作了较为详细的论述，是了解藏族目录学重要参考书目。

4. 黄永年：《古籍版本学》，南京，江苏教育出版社，2005年。

提要：黄永年（1925—2007），江苏省江阴人，陕西师范大学教授，现代著名历史文献学家，著有《唐史史料学》《古籍整理概论》《古籍版本学》等。该书共分为三部分：第一部分绪论，叙述了其研究对象、版本和善本、研究角度和用途等；第二部分是版本史和版本鉴别，内容包括研究方法、参考书、雕版印刷的出现等；第三部分是版本目录。该书内容丰富，深入浅出，对我们了解版本学非常有益。

5. 李致忠：《古书版本学概论》，北京，国家图书馆出版社，2003 年。

提要：李致忠，北京市昌平人，1965 年毕业于北京大学中文系古典文献专业，任职于国家图书馆，长期从事古籍整理、版本鉴定、目录编制等工作。该书共分十章，系统论述了古书版本学的起源、发展以及鉴定古书版本的方法和基本知识。

6. 陈垣：《校勘学释例》，上海，上海书店出版社，1997 年。

提要：陈垣生平已见本章注释。该书原名《元典章校勘释例》，是陈垣先生校勘《元典章》基础上，条例旧刻讹误的校勘学著作，书中总结了校勘学中带有普遍性的现象与校勘方法，是校勘学理论总结性著作，所提出的校勘四法，受到世人一致认可。胡适为该书作序，对其学术意义及成就给予了很高评价。

7. 管锡华：《校勘学》，合肥，安徽教育出版社，1991 年。

提要：管锡华，安徽省合肥人，教授，先后在中国、美国、加拿大任教，主要著作有《中国古代标点发展史》《汉语标点符号流变史》《〈史记〉单音词研究》《尔雅研究》《校勘学》等。该书共十一章，分别论述了校勘发展史、校勘方法、校勘记的撰写以及目录版本等知识在校勘上的运用等，是全面了解校勘学的重要参考书目。

第六章　辨伪学、辑佚学和避讳学

第一节　辨伪学

一、伪书

伪书，是指某书署名或公认的著者及时代并非这部书真正的著者及时代。古代因种种原因，书籍造伪现象非常严重，明代学者胡应麟①在《四部正讹》中说："余读秦汉诸古书，核其伪几十七焉。"② 其言论虽不免有夸张之处，但也反映了古代伪书之多。有作伪便有辨伪，辨伪是通过一定的方法，考证书籍的真伪。作为历史文献学的一个分支学科，辨伪学是研究古书辨伪理论、方法、源流及发展规律的一门学问。

二、伪书产生的原因

历史上之所以会形成大量的伪书，其原因也不尽相同，大致说来，可以

---

① 胡应麟：(1551—1602)，字元瑞，号少室山人，明代浙江省兰溪县人，著名学者、诗人，在文献学、史学、诗学、小说及戏剧学方面都有突出成就。著有《少室山房集》《少室山房笔丛》（含《四部正讹》3 卷）等。

② 胡应麟：《四部正讹》，52 页，天津，天津古籍出版社，2016。

分为以下几种原因：

（一）托古

古人有崇古的心理，往往认为古人胜于今人，因此，很多人著书托名古人，以增加书籍的影响力，如《神农本草》托名神农，《黄帝素问》托名黄帝，均是这种心理的驱动。在藏族史书中托古的伪书非常多，如《柱间史》托名为松赞干布的遗训，《拔协》托名拔·塞囊，《五部遗教》托名莲花生，这些都是借古人之名来实现某种目的。①

（二）牟利

为获得金钱而造伪，这一现象在历史上由来已久。《北史·刘炫传》载："时牛弘奏购求天下遗逸之书，炫遂伪造书百余卷，题为《连山易》《鲁史记》等，录上送官，取赏而去。"② 在印刷术盛行后，以牟利为目的的造伪现象很多，有些人将前人书籍拆分，加以序言，刊刻出售，以此作为赚钱的手段。

（三）炫名

通过造伪以博取名声，明代学者丰坊，是当时著名藏书家，为炫耀名声，先后伪造子贡《诗传》，以及申培《诗说》《晋史乘》《楚梼杌》等书。

（四）争胜

在学术争鸣中，有些人为个人学说胜过他人，故意伪造书籍。如三国时魏学者王肃曾向世人公布了《孔子家语》一书，实际上，这部书是王肃从

---

① 按：《柱间史》《拔协》《五部遗教》的主要内容详见后文。
② 李延寿：《北史·刘炫传》，卷82，2764页，北京，中华书局，1974。

《左传》《国语》《孟子》等书中摘录一些段落,编造而成,其目的是反驳郑玄①。

(五) 诬善

通过编造伪书,以嫁祸于人,达到政治斗争的目的。如唐代牛僧孺与李德裕持不同政见,双方各成一党,在朝中互相争斗,李德裕命门人撰写《周秦行记》一书,题牛僧孺撰,以此诬陷牛僧孺。

(六) 自耻

有些书籍为正统观念所不容,故有意伪托他名。如五代时期的和凝撰有《香奁集》,后来和凝做了高官,不愿承认是自己作品,嫁其书名为韩偓撰。

(七) 宗教发展需要

在佛教书籍中有不少伪经,是佛教徒自己撰写的书籍,假托佛语。如在汉传佛教和藏传佛教中,都有不少数量的伪经。还有一些是人们怀疑是伪经,但还不能完全确定,被称为疑经,这两者合起来称为"疑伪经"。

三、伪书的种类与危害

古人作伪的方法非常多,有些是改编前人之书,有些是自撰而题他人姓名,故伪书的种类也很多。明代学者胡应麟撰《四部正讹》,根据伪书不同情况,将伪书分为二十大类。清代学者姚际恒撰《古今伪书考》,将伪书归为五大类:全部伪者,真书杂以伪者,非伪而撰人名氏伪者,书不伪而书名

---

① 郑玄:(127—200),字康成,山东高密人,经学家,是汉代经学的集大成者,世人称为"郑学"。

第六章 辨伪学、辑佚学和避讳学

伪者，未定其著书之人。梁启超在《古书真伪及其年代》中将伪书分为十大类：全部伪，如《鬼谷子》①《关尹子》②等；部分伪，如《管子》③《庄子》等；本无其书而伪，如《亢仓子》《子华子》④等；曾有其书，因佚而伪，如《列子》⑤等；内容不尽伪，而书名伪，如《左传》⑥等；内容不尽伪，而书名人名皆伪，如《商君书》等；内容书名皆不伪，而人名伪，如《西京杂记》⑦等；盗袭割裂旧书而伪，如郭象《庄子注》等；伪后出伪，如《慎子》⑧等；伪中益伪，如大多纬书等。

在历史研究中，如果对伪书不加辨别，极易造成对历史错误的认识。梁启超曾说："无论做哪门学问，总须以别伪求真为基本工作，因为所凭借的资料若属虚伪，则研究出来的结果当然也随而虚伪，研究的工作便算白费了。"⑨20世纪著名学者郭沫若在《古代研究的自我批判》一文中说："无论任何研究，材料的鉴别是最必要的基础阶段。材料不够固然大成问题，而材料的真伪或时代性如未规定清楚，那比缺乏材料还要更加危险。因为材料缺乏，顶多得不出结论而已，而材料不正确便会得出错误的结论。这样的结论

---

① 《鬼谷子》：传说是鬼谷子所著，鬼谷子是战国时期道家、纵横家、兵家代表人物，在历史上被赋予很多传奇故事。书中侧重于权谋策略及言谈辩论技巧，实际上是一部后人托名鬼谷子的伪书。
② 《关尹子》：旧题周尹喜撰。据说，关尹子名喜，号关尹子，曾为周代函谷关尹，老子西游至此，关尹子请老子著书五千言，即《老子》一书。后关尹子随老子西去，被道教尊为"无上真人"。《关尹子》原本在隋唐时已佚，今本疑为后人伪托。
③ 《管子》：传说是管仲所作。管仲，是春秋时期齐国人，率先在齐国实行改革，使齐桓公成为春秋五霸之首。书中内容庞杂，包含了道家、法家、名家等思想，涉及天文、历算、农业、经济等。是后人伪托管仲编写的书籍。
④ 《亢仓子》《子华子》：两部书在内容上属于道家。
⑤ 《列子》：道家书籍，据说是战国时期道家学者列子所著。
⑥ 《左传》：又名《春秋左氏传》，传说是左丘明所著。是一部解释《春秋》的史书，补充了大量《春秋》未载的史料。
⑦ 《西京杂记》：是古代历史笔记小说集，据说是汉代刘歆著，东晋葛洪辑抄。"西京"是指西汉都城长安，书中记载了很多遗闻轶事。
⑧ 《慎子》：是一部法家著作，作者为战国时期学者慎到，人们尊称其为慎子。
⑨ 梁启超：《中国近三百年学术史》，见《饮冰室合集》第10册，247页，北京，中华书局，1989。

比没有更要有害。"① 《坎曼尔诗笺》一事，是一个典型编造伪书危害社会的案例。20 世纪 50 年代末新疆"出土"了《坎曼尔诗笺》，坎曼尔是唐代回纥诗人，精通汉文化，此次出土的文献包括坎曼尔所抄白居易的《卖炭翁》和"自作诗三首"，经郭沫若考辨后，认为是唐朝原件，具有很高的文学价值和民族团结的意义。此后，《坎曼尔诗笺》在社会上产生了很大影响，被收入 1978 年人民文学出版社出版的《唐诗选》中，还曾被选入当时中小学语文课本，在社会中影响很大。然这部出土作品，最后经过多位学者考证，证明是 20 世纪 60 年代一位新疆考古工作人员精心伪造的作品。

四、辨伪的源流

在历史上，有伪书，就有对伪书的考辨，辨伪是中国传统学术的优良传统。孟子在读《尚书》时说，"尽信《书》，则不如无《书》，吾于《武成》，取二三策而已矣。仁人无敌于天下，以至仁伐至不仁，而何其血之流杵也？"② "尽信书则不如无书"，还不属于真正意义上的辨伪，只是对书中内容抱有疑问，但对后世辨伪产生了很大影响。战国时期，不同学派的学者为了使自己的学说扩大影响，有意编造伪书，托名传说中的人物，故大批伪书出现。汉代刘向等人在整理国家藏书时，辨伪书是当时校书的重要内容，刘向等人根据历史事实、文辞等不同方面，确定了很多伪书，有些指出了伪书的编造年代，有些仅指明为伪书，但不能确定具体编撰年代，有些则怀疑是伪书，存疑待考，方法已很严密。

---

① 郭沫若：《十批判书》，2 页，北京，东方出版社，1996。
② 孟子著，万丽华、蓝旭译注：《孟子》，236 页，北京，中华书局，2010。

唐宋时期，辨伪学取得了很大成就，如刘知几①《史通》中的《疑古》《惑经》，柳宗元的《辨列子》《辨鬼谷子》《辨文子》等，都是著名的辨伪论著。两宋时期欧阳修、郑樵和朱熹在辨伪学史上有很大影响，如欧阳修大胆地怀疑《周易》《诗经》等儒家经典，认为《诗序》并非孔子弟子子夏所作，而是后人伪托子夏的作品。明代学者胡应麟的《四部正讹》，是一部专门研究辨伪的著作，将辨伪的范围由子部扩大到四部，辨识伪书一百多种，不仅对诸书真伪有深入具体的考证，而且书中列举伪书现象，将其归类，第一次将伪书现象做了系统总结，书中还总结出考辨伪书的八条方法，将辨伪学提升到了一新的高度。

清代辨伪风气浓厚，辨伪成果丰富，其中阎若璩考辨《古文尚书》在历史上具有重大意义。阎若璩（1638—1704），字百诗，号潜丘，山西太原人，侨居江苏淮安，是清初著名学者，著有《古文尚书疏证》等。讲阎若璩考辨《古文尚书》之前，有必要先将《古文尚书》的来历略加叙述。

《尚书》约成书于公元前5世纪，"尚"即"上"，《尚书》就是上古的书。有一种说法认为"上"是"尊崇"之意；还有一种说法认为"尚"是代表"君上（即君王）"之意，因为这部书的内容大多是臣下对"君上"言论的记载，是上古时期的文件汇编。相传孔子晚年集中精力整理古代典籍，将上古时期尧舜一直到春秋秦穆公时期的各种重要文献资料汇集在一起，经过认真编选，选出100篇，这就是百篇《尚书》的由来。秦始皇统一中国后，颁布焚书令，禁止民间收藏图书，凡是民间收藏的《诗》《书》及诸子百家的著作，全都要送交官府，集中烧毁。秦代的焚书给《尚书》的流传带来毁灭性打击，原有的《尚书》抄本大多被焚毁。西汉重视儒学，汉文帝

---

① 刘知几：（661—721），字子玄，彭城（今江苏省徐州）人。唐高宗永隆元年（680）进士，曾在史馆任职，撰起居注，历任著作佐郎、左史、著作郎、秘书少监、太子左庶子、左散骑常侍等职，兼修国史。所著《史通》是中国历史上第一部史评著作，对后世影响很大。

时，求能治《尚书》者，时人推举伏生。当时伏生已经九十余岁，老不能行，文帝便派遣晁错前往求教，由伏生口授，晁错笔录，传得28篇，被立于学官，因抄写用当时的隶书，故人们称之为《今文尚书》。西汉时期，相传鲁恭王在拆除孔子故宅一段墙壁时，发现了另一部《尚书》，是用先秦六国时的字体书写的，人们称之为《古文尚书》。《古文尚书》经过孔子后人孔安国的整理，篇目比《今文尚书》多16篇。西晋末年战乱，《古文尚书》佚失，至东晋时梅赜向朝廷献《古文尚书》，并附有孔安国撰的序言。唐朝时，将《古文尚书》编入《五经正义》，供天下人学习。南宋时朱熹便怀疑《古文尚书》为伪书，如他提出孔子壁中所出《古文尚书》读起来皆平易，而伏生所传皆难读，哪有伏生记得者难读，易读反而不记呢？但朱熹并没有确定《古文尚书》为伪书，此后不断有学者怀疑《古文尚书》为伪书。清代阎若璩对《古文尚书》详加考辨，从书籍的篇数、篇名、地理、史实等方面，列出证据一百多条，最终考定《古文尚书》是伪书。

此外，清代学者姚际恒在辨伪学史上也较为著名，姚际恒（1647—约1715），字立方，安徽新安人，所著《古今伪书考》是专门考辨伪书的著作，将一些经书也列为伪书，推动了清代辨伪风气的发展。

在藏族文献学史上，有不少学者对伪经加以考辨，也是中国辨伪学的重要内容。如元代著名藏族高僧恰译师，针对一些伏藏经书说："在印度未得这些教法的渊源，佛陀没有讲说过，且班智达未作注疏，合量的译师们未作翻译，从而可知是伪法"[①]。又认为印度佛经中竟然出现了吐蕃鬼神的名字，显然是藏族僧人伪造的。其运用追踪源流、考察内容等方法辨伪，辨伪方法有不少值得我们借鉴之处。

---

① 松巴堪布·益希班觉著，蒲文成、才让译：《如意宝树史》，592页，兰州，甘肃民族出版社，1994。

五、辨伪的意义与方法

(一) 辨伪的意义

辨伪最主要的目的是将书籍真实作者或撰写时代考辨清楚,为史学研究提供真实的史料,因此,在历史研究中起着非常重要的作用。史料是研究历史的基础,如果对史书不加考辨,盲目使用伪书,会给研究带来很大失误。不过,伪书并不是没有任何价值,我们通过一定的方法,考辨出伪书的真实作者或年代,那么伪书则又具有了一定的史料价值。历史学家翦伯赞说:"伪书所以不能用,是因为著作者不用他自己的名字,而要伪托古人,以致使作品的时代不明。因而只要我们确知了伪书的作伪时代,则伪书还是可以用作作伪时代的史料。"[①] 有些伪书只是部分伪,并非全部由后人伪造,其中也包含了一些原始史料,只是真假参半,由于古代史料相对缺乏,我们不能舍弃这些图书,历史上有很多已经被证实为伪书,但仍然继续流传下来,原因就在于此。佛教中的疑伪经也是如此,有很多疑伪经在佛教发展过程中,曾起过重要作用,在各民族佛教文化中都存在这种现象。

(二) 辨伪的方法

辨伪方法多种多样,在历史上也有不少学者对其加以总结。明代学者胡应麟在《四部正讹》中提出:"凡核伪书之道,核之《七略》以观其源;核之群《志》以观其绪;核之并世之言以观其称;核之异世之言以观其述;核之文以观其体;核之事以观其时;核之撰者以观其托;核之持者以观其人。

[①] 翦伯赞:《史料与史学》,68 页,长沙,湖南教育出版社,2009。

核兹八者，而古今赝籍无隐情矣。"① "核之《七略》以观其源"，是指要从第一部目录著作《七略》考察书籍著录的最初情形；"核之群《志》以观其绪"，是指从历代史志目录以及各种官修、私修目录的著录上考察书籍的流传情况；"核之并世之言以观其称"，是指考察作者同时代人的作品，了解某书被记载或引述的情况；"核之异世之言以观其述"，是指考察后世著作，了解有无引用前书的情况；"核之文以观其体"，是考察书籍写作的体裁、体例与时代是否相符；"核之事以观其时"，是指考察书籍的内容记载是否符合作者所处时代的历史事实；"核之撰者以观其托"，是考察书籍的作者是否有其他托名古人伪撰书籍的情形；"核之持者以观其人"，是考察某书的收藏者是否有作伪的可能。这是历史上第一次系统全面介绍辨伪方法的论著，对后世有深远影响。

近代学者梁启超在《古书真伪及其年代》一书中从"传授统绪"和"文义内容"两个方面考辨伪书。

从传授统绪上辨别分为八个方面：

（1）从旧志不著录，而定其伪或可疑。

（2）从前志著录，后志已佚，而定其伪或可疑。

（3）从今本和旧志说的卷数、篇数不同，而定其伪或可疑。

（4）从旧志无著者姓名而定后人随便附上去的姓名是伪。

（5）从旧志或注家已明言是伪书而信其说。

（6）后人说某书出现于某时，而那时人并未看见那书，由此可断定那书是伪。

（7）书初出现，已生许多问题或有人证明是伪造，我们当然不能相信。

（8）从书的来历暧昧不明而定其伪。

---

① 胡应麟：《四部正讹》，51 页，天津，天津古籍出版社，2016。

从文义内容上辨别，可分为五个方面：

（1）从字句罅漏处辨别。

（2）从抄袭旧文处辨别。

（3）从佚文上辨别。

（4）从文章上辨别。

（5）从思想上辨别。

洪湛候的《中国文献学新编》将辨伪方法归为四类。

（1）查明授受源流。就是要根据前人目录书的记载，考察某一部书在历史上的流传情况。如汉代目录著作中未出现的先秦时期的书籍，而汉代以后目录中反而出现，多是伪书。

（2）考核历史事实。对书中所载史事以及与该书有关的史事进行考辨，这是考辨伪书的重要方法。如藏族有些高僧指出，藏族翻译印度的经书中出现了吐蕃鬼神的名字和吐蕃的地名，证明这就是一部伪书。

（3）考订作者生平。在作者的传记中未曾提起过此书，而社会中忽然出现了这部书，往往是伪书。如后世流传着很多诸葛亮的著作，但在诸葛亮的传记中都未曾提及。如果书中出现了作者生平以后的事，往往是伪书，藏族史学名著《柱间史》，书中以松赞干布预言的方式，提到了松赞干布去世后王统和佛教发展情况，很明显这就是后人的著作，而不是松赞干布时期的作品。

（4）分析作品内容。一般而言，一部作品都或多或少带有某些时代印记，文章的语言文字、文章风格和著作思想等都能反映时代特征，通过审查这些内容，也能考证书籍真伪。如佛教是在东汉时期传入我国的，如果在西汉及以前的书籍中出现佛教词汇，往往是伪书。

考辨一部书为伪书，并不是一件容易的事，需要综合运用各种辨伪方法，从不同角度多方面论证。一般不要轻易下结论某书一定为伪书，历史上有些书曾经被人们断定为伪书,却因地下出土文献发现了该书,而证明该书不伪。因此,既要大胆地怀疑古书的真伪,同时也要小心求证,不能妄下结论。

第二节 辑佚学

古代书籍佚失现象非常严重,而有些书虽然已经亡佚,但是因其内容被其他书抄录,故我们可以借助其他书籍,再恢复这部书籍的原貌,这项工作在历史文献学中称为"辑佚"。辑佚学就是全面系统研究辑佚的方法、理论以及发展源流的一门学问。

一、辑佚的源流

古代辑佚约始于宋代,清末民初学者叶德辉认为,北宋时有人从唐代马总《意林》和李善《文选注》中辑出已亡佚的《相鹤经》,这可能是最早的辑佚活动。南宋著名学者王应麟做过辑佚,王应麟(1223—1296),字伯厚,知识渊博,精于考证,曾从其他书中辑《三家诗》《周易郑康成注》《郑氏尚书注》等书。南宋郑樵在《通志·校雠略》中曾提出:"书有亡者,有虽亡而不亡者,有不可以不求者,有不可求者。"[①] 说明当时对辑佚已有了明确的认识。

明代藏书家祁承业提出"凡正文之所引用,注解之所证据,有涉前代之书而今失其传者,即另从其书各为录出"[②],就是对辑佚理论的简要总结。明

---

① 郑樵:《通志·二十略》,1807 页,北京,中华书局,1995。
② 祁承业:《澹生堂藏书约》,见《澹生堂藏书约》(外八种),17 页,上海,上海古籍出版社,2005。

代学者胡应麟不仅辑佚过《百家异苑》《搜神记》等书,还对佚文的搜集作过一些理论性的总结。清代辑佚非常发达,《四库全书》的编纂就是从辑佚活动开始的,四库馆臣共从《永乐大典》等书中辑出经、史、子、集385种4926卷,大都是价值极高的失传文献。官方的辑佚活动推动了辑佚事业的发展,清代马国翰的《玉函山房辑佚书》辑录佚书近600种,王谟的《汉魏遗书》辑得佚书四五百种,取得了巨大成就。清末民初梁启超在《中国近三百年学术史》中总结了清人的辑佚成绩,并阐发了辑佚的理论,推动辑佚学向科学化发展,使辑佚学逐渐成为一门专门的学问。

二、辑佚的方法

(一) 查明佚文的来源

查明佚文的来源是辑佚最最重要的工作。张舜徽曾对辑佚文的来源作了归纳,认为:"一、取之唐宋类书,以辑群书;二、取之子史及汉人笺注,以辑周秦古书;三、取之唐人义疏,以辑汉魏经师说;四、取之诸史及总集,以辑历代遗文;五、取之《经典释文》及《一切经音义》,以辑小学训诂书。"①

就是说,我们辑佚书时,查找佚文来源,主要是从古类书、古注、子史群书和总集中寻找。

(二) 明确佚书体裁体例

我们要辑佚的书籍已经佚失,但要根据前人的描述,或目录的著录,确定这部书有多少篇卷,是何种体裁等,以求最大程度上恢复佚书原貌。

---

① 张舜徽:《中国文献学》,152页,上海,上海古籍出版社,2009。

(三) 发现佚文，随时摘录，并注明佚文来源

辑佚是一项非常复杂的工作，佚文并不集中在哪一部书中，往往会散见于不同书籍，有时同一书籍的不同地方都可能保存着佚文。在从事辑佚时，需要我们日积月累，逐渐搜集，尽可能多地发现佚文，而且一定要注明佚文的出处，以便日后核查。

(四) 选择底本

如果遇见同一佚文载于不同书籍中，一般要选择成书较早、记载详细的书籍作为底本。

(五) 存异

如果遇到佚文有详略不同，或文字有差异时，应列举不同来源的异同，注于书中。

(六) 校勘

我们所摘录的佚文，会出现各种各样的讹误，一定要注意校勘，这是辑佚的重要环节。

三、辑佚的注意事项

(一) 查找佚文要尽可能广泛

辑佚书宜汇集众书，从不同书籍中钩稽所需内容，取材要广泛。

（二）标明佚文出处

能够恢复原书原貌最好，佚文出自何书，一定标明出处。辑佚所取材料的来源非常重要，是评价辑佚质量的重要方面，因此，佚文要注明出处，否则，日后核查不便，也不能令读者信服。

（三）辑佚不可将其他书籍的内容掺加进去，否则有可能变成了伪书

辑佚要准确判断是否是原书内容，若将不属于佚文的内容添加进去，就有造伪的可能，历史上有些伪书就是辑佚不慎的结果。

（四）要按原书的次序排列，不可杂乱排放

在辑佚之前考辨原书体例非常重要，所辑之本一定要与原书的编排体例接近。

（五）辑佚书要考虑原书的价值

如果原书本身是伪书或荒诞不经的作品，就没有必要下工夫去辑佚，即便是辑佚出来也没有什么价值。

第三节　避讳学

避讳是指古代汉文文献书写时不能直接书写帝王或尊长的名字，而采用一定方法加以回避的现象，是古代政治对汉文文献影响的表现，目前在历史文献中见到的避讳现象，都是在汉文文献中，少数民族文献中还未见及。

一、避讳源流

古代汉文文献避讳起源很早,据《尚书·金縢》记载:"史乃册祝曰:惟尔元孙某,遘厉虐疾"。其中"元孙",就是指周武王姬发。就是说,史官作册书祝辞,不能直接称周武王的名字,而用某来代替。后来,《史记》中称"惟尔元孙王发",将"某"字改为真名。由此说明在西周时已有了避讳。

西汉时,避讳已在社会中形成制度,帝王的名讳,要采用专门避讳用字。如汉高祖刘邦,书写时不能用"邦",而以相近含义的国字来代替。同样,汉惠帝刘盈,其盈以"满"字代替。唐代避讳制度已非常严格,《唐律疏议》规定:"诸上书若奏事误犯宗庙讳者,杖八十,口误及余文书误犯者,答五十,即为名字触犯者,徒三年,若嫌名及二名偏犯者,不坐。"[1] 宋代避讳非常严格,在科举考试中,一旦犯讳,往往就会暗行黜落。清代避讳也很严格,有时甚至成为文字狱的依据。乾隆皇帝阅看地方上呈给朝廷的书籍时,发现有触犯康熙、雍正及他本人名讳,在上谕中说:"此实大逆不法,为从来未有之事,罪不容诛,即应照大逆律问拟,以申国法而快人心。"[2]

二、避讳的种类

古代的避讳主要避帝王讳,此外,还有圣人讳、官讳和家讳。

(一)帝王讳

帝王讳就是在书写时避开帝王的名字,不仅当时在位皇帝名字要避,列

---

[1] 刘俊文:《唐律疏议笺解》,卷10,上册,783页,北京,中华书局,1996。
[2] 中国第一历史档案馆:《纂修四库全书档案》,738页,上海,上海古籍出版社,1997。

入祖庙中皇帝的名字也要避，有时甚至还要避皇后、太子的名字。一个新皇帝登基以后，凡是与其名字有重复的用语、人名（包括死去的人）、地名等均要改，以避讳。东汉刘秀当皇帝后，秀才改称"茂才"。清朝雍正皇帝原名胤禛，故其兄弟的名字中"胤"字均改为允，宋太祖赵匡胤改为赵匡允，清代学者王士禛（去世于康熙年间）改为王士正，明朝末代皇帝崇祯，因与禛同音，改为崇正皇帝，国内凡是带"禛"或"真"字的地名一律为改为正。

（二）圣人讳

为孔子、孟子、朱熹等人避讳。孔子，名丘，北宋将丘改为"某"字，清朝将丘改为"邱"字。

（三）官讳

下属为长官本人及其父祖避讳，称为"官讳"，有些地方官员有时强令手下及百姓为其避讳。陆游的《老学庵笔记》记一则故事说：一个叫田登的州官，要求下属及州中百姓为他避讳，不准叫他的名字，也不准写他的名字，到了正月十五照例要放灯三天。写布告的小吏不敢写"灯"字，改为"本州依例放火三日"，这便是"只许州官放火，不准百姓点灯"的来历。

（四）家讳

家讳也称"私讳"，为自己的父祖避讳。在古代与人交谈或与人书信来往时，应避开对方长辈的名讳，否则就是对人不尊重。战国时期有人名张孟谈，后来司马迁撰写《史记》时，因司马迁父亲名司马谈，为了避讳，《史记》中将"张孟谈"改写成"张孟同"。唐代诗人李贺父名晋肃，因"晋"与"进"同音，李贺避家讳，没有参加进士考试。

三、避讳方法

古代避讳方法多种多样，如改字、改音、变体、曲说等。

（一）改字

就是取意义或读音相同、相近的字来代替。如宋代著名诗人苏轼祖父名"序"，因此，苏洵父子都不写"序"字，苏洵碰到写"序"的地方，改成"引"字，苏轼以"叙"字来代替。

（二）空字

空字指在书写时凡遇讳字即不书写，或代以"某""讳"或"囗"方框。如汉景帝名刘启，在立他为太子时，有司因避讳而曰："子某最长，纯厚慈仁，请建以为太子。"

（三）缺笔

缺笔指仍用原字，但书写时省去最后一个笔画。清刻本、写本中缺笔的避讳较为常见。

（四）曲说

改换一种说法以避开讳字即为曲说。如西汉初年汉高祖刘邦的妻子名吕雉，人们为避讳"雉"字，都改称"野鸡"。五代十国的吴越王钱镠，因为"镠"字和石榴的"榴"字同音，人们把石榴改称"金樱"。

四、避讳的影响及利用

古代避讳本是为尊重君主和长辈，以维护社会等级秩序，后来被统治者加以利用，成为加强统治，显示个人身份的工具。避讳给古代文献带来很大的负面影响，古籍中很多人名、官名、地名、天干地支、年号等都大量改动，有些直接影响了书中的内容，导致我们对历史的误解。

避讳虽属于历史文化的糟粕，但作为一种历史现象有时我们也可以加以利用，历史上一定时期的讳字是固定的，如果认真研究总结，避讳可以为我们鉴定古书的年代及真伪提供重要的线索。我们还可以根据书中的讳字判断书籍的刊刻年代。有些伪书在作伪时，虽托名古人，但避讳已成为习惯性的思维方式，无意中会为其所生活朝代的帝王避讳，这是我们判定伪书的重要依据。

推荐阅读书目

1. 梁启超：《古书真伪及其年代》，南京，江苏广陵古籍刻印社，1990年。

提要：梁启超（1873—1929），字卓如，号任公，又号饮冰室主人，中国近代思想家、政治家、教育家、史学家、文学家，戊戌变法领袖之一。《古书真伪及其年代》是梁启超于1927年2月至6月在北京燕京大学所作的关于古书辨伪的讲演稿，后据周传儒、姚名达、吴其昌笔记整理成书，包括总论和分论两部分：总论包括辨伪及考证年代之比较、伪书的种类及作伪的来历、辨伪学的发达、辨别伪书及考证年代的方法等内容；分论则对易、书、诗、礼、春秋等文化典籍的真伪作分别评价。这是一部继胡应麟所著《四部正讹》之后有较大影响的辨伪学专著。

2. 杨绪敏：《中国辨伪学史》，天津，天津人民出版社，1999年。

提要：杨绪敏，1953年出生，江苏省睢宁人，江苏师范大学教授。该书分四个阶段系统论述中国辨伪学发展史，分析总结了历代辨伪学家的辨伪思想和方法，有助于我们全面了解辨伪学发展状况。

3. 曹书杰：《中国古籍辑佚学论稿》，长春，东北师范大学出版社，1998年。

提要：曹书杰，1954年出生，吉林省大安人，东北师范大学教授。该书共11章，分别论述了历史文献的聚散存佚、辑佚的起源与发展、辑佚学研究的进程及方法、佚文的搜集与考究等内容。辑佚现象在历史上很早就已出现，然从学科发展的角度对之研究，却较为少见，该书是当代研究辑佚学的代表性著作，是全面了解辑佚学的重要参考书目。

4. 陈垣：《史讳举例》，北京，中华书局，1962年。

提要：避讳在汉文史书中产生很早，但将之作为一门学问加以全面总结研究，陈垣先生是第一人。该书以大量实例详细论述了古代避讳方法、避讳种类、因避讳而产生的讹误，并进一步探讨了学习避讳学意义、注意事项以及对避讳的利用等问题，时至今日仍是研究避讳及避讳学的经典之作。

第七章 历史文献的检索与阅读、标点、注释与翻译

历史文献浩如烟海，内容丰富，欲穷尽阅读所有图书，现在已是不可能的事情了。我们在学习和研究中，要学习各种检索文献的方法，学会查找所需要的资源，善于从海量的文献中找到自己所需的内容，这是每一位学习历史者的基本功。只有检索方法得当，才能在有限的时间中，尽可能多地找到自己所需要的材料，从而为研究历史奠定基础。随着历史发展，古代历史文献的撰写方式与我们今天已有很大的不同，为了让人们更好地阅读古籍，解决疑难问题，对历史文献进行标点、注释和翻译越来越成为一项重要而有意义的工作。中国是一个多民族国家，学习和研究中国历史一定要和少数民族的历史结合起来，因此，注释和翻译少数民族历史文献也是一项重要的工作。

第一节 历史文献的检索与阅读

传统纸质文献与现代的电子文献，因载体不同，检索方法也有不同，我们对这两种检索方法均要学会利用。

一、纸质文献的检索

在20世纪以前大部分历史文献都是纸质文献，即便是发展到今天，我们学习和研究历史时，主要还是以纸质文献为主，不仅很多历史文献尚未数字化，有些已经有电子版的历史文献，也并不能替代纸质文献。因此，学习历史首先要学会检索纸质文献，大致上说，纸质文献的检索途径主要有以下几种。

（一）目录

古代目录大约起始于先秦，西汉时出现了我国历史上第一部综合目录著作《七略》，该目录分类明确，每一部撰有提要，人们读之对图书的种类及数量和内容就会一目了然。《七略》虽已佚失，但主要内容保存在《汉书·艺文志》中，此后历代都有编纂目录的活动，给我们留下了丰富的目录著作。历代文人学者都非常重视目录在检索书籍中的作用，这是电子文献产生以前最基本的检索方法。不仅一般学人重视目录的检索功能，佛道人士也非常看重目录的作用。唐代僧人智昇说："夫目录之兴也，盖所以别真伪，明是非，记人代之古今，标卷部之多少，摭拾遗漏，删夷骈赘。欲使正教纶理，金言有绪，提纲举要，历然可观也。"[①] 书目都依类排序，按类查找，即可了解我们需要了解的图书，而且目录不仅载有文献的书名、版本、卷数、作者，有些有提要的目录，还对内容有概述、有评价，从而为我们检索文献提供了更详细的信息。

---

① 智昇：《开元释教录·序》，见《文渊阁四库全书》（影印本），第1051册，3页，上海，上海古籍出版社，1986。

（二）索引

索引是将图书、报刊中有关内容，如篇名、字词、句子、事项、人名等摘录出来，作为标目，注明出处，按一定顺序加以编排的工具书。根据索取对象不同，索引分为字词索引、句子索引、关键词索引、书名索引、篇目索引、人名索引和地名索引等。按文献的来源划分，可分为图书索引和报刊索引等。按索引涉及的内容划分，可分为综合性索引、专科性索引和专题性索引等。如人名索引，我们想了解某个历史人物生平的基本信息，可以查《二十四史纪传人名索引》等，通过索引即可知道，在哪里可以查得所需资料。古人常以字号、别号等称呼他人，查找史料时，如果仅检索姓名，会遗漏很多内容，因此还需要了解字号、别称等，我们可以利用《室名别号索引》《清人室名别称字号索引》《明人室名别称字号索引》等工具书进一步查找。

（三）类书

类书是从其他书籍中抄录相关内容按一定顺序编纂在一起的书籍，因其保存文献丰富，且按类编排，通过类书可以很快检索到所需要的知识。从分类编排上看，古代类书有两类：一类是按内容类别编排的类书，如《册府元龟》《太平御览》等，按类检索，即可得到相关资料；另一类是按字排列，如《永乐大典》，按《洪武正韵》编排，我们按字检索可得到所需资料。

（四）文摘

文摘是对有关文献内容予以简明叙述，并注明文献来源，能够为我们查找文献提供有价值的线索。如当前《高等学校文科学术文摘》，收集了全国300多种高校文科学报，对有关文献加以简要介绍，并推荐学术论文，介绍学术观点，是了解学术动态的重要工具。

二、电子文献检索

从 20 世纪 80 年代起，电子文献在学习和研究中的地位越来越重要，不了解和熟悉电子文献检索，就跟不上时代的发展。

（一）光盘检索

载有历史文献的光盘，借助电脑，可以为我们提供文献检索，这也是较早出现的电子文献检索方式。相对目录、索引等纸质文献检索来说，光盘检索方便快捷，直接省时。如曾经被广泛应用的有《文渊阁四库全书》电子光盘，由香港迪志文化出版公司开发制作，上海人民出版社出版，共有 175 张光盘，可以任意关键词检索，检索结果可以随意复制编辑打印。《四部丛刊》全文检索版，由北京书同文数字化技术有限公司与万方数据电子出版社合作出版，共 24 张光盘，可以进行书名、著者和全文检索，既可以查看原文图像，又可以阅读、复制。《古今图书集成》图文数据光盘，由广西金海湾电子音像出版社、广西师范大学出版社合作出版，共计 28 张光盘，可以全文任意检索。

（二）网络检索

随着互联网的发达，网络检索已经成为人们常用的文献检索方式。

1. 书目检索

书目检索是通过网络查询馆藏文献的书名、作者、版本以及主要内容等，目前各图书馆基本上都可以提供书目检索，通过该项功能，可以很快在图书馆找到所需纸质文献。

第七章　历史文献的检索与阅读、标点、注释与翻译

2. 电子文献数据库检索

随着时间的发展，电子文献资源也越来越丰富，从电子文献数据库中亦可找到所需资料。常见的电子文献数据库有：

（1）方正电子图书数据库：目前电子书库约有220万册可供阅读的电子图书，其中可全文下载的约70万种。其中民国期刊2万多期，中医古籍2000余册，国学要览8万余册。

（2）国图电子书：收录30573种电子版图书。

（3）超星数字图书馆：包括文学、经济、计算机等数百万册电子图书，500万篇论文，全文总量10亿余页。

（4）民国时期期刊全文数据库（1911—1949）：收录民国时期（1911—1949）出版的2万余种期刊，近1000万篇文献，内容集中反映这一时期的政治、军事、外交、经济、教育、思想文化、宗教等方面的情况。读者可从标题、作者、刊名、分类号、年份及期号等途径对文献进行检索、浏览并下载全文。

（5）大成老旧刊全文数据库：收录了清末到1949年近百年间中国出版的7000多种期刊，共14万多种，很多期刊属于国内不多见的珍本，史料珍贵，内容丰富，可以通过学科分类浏览，也可通过刊名、题名、作者、出版地、年代等检索。

（6）晚清期刊全文数据库（1833—1911）：数据库收录了从1833年至1911年间出版的300余种期刊，囊括了当时出版的大部分期刊，可从标题、作者、刊名等途径对约28万篇文章进行检索、浏览并下载全文。

（7）中国基本古籍库：共收录自先秦至民国（公元前11世纪至公元20世纪初）历代典籍1万种、计17万卷。每种典籍均提供一个通行版本的全文和一至两个重要版本的图像，计全文17亿字、版本1.25万个、图像1200万页，数据量约330G。其收录范围涵盖全部中国历史与文化，其内容总量相当

151

于 3 部《四库全书》，并可提供可全文检索、编辑等功能。

（8）中华续道藏数据库：汇辑道藏、续道藏 2000 多种，涉及道教的各类书籍，可进行全文检索、阅览、编辑。

（9）中国历史文献数据库：主要收录域外汉籍、近代报刊、世界经典艺术作品、古地图、近代教材五大类数据库，全文为 PDF、jpg 格式。其中，域外汉籍主要收录流失在海外和海外出版的汉文古籍文献，目前共收录海外汉籍珍本 5 万余卷，2 万多册，数据量 2T，其中大部分为彩色影像。近代报刊主要收录晚清至民国期间出版发行的报刊文献，目前收录了包括《申报》《东方杂志》等为代表的近代主要报刊资料约 16 万期、400 多万张影像。世界经典艺术作品，最大图画像素在 3 亿以上，单张图片超过 3G，内容包括国画、油画、版画、年画、书法、摄影等类。古地图主要收录世界范围内收藏的古地图（以中国古地图为主）。近代教材主要收录学术价值高、保存完整及具有标志性和重要历史意义的教材，提供完备的篇名及章节目录信息。

（10）全唐诗分析系统：包含 57000 多首唐诗。可进行全文检索、重出诗检索、诗人小传检索和高级检索，支持严格数据检索和简繁体混合模式检索。

（11）全宋诗分析系统：包含 254240 多首宋诗。可进行全文检索、重出诗检索、诗人小传检索和高级检索，支持严格数据检索和简繁体混合模式检索。

（12）二十五史研习系统：是一套辅助中国古代文学、中国古代史学习与研究的工具软件，该数据库以正史中二十四史以及《清史稿》的史料文献为基础，辅以从先秦到明清的大量史料文献，包含目录、章节、引文、注释等信息，并将所有文献信息做成索引文件，可快速定位检索。

（13）《东方杂志》全文检索数据库：《东方杂志》是民国时期一种重要刊物，历经清末、辛亥革命、"五四"运动、抗日战争、解放战争等重大历史时期，反映了我国近现代发展的历史轨迹。《东方杂志》全文检索数据库收录3万多篇文章、1.2万多幅图画、1.4万多则广告，是国内外第一个完全实现数字化的《东方杂志》期刊全文检索数据库。

(14)《申报》全文检索数据库：《申报》于1872年在上海创刊，1949年停刊，是近代中国发行时间最久、具有广泛社会影响的报纸，前后总计经营78年，共出版2.7万余期。该数据库完整收录其全部图文内容，以数字化PDF格式展示原版原貌。并且通过全文检索的方式能非常方便地检索出读者所需的内容。

(15) 中国地方历史文献数据库：收录了主要来自浙江、安徽、江西、福建、湖南、湖北、广东、云南和辽宁等地的地方历史文献，总量约35万件，150万页。该库适合于历史学、人类学、社会学、民俗学、宗教学、经济学、政治学、法学等多门学科研究者使用，也适合对地方文献感兴趣的个人。

(16) 中国方志库：是专门收录历代地方志类典籍的全文检索版大型古籍数据库，由北京大学教授刘俊文总策划、总编纂、总监制，北京爱如生数字化技术研究中心开发制作。共收录汉魏至民国历代地方志类典籍1万种。每种皆据善本，总计全文超过20亿字，影像超过1200万页，数据总量约400G，可进行全文检索阅览。

(17) 香港中文大学《汉达文库》：是由香港中文大学构建的电子文献资料库，包括甲骨文、竹牍帛书、金文、先秦、两汉、魏、晋、南北朝传世文献、类书，近1亿字，可全文检索阅览。

(18) 台湾"中央研究院"汉籍电子文献资料库（瀚典全文检索系统）：是迄今为止台湾规模最大的中文全文数据库，包括二十五史、十三经、诸子图书、《大正藏》等，可全文检索阅览。

(19) 读秀知识库：是由海量学术资源组成的庞大知识库系统，包含268

万种书目信息、170万种图书原文、6亿页中文资料,能够进行图书内容章节和全文检索。

(20)中国知网(CNKI):目前国内最常用的数据库之一。它不仅包括期刊数据库、重要报纸数据库、重要会议论文数据库等,收录国内9305多种重要期刊以及全国500多家的优秀硕士、博士学位论文,收录2000年以来中国国内公开发行的500多种重要报纸刊载的学术性、资料性文献,收录我国1999年以来国家二级以上学会、协会、高等院校、科研院所、学术机构等单位的论文集,而且实现连续动态更新,其内容不断增添。

三、利用电脑检索文献需要注意的事项

(一)要通过不同关键词多角度多次检索

我们在图书馆查找图书,利用馆藏目录检索文献时,有可能会因图书馆人员著录时出错而导致检索不到或检索错误。如编者曾在一图书馆检索藏族史学名著《青史》汉译本,无法找到,后来无意中发现,是图书馆工作人员将《青史》写成了《清史》。对于少数民族文字文献,同样也会出现错字,影响检索结果。因此,我们可以通过书名、作者、关键词等多角度检索,尽可能多地查找信息源。在全文检索一些文献时,也需要多次检索,如想了解一些人物的情况,仅检索人名还不行,因为古人经常用字、号、别名等,还需要我们进一步多次检索。

(二)电子文献检索不能代替实地查找和文本阅读

在学习过程中,利用电脑检索文献方便快捷,但仍需要在图书馆翻阅,因图书馆书籍是按类排列,在查找图书时,有时会在同类书籍中意外发现一些有用的图书。另外,要多读文献,在读书过程中不断积累,而不是仅依赖

检索出来的内容，进行全文检索能在几秒钟查遍上万种书籍，但这种检索是机械的，只有关键词相一致时才会搜索到，有很多有用的信息可能漏掉了。因此，这种检索方式不能代替我们大量的文本阅读。

（三）学会筛选海量信息

电脑检索文献会出现很多无用的信息，需要我们从大量的信息中加以筛选，有时因数据库容量非常大，搜索出来的信息过多，会达到数千条，甚至上万条，致使我们疲于筛选，也会造成很大的麻烦。

（四）对要利用的检索结果进行原文核查

对于检索的结果，我们如果要利用，还需要核对原文，因为在数字化过程中会出现错字，核对原文是治学的基本要求。有些电子文献的版本并不是最好的版本，还需要我们对不同版本进行比对，才能保证不出错误。

另外，在利用我国港、澳、台以及海外制作的数据库时，要学会利用繁体字检索。

四、阅读文献的方法

学习历史学，要多读书，但历史文献浩如烟海，如何阅读也是作为一名大学生要掌握的基本技能。

（一）要多掌握文化常识

无论是阅读汉文文献还是少数民族文献，人名、地名、官名、纪年都是值得我们认真研究的重要内容，这些是阅读历史文献的基础。古人有很多特殊的称谓，如汉文文献中帝王有年号、庙号，年号是在位时用来纪年的名号，

155

庙号是帝王死后奉入祖庙祭祀追尊的名称，如康熙皇帝本名玄烨，康熙是其年号，他死后的庙号是圣祖，谥号为"合天弘运文武睿哲恭俭宽裕孝敬诚信功德大成仁皇帝"，后来简称"圣祖仁皇帝"。一般人多有字、号，有些人还有谥号，称呼别人的时候一般不能直接称名，而称字、号、官职或以地名代称。如韩愈被称为韩昌黎，就是以地名称呼，只有当自己称呼自己时，才用名，表示谦卑。

古代地名多有变迁，要想知道某一历史事件发生在哪里，首先要了解地理沿革，如北京在历史上有很多名称，有蓟、燕都、日下、幽都县、幽都府、燕京、春明、京城、燕山、中都、大兴府、元大都、京师、北平等。古人喜欢称旧名，如称南京为金陵、建康等。这些都是历史上曾出现的名称，我们一定要熟悉，才能准确知道历史发生的地点。少数民族地区的地名同样变化很大，学习民族史也一定注意这一方面的内容。

职官是一个极为复杂的历史问题，不同朝代职官名称不同，职掌事务也有差异，需要我们认真学习，勤查工具书，才能很好地阅读古书。如果我们研究少数民族的历史，古代少数民族政权的职官也是首先需要了解的内容。

古代纪年方式不一，有王公即位年次纪年法，如《春秋》一书记事从鲁隐公元年（前722）到鲁哀公十四年（前481），都是以鲁国国君在位时间为纪年方式。年号纪年法，这是最常见的方法。如汉武帝建元元年（前140），在宋朝以前一个皇帝可能用很多年号；汉武帝在位54年，用了11个年号；武则天当皇帝20年，用了17个年号；明清时期都是一个皇帝一个年号。此外，还有天干地支纪年的方法。很多少数民族也都有专门的纪年方式，我们在研究少数民族历史时，一定要熟悉各民族的纪年方式。

除此以外，我们还要了解各民族历史上的重要人物、典故、风俗习惯等。

（二）多查字典、辞典等工具书

阅读历史文献，会遇到很多典故、专有名词等，这些我们可能从未接触过,需要学会借助工具书,经常查阅,随时解决疑难问题。对于一些民族语言的文献,也是如此。古代词汇的含意和用法与今天可能有较大区别,也应善于查找工具书。

(三) 合理确定阅读的难度和范围

我们在阅读历史文献时,要根据自己实际情况,循序渐进,如果一开始就找难度很大的书籍,虽然是史学名著,却会因阅读太吃力,打击我们读书的积极性。因此,读书不要好高骛远,应抱着细水长流的心态,逐渐积累,由慢到快,由易到难。如《诗经》《尚书》都是优秀的经典著作,但其内容太难,应该先从易读的如《论语》等书开始。

此外,我们还要确定阅读的范围。我们每个人精力都是有限的,穷其一生也读不完所有的历史文献,只能有选择地去读,根据自己的专业兴趣和研究需要为自己开列合理的阅读书目。在阅读过程中,有些书虽然非常好,但是由于时间关系,只能阅读一部分,这些都要根据个人情况量力而行。如果自己觉得对所学专业的书目还不够了解,可以通过上网查询或找专业老师给予指点。

我们在学习过程中,既要读古人书,也要读今人书,今人一些具有代表性的著作吸收了新资料和新成果,反映学科发展状况,有助于我们尽快了解学科整体情况,为初学者找到治学的门径,启发我们的思路。

第二节 历史文献的标点

由于汉文古籍大多都不断句,给我们今天阅读古籍带来很大困难。尤其是 20 世纪初兴起白话文后,读古文的人越来越少,没有标点的书籍,不但令一般人望而生畏，即便是一些学习文史专业的大学生也很难顺畅地阅读和使用。因此，不少专家学者专门对古籍标点，帮助读者阅读和理解历史文献。

一、古代汉文文献的句读之法

古人在著书时虽不加标点，但阅读时需要停顿，何处停顿要根据所读内容的文意判断，这就是所谓的"句读"（jù dòu，亦作"句逗"）。古人很早就开始使用句读符号断句，在一些出土的战国简中，人们已发现有扁长方形的记号，表示一段文意的结束。据学者研究，1959年从武威出土的《仪礼》汉简中，有篇号、章号、句读号、题目号、括号等，这是目前已发现汉代书面语言中各种符号使用最多的一部书，说明大约在周秦时期，人们已开始用一些符号来标识隔断文意，这就是最早的标点。句读在古人看来是读书的基本功，从小就开始训练，学童入学读书，首先要求分清句读。古代标点工作，也称为"章句"之学，本义是乐曲的章节，后来引申为古书的句读、书籍不同部分的划分。南宋时出现了"标点"一词，《宋史·何基传》称："凡所读书，无不加标点，义显意明，有不待论说而自见者"[1]。不过当时的标点只是用简单的符号将文字隔开，与我们今天使用标点符号有很大的区别。

古代汉文文献中常用的句读符号有以下几种：

"乚"钩识号，一般作逗号或句号之用，置于句中左下方。

"●"，作篇号，置于篇首，表示开始。

"·"有些较大，有些较小，可作篇号，用于章首，表示一章开始，也用于句末，表终止。

"O""▲"，用在章首，表开始，或用于句末，表终止。

---

[1] 脱脱等：《宋史·何基传》，卷438，12979页，北京，中华书局，1977。

"、"作逗号，表停顿，用于句中右下方。

"。"用在句中右下方，与今标点功用同。

二、标点符号的引入与使用

古代汉文文献标点虽产生较早，但未能得到统一规范和推广使用，因此，流传到今天的汉文古籍除一部分在刊刻时加以断句外，大多都没有标点。我们今天使用的标点符号，是在传统句读基础上，借鉴外国标点符号形成的。我国第一个介绍国外标点符号的是张德彝，他在同文馆学习三年，从事翻译和外交工作，在国外游历时向国人介绍了西方标点，但他认为西方标点"其意甚烦"，并不主张推广使用。

1904 年，严复出版《英文汉诂》，这是最早借鉴外国标点，应用于汉文的著作。随后，不少学者尝试着用新式标点符号写作，以便读者阅读。1919 年，胡适、钱玄同、刘复、朱希祖、周作人、马裕藻等人针对当时只使用圈点来断句的弊端，联名提出《请颁行新式标点符号议案（修订案）》，并在国语统一筹备会第一次大会上通过。次年，北洋政府教育部发布《通令采用新式标点符号文》，这是我国第一套法定的新式标点符号。当时，共分为句号、点号、分号、冒号、问号、惊叹号、引号、破折号、删节号、夹注号、私名号、书名号，共 12 种。

1951 年，中央人民政府出版总署公布了《标点符号用法》，包括句号、逗号、顿号、分号、冒号、问号、感叹号、括号、引号、破折号、省略号、着重号、专名号、书名号，计 14 种符号。当时还在使用竖排书写，这些标点符号主要为竖排直行文稿制订。1990 年，国家语言工作委员会、新闻出版署修订颁布了《标点符号用法》，为横排直行文稿制订，增加了连接号和间隔号。

三、新式标点符号的含义、形式和用法[①]

（1）","逗号，表示句子或语段内的一般性停顿。

（2）"。"句号，主要表示句子的陈述语气。使用句号主要根据前后有较大停顿，并有陈述语气，不取决于句子长短。有时也可以表示较缓和的祈使语气和感叹语气。如：请你稍等一下。

（3）"?"问号，主要表示句子的疑问语气，也有时用于句中表示存疑或不详。问号可以表达反问、设问等各种疑问，使用时主要根据语段前后有较大停顿并带有疑问语气，不取决于句子长短。如：

①难道这些普通的战士不值得歌颂吗？
②这是什么精神？这是国际主义精神。

在选择问句中，通常只在最后一个选项的末尾使用问号，各个选项之间一般用逗号隔开；当选项较短且选项之间几乎没有停顿时，选项之间可不用逗号；当选项较多或较长，或有意突出每个选项的独立性时，也可每个选项之后都用问号。如：

①"诗中记述的这场战争究竟是真实的历史描述，还是诗人的虚构？"
②"这是巧合还是有意安排？"
③"要一个什么样的结尾：现实主义的？传统的？大团圆的？荒诞的？民族形式的？有象征意义的？"

在多个问句连用或表达疑问语气加重时，可叠用问号，通常应先单用，再叠用，最多叠用三个问号。不过，在没有异常强烈的情感表达需要时，不宜叠用问号。如：这就是你的做法吗？你这个总经理是怎么当的？？你怎么竟

[①] 本部分内容主要依据汪受宽：《历史研究基础》，238—255 页，兰州，兰州大学出版社，2015。

敢这样欺骗消费者？？？

问号有时用于句中，表达疑问、不确定或不详。如：

①马致远（1250？—1321），大都人，元代戏曲家、散曲家。

②钟嵘（？—518），颍川长社人，南朝梁文学批评家。

③出现这样的文字错误，说明作者（编者？校者？）很不认真。

（4）"！"叹号，主要表示句子的感叹语气，有时也可表示强烈的祈使语气、反问语气等。使用叹号主要根据语段前后有较大停顿、带有感叹语气和语调或带有强烈的祈使、反问语气和语调，并不取决于句子的长短。如：

①才一年不见，这孩子都长这么高啦！（表感叹）

②不许动！（表禁止祈使）

③谁知道他今天怎么搞的！（表反问）

叹号还用于拟声词之后，表示声音短促或突然。如：

①咔嚓！一道闪电划破了夜空。

②咚！咚咚！突然传来一阵急促的敲门声。

当表示声音巨大或声音不断加大时，可叠用叹号；表达强烈语气时，也可叠用叹号，最多叠用三个叹号；不过，在没有异常强烈的情感表达需要时，不宜叠用叹号。如：我要揭露！我要控诉！！我要以死抗争！！！

当句子包含疑问，感叹两种语气且都比较强烈时，可在问号后再加叹号。如：这么点困难就能把我们吓倒吗？！

（5）"、"顿号，主要用于表达语段中并列词语之间或某些序次语之后的停顿，有时顿号用于需要停顿的重复词语之间，如：

①造型科学、技艺精湛、气韵生动，是盛唐石雕的特色。（表并列）

②他几次三番、几次三番地辩解着。（表重复）

③下面讲两个问题：一、逻辑学是什么？二、怎样学好逻辑学？（表序列）

在使用"、"时,注意相邻或相近的两数字连用表示概数通常不用顿号,若相邻两数字连用为缩略形式,宜用顿号。如:

①飞机在 6000 米高空飞行时,只能看到两侧八九公里和前方一二十公里范围内的地面。

②农业是国民经济的基础,也是二、三产业的基础。

在标有引号的并列成分之间、标有书名号的并列成分之间通常不用顿号,若有其他成分插在并列的引号之间或并列的书名号之间(如引语或书名号之后还有括注),宜用顿号。如:

①"日""月"构成明字。

②《红楼梦》《三国演义》《西游记》《水浒传》,是我国长篇小说的四大名著。

③李白的"白发三千丈"(《秋浦歌》)、"朝如青丝暮如雪"(《将进酒》)都是脍炙人口的诗句。

④办公室里订有《人民日报》(海外版)、《光明日报》和《时代周刊》等报刊。

(6)";"分号,表示复句内部并列关系分句之间的停顿,以及非并列关系的多重复句中第一层分句之间的停顿。如:

①特聘教授的岗位职责为:一、讲授本学科的主干基础课程;二、主持本学科的重大项目;三、领导本学科的学术队伍建设;四、带领本学科保持或赶超世界先进水平。

②语言文字的学习,就理解方面说,是得到一种知识;就运用方面说,是养成一种习惯。

③内容有分量,尽管文章短小,也是有分量的;内容没有分量,即使写得再长也没有用。

(7)":"冒号,表示语段提示下文或总结上文的停顿。如:

①这一事实证明：人能创造环境，环境同样也能创造人。（表提示下文）

②张华上了大学，李萍进了技校，我当了工人：我们都有美好的前途。（表总结上文）

③同志们、朋友们：……（用于书信、讲话称谓后）

（8）""和''引号，分为双引号和单引号，标示语段中直接引用的内容或需要特别指出的成分。如：

①李白诗中就有"白发三千丈"这样极尽夸张的语句。（直接引用）

②这里所谓的"文"，并不是指文字，而是指文采。（强调）

③电视被称作"第九艺术"。（别称）

④人类学上常把古人化石统称为尼安德特人，简称"尼人"。（简称）

⑤有几个"慈祥"的老板把捡来的菜叶用盐浸浸就算作工友的菜肴。（反语）

⑥"5·12"四川汶川特大地震。（特定日期）

（9）"（）、【】、［］、〔〕"括号，标示语段中的注释内容、补充说明或其他特定意义的语句。如：

①我校拥有特级教师（含已退休的）17人。（表解释说明）

②我们不但善于破坏一个旧世界，我们还将善于建设一个新世界！（热烈鼓掌）（表补充说明）

③信纸上用稚嫩的字体写着："阿夷（姨），你好！"（表订正）

④该建筑公司负责的建设工程全部达到优良工程（的标准）。（表补加）

⑤思想有三个条件：（一）事理；（二）心理）；（三）伦理。（表序次）

⑥他说得好："未画之前，不立一格，既画之后，不留一格。"（《板桥集·题画》）（引文出处）

一般用于标示所属朝代使用括号，用于标示国籍可用方括号。如：

①（西汉）司马迁著《史记》。

②［英］赫胥黎《进化论与伦理学》。

报刊标示电讯、报道的开头，可用方头括号，如：【新华社南京消息】。

标示公文发文字号的发文年份，可用六角括号。如：国发〔2011〕3号文件。

使用括号时，一般应避免套用，必须套用时，宜采用不同括号形式配合使用。如：〔茸（róng）毛〕很细很细的毛。

(10)"——"破折号，标示语段中某些成分的注释、补充说明或语音、意义的变化。如：

①我一直坚持读书，想借此唤起弟妹对生活的希望——无论环境多么困难。（表补充说）

②这简直就是——说得不客气点——无耻的勾当！（插入语）

③坚强、纯洁、严于律己、客观公正——这一切都难得地集中在一个人身上。（总结上文）

④"好香的干菜，——听到风声了吗？"赵七爷低声说道。（话题转换）

⑤"嘎——"传过来一声水禽被惊动的鸣叫。（声音延长）

⑥"班长他牺——"小马话没说完就大哭起来。（中断或隔断）

⑦——你长大后想成为科学家吗？——当然想了！（引出对话）

破折号有时可以标示事项列举分承。如根据研究对象的不同，环境物理学分为以下五个分支学科：

——环境声学

——环境光学

——环境热学

——环境电磁学

——环境空气动力学。

经常用于副标题之前。如：飞太平洋——我国新型号运载火箭发射目击记。

用于引文、注文后，标示作者、出处或注释者。如：

①先天下之忧而忧，后天下之乐而乐。

——范仲淹

②乐浪海中有倭人，分为百余国。

——《汉书》

(11)"……"省略号，标示语段中某些内容的省略及意义的断续等。如：

①我们齐声朗诵起来："……俱往矣，数风流人物，还看今朝。"（表引文省略）

②他气得连声说："好，好……算我没有说"。（表重复词语的省略）

③你这样干，未免太……（表语意未尽）

④她磕磕巴巴地说："可是……太太……我不知道……你一定是认错了。"（表说话时断断续续）

⑤"还没结婚吧？""……"他飞红了脸，更加忸怩起来。（表沉默）

⑥只要……就……（表成分虚缺）

在标示诗行、段落的省略时，可连用两个省略号。如：从隔壁房间传过来缓缓而抑扬顿挫的吟咏声——床前明月光，疑是地上霜

…………

(12)"·"着重号，标示语段中某些重要的或需要指明的文字。如：

①诗人需要表现，而不是证明。

②下边加点的字，除了在词中的读法外，还有哪些读法？着急、子弹、强调。

(13)连接号，标示某些相关成分之间的连接。在形式上分为三种，短横线"-"，占半个字的长度；一字线"—"，占一个字的位置；波纹线"~"，占一个字的长度。

165

以下情况均为短横线（占半个字位置）。

标示化合物的名称。如：3 - 戊酮为无色液体。

标示表格或插图编号。如：参见下页表 2 - 8、表 2 - 9。

标示连接号码，包括门牌号码、电话号码，以及用阿拉伯数字表示年月日等。如：

①安宁里东路 26 号院 3 - 2 - 11 室。

②联系电话：010 - 88842603。

③2011 - 02 - 15。

在复合名词中起连接作用。如：吐鲁番 - 哈密盆地。

某些产品的名称和型号。如：WZ - 10 直升机具有复杂天气和夜间作战的能力。

汉语拼音、外来语内部分合等。如：

①shuōshuō - xiàoxiào（说说笑笑）

②让 - 雅克·卢梭（"让 - 雅克"为双名）

③皮埃尔·孟戴斯 - 弗朗斯（"孟戴斯 - 弗朗斯"为复姓）

以下各种情况，一般用一字线（占一个字位置），有时也可用波纹线（占一个字位置）。

标示相关项目（如时间、地域等）的起止。

①沈括（1031—1095），宋朝人。

②2011 年 2 月 3 日—10 日。

③北京—上海特别快车。

标示数值范围（由阿拉伯数字或汉字数字构成）的起止。如：25～30g，第五～八课。

(14)"·"间隔号，标示某些相连成分之间的分界。

标示外国人或少数民族人名的分界。如：

克里丝蒂娜·罗塞蒂，阿依古丽·买买提。

标示书名与篇章之间的分界。如：《淮南子·本经训》，《沁园春·雪》。

用在构成标题或栏目名称的并列词语之间。如：《天·地·人》。

标示以月日标志的事件，如："一·二八"事变，"一二·九"运动。

(15) 书名号，分为双书名号《》和单书名号〈〉两种。用于标示语段中出现的各种作品的名称。如果书名号中再出现书名号时，里面的用单书名号，如《教育部关于提请审议〈高等教育自学考试试行办法〉的报告》。

(16) "＿"专名号，标示古籍和某些文史类著作中出现的特定类专有名词。标示古籍、古籍引文或某些文史类著作中出现的专有名词，主要包括人名、地名、国名、民族名、朝代名、年号、宗教名、官署名、组织名等。如：

①孙坚人马被刘表率军围得水泄不通。(人名)

②于是聚集冀、青、幽、并四州兵马七十多万准备决一死战。(地名)

③当时乌孙及西域各国都向汉派遣了使节。(国名、朝代名)

④从咸宁二年到太康十年，匈奴、鲜卑、乌桓等族人徙居塞内。(年号、族名)

一般现代汉语文本中出现上述专有名词，以及现代文本中的单位名、官职名、事件名、会议名、书名等不应使用专名号。

(17) "／"分隔号，标示诗行、节拍及某些相关文字的分隔。如：

①春眠不觉晓／处处闻啼鸟／夜来风雨声／花落知多少。(分隔诗行)

②横眉／冷对／千夫指，俯首／甘为／孺子牛。(分隔音节)

③动词短语中除了作为主体成分的述语动词之外，还包括述语动词所带的宾语和／或补语。(分隔选择项)

④13／14次特别快车。(分隔并列项)

⑤我国的行政区划分为：省（直辖市、自治区）／省辖市（地级市）／县（县级市、区、自治州）／乡（镇）／村（居委会）。(分隔层级)

四、标点符号的位置和书写形式

在学习过程中，我们会遇到横排和竖排两种文稿，两种文稿中标点符号的位置和书写形式也有不同。

横排文稿的句号、逗号、顿号、分号、冒号均置于相应文字之后，占一个字的位置，居左下，不出现在一行之首。问号、叹号均置于相应文字之后，占一个字位置，不出现在一行之首；三个问号（或叹号）叠用时，占两个字位置；问号和叹号连用时，占一个字位置。引号、括号、书名号中的两部分标在相应项目的两端，各占一个字位置，其中前一半不出现在一行之末，后一半不出现在一行之首。破折号标在相应项目之间，占两个字位置，上下居中，不能中间断开，不能分处上行之末和下行之首。省略号占两个字位置，两个省略号连用时占四个字位置，并须单独占一行，省略号不能中间断开，不能分处上行之末和下行之首。连接号中的短横线比汉字"一"略短，占半个字位置，一字线比汉字"一"略长，占一个字位置；浪纹线占一个字位置，连接号上下居中，不出现在一行之首。间隔号标在需要隔开的项目之间，占半个字位置，上下居中，不出现在一行之首。着重号和专名号标在相应文字的下边；分隔号占半个字位置，不出现在一行之首或一行之末。标点符号排在一行末尾时，若为全角字符则应占半角字符的宽度（即半个字位置），以使视觉效果更美观。在实际编辑出版工作中，为排版美观、方便阅读等需要，或为避免某一小节最后一个汉字转行或出现在另外一页开头等情况，可适当压缩标点符号所占用的空间。

竖排文稿标点在使用时，句号、问号、叹号、逗号、顿号、分号和冒号均置于相应文字之下偏右；破折号、省略号、连接号、间隔号和分隔号置于相应文字之下居中，上下方向排列；双引号改为"﹁""﹂"，单引号改为

"⌐""⌐",括号改为"⌒""⌒",标在相应项目的上下;竖排文稿中使用浪线式书名号"﹏",标在相应文字的左侧;着重号标在相应文字的右侧,专名号标在相应文字的左侧;横排文稿中关于某些标点不能居行首或行末的要求,同样适用于竖排文稿。

五、培养标点的能力

断句是阅读汉文古籍的基本功,点校古籍往往因标点失误,而造成笑话。《吕氏春秋·察传》①记载:"鲁哀公②问于孔子曰:'乐正③夔一足,信乎?'孔子曰:'若夔者,一而足矣,故曰夔一,足,非一足也。'"如果我们不了解历史事实,点校"乐正夔,一足",就造成了历史误解。为古籍标点,不仅要掌握标点符号的用法,更主要的还要多掌握历史文化知识,特别是一些典故、制度等,只有多读古书才能在实践中慢慢训练,最大程度上减少失误。

(一) 掌握典章制度

历史上有很多典制是专有名词,我们标点时,不能将其断开。如:冬,十一月,初令郡国举孝、廉各一人,从董仲舒之言也。

初看"孝、廉各一人",没有问题,实际上断错了。举孝廉是汉代选举官吏的方法,汉代郡、国并存,举孝廉各一人,是指郡、国各举一人。因此,应断为:

冬,十一月,初令郡、国举孝廉各一人,从董仲舒之言也。

---

① 《吕氏春秋》:秦国丞相吕不韦召集门客编撰的一部书籍,约成书于秦始皇统一中国前。该书是集合儒、道、名、法、墨、农、兵、阴阳为一炉的集合之作。
② 鲁哀公:(?—前468),春秋时期鲁国第二十六任君主,公元前494—前468年在位。
③ 乐正:古代在宫廷中管理音乐的官。

（二）熟悉历史人物

如果对历史人物不熟悉，有时易将人名断错，造成失误。如：

太祖在江州，遣诸将陈德华、高费聚分三路兵往援，皆不利。

此处"太祖"是指明太祖朱元璋，派两人分三路兵，显然是有问题的，查明初历史上并没有陈德华、高费聚二人，而有陈德、华高、费聚三人。因此是将三人名字误断成两人。

（三）熟悉古书名

古人著书多是将书名罗列，如果我们不熟悉这些书籍，就容易导致错断。如：《清史列传·儒林传》①沈佳传，著有《春秋学大全粹语》。实际上《春秋学》《大全粹语》是两部书，应断开。

（四）熟悉古今词汇含义变化

古代有些词汇现在已不用，有些含义发生了变化，标点时如果不了解这些，就易导致错断。如：《三国志·管辂传》②"辂长叹曰：'然天与我才，明不与我年寿，恐四十七八间，不见女嫁儿娶妇也。'"，古代"才明"是一词汇，意为才智，将才和明断开，是一种误断。

（五）熟悉地名。

古代地名有很多与今天不同，不熟悉地理沿革，就容易错断。如：

---

① 《清史列传》是一部有关清朝人物传记的书籍，撰著人不详。
② 《三国志》：是三国蜀汉及西晋时史学家陈寿撰写的一部史书，记载了东汉末年至西晋初年近百年的历史。管辂（209—256），字公明，平原（今山东省德州平原县）人，三国时期著名术士，精于占卜。

《三垣笔记》①:"许光禄誉卿②所纳名妓王微有远鉴,南渡后,微病,临终,以所缄一布袱授誉卿曰:'我死必乱,汝可启之。'及北兵入,吴誉卿将远匿,乃启袱视之……"前面为许誉卿,后面改为吴誉卿,其中必有失误之处。实际上,此处的"吴",是指地名而不是姓,应为"及北兵入吴,誉卿将远匿"。

(六) 对古书严加校勘,避免讹脱衍倒等现象存在

古书在流传过程中,常会出现讹脱衍倒现象,如果不加校勘,很难准确标点。如:《清史列传·儒林传》方垧传,"时郡学杨道生、汤溪学、沈宝龄,并以理学倡诸生,而二人出入姚江……",前列三人,后云二人,自相矛盾。《清儒学案》云:"时金华府学杨道生,汤溪县学沈宝龄,并以理学倡诸生,而二人出入姚江……"据此可知,《清史列传》脱一"县"字,应为"郡学杨道生、汤溪县学沈宝龄"。

此外,对于古代的历史、天文、历法、官制、风俗、避讳等均应有较多的了解,知识越丰富越有利于我们准确断句。

第三节 历史文献的注释

由于古今文字和语意的隔阂,在阅读古书时会遇到很多深奥难懂的词汇,致使阅读古籍非常困难。这一点不仅汉文文献如此,少数民族文献也是如此。

---

① 《三垣笔记》:是明李清撰写的有关明代朝章典故,以及朝廷一些重要官员言论行事等的书籍。"垣"是古代官署的代称,"三垣"是指李清曾在刑、吏、工三部任职。
② 许誉卿:字公实,明万历四十四年(1616)进士,曾任吏部给事中,上疏论魏忠贤大逆不道,被削官。崇祯时又重新被起用,因朝官互相构陷,言辄不用,削籍归。福王立,起为光禄卿,不就,明亡后出家为僧。

因此，对古代各种语言文字的书籍进行注释是我们当今重要的工作。

一、古代注释种类

我国古书注释起源很早，大约在春秋战国之际，就开始出现专门注解前代书籍的著作。在历史发展中，注释古书风气十分浓厚，出现了不同的注解名称。

（一）传

传用以解释、补充、阐明经义的著作。如《春秋》三传，即《春秋左氏传》，主要补充《春秋》所记载的历史事实；《春秋公羊传》《春秋穀梁传》，主要阐明《春秋》的微言大义。

（二）注

注意为灌注，古书文意难懂，作注释犹如以水通阻塞之道。如《说文解字注》等。

（三）疏

疏是注的补充，注本意为以水疏通，若注水仍不通，则进一步疏浚，以求畅通。因为疏是在注基础上做出的解释，因此疏既解释经文、经义，又解释注。一般来说，疏与注在观点上要保持一致，即古人所谓"疏不破注"，有不少书籍以注疏作为书名，如《十三经注疏》。

（四）笺

笺原指标识简书内容的小竹片，是注释经文或补充、订正前人的注解，如东汉郑玄的《毛诗笺》等。

（五）训

训是用通俗的词语解释难懂的词语。如东汉高诱为《淮南子》作注，在篇题下加训字，意为注释。

（六）诂

诂也称为"故"，意为用今文解释古文，有时与训连用，称为"训诂"或"诂训"。如《毛诗诂训传》等。

（七）记

记亦是对经文解释、说明或补充的一种注释。如《大戴礼记》。

（八）解

解是解释、分析之意，常与诂、谊等连用，如"解诂"，如何休的《春秋公羊传解诂》等。如果是汇集各家注释于一书，人们常称为"集解"，如魏何晏的《论语集解》。

（九）微

微指阐明微言大义，后来又出现了发微、阐微、显微、探微、解微等名称，含意基本上一样。

（十）章句

章句既可以表示分析诗、文的章节和句子，也可以指解释字词，讲解文章大意。如《论语章句》等。

（十一）正义

正义是对旧注进一步解释。如《五经正义》等。

（十二）索隐

索隐是对古书的注释和考证等。如《史记索隐》。

二、注释历史文献的内容及注意事项

（一）注释历史文献的内容

注释历史文献是历史文献学的重要工作，对于今人阅读历史文献具有非常重要的意义。不仅汉文古籍需要注释，方能易懂，少数民族历史文献亦是如此。一般说来，无论是汉文文献还是少数民族文献，注释的内容包括以下几个方面。

1. 现今已经不再使用的字词

如汉文中"螭"，在古代是指传说中头上无角的蛟龙；又如拶（zǎn）刑，是古代使用的一种酷刑，多用于女性。有些字词现今已不再应用，很多人对此不熟悉，所以要注释。

2. 古今词义发生较大变化

随着时间的变化，古今词汇变化也很大，如诸葛亮的《出师表》中有一句"先帝不以臣卑鄙"，其中"卑鄙"，今天是指人品低劣，而古代是指身份低微，见识浅薄。

3. 一些不常见到的典故

有些典故不常见，不加解释很多人不知道是什么意思，更不了解其出处。如"苌弘化碧"，据《庄子》记载，苌弘是春秋时周敬王的大臣刘文公所属的大夫。刘氏与晋范氏代代通婚姻，苌弘曾帮过范氏，晋卿赵鞅为此声讨他，晋君怪怨周敬王，周敬王便把苌弘杀死。苌弘死于蜀，蜀人感之，以柜盛放其血，三年而化为碧玉。后来常以"苌弘化碧"来比喻忠贞之人含冤而死，或为国牺牲，而忠烈精神长存。

4. 不常见的人名、地名、事件以及词汇特殊用法等

凡是我们今天不易理解、影响人们阅读的人名、地名等均应加注释，这些在汉文历史文献中非常多，一些少数民族文献词汇同样需要注释才能很好地理解。如藏族的"赞蒙"指公主或后妃，契丹语的"捺钵"意为行帐、营盘，被引申来指称王的四季渔猎活动。

（二）注释历史文献的注意事项

注释是一件非常艰难的工作，有时甚至比撰写一本书花费的时间和精力还要多，对注者的素养和学术水平都有很高的要求。注释古代历史文献，包括古代少数民族历史文献在内，需要注意以下几点。

1. 根据自己的能力，选择要注释的书籍

有些书籍虽然是非常有价值的文献，但是过于艰涩难懂，如果自己的能力无法将全书作好注释，出现失注，也就是一些词汇或术语、典故因自己不了解而不去注释，或误注，是不可取的。因此，注释历史文献一定要根据自己的文献功底和学术水平而定，切不可草率行事。

2. 了解前人注释情况，充分吸收前人注释成果

如果所要注释的书前人已经有了注释，而且所注较为精当，基本上解决了疑难问题，就不必再作注释了。如果前人注释有不当之处，或有失注等问题，我们可以在前人基础上，充分吸收其注释成果，进一步补充纠谬等，以便读者能够更顺畅准确地阅读原书。

3. 注释应与校勘结合起来

注释时要广泛搜集该书的不同版本，尤其是较早刊刻的版本，如果所注版本有误，要指正版本文字的错误。同时还要利用他校、本校、理校方法，校勘所注版本是否有误，以便读者阅读。

4. 注释应力求繁简适度

注释的目的是为了方便读者阅读，有些注释文字为了说明一个问题，解释一个典故，讲解一下历史背景等，需要一些引证。但这些引证不宜过多过难，如果读者读注释时又出现新的难题，就适得其反了。

第四节 历史文献的翻译

谈到历史文献翻译，人们往往认为是古汉语文言文翻译成为现代白话文，这是一种较为狭隘的认识，从实际历史文献整理与研究来看，历史文献翻译既包括汉文古文译成现代白话文或少数民族语言文字，也包括少数民族历史文献译成汉文或其他少数民族文字。历史文献翻译内容丰富，是一项重要而有意义的工作。

一、古代历史文献翻译的状况

将古代汉文翻译成当时通行的语言起源很早，西汉初年毛亨撰《毛诗诂训传》，将《诗经》中有些内容用汉初的语言表述，可视为较早的古今翻译，此后很多学者在写作时无意间将古文用当时的语言记述，以便当时人阅读。不过真正有意识地翻译古籍，是在白话文兴起以后，民国时期已出现了不少白话文译本，现今很多名著都有白话文译本，如《白话史记》《白话资治通

第七章 历史文献的检索与阅读、标点、注释与翻译

鉴》《白话易经》等，都受到普通民众的喜爱，对于普及古代历史和文化具有重要作用。

将少数民族语言文献翻译成汉文，有悠久的历史。秦朝设置处理周边民族事务的机构为典客，西汉初年改名为大行令，汉武帝时称为大鸿胪，属官有行人、译官、别火，有翻译少数民族语言文字的职责。西汉刘向《说苑》中记载鄂君子皙请人翻译《越人歌》，是较早关于笔译的记录。元代设置的翻译官分口译和笔译两种，口译称通事，笔译称译史。明代永乐年间设四译馆，选国子监生学习翻译，并承担翻译少数民族语言事务。清乾隆时，四译馆与会同馆合并，称为会同四夷馆，掌接待贡使及翻译等事。清代还翻译了一些重要的少数民族历史文献，如乾隆时将蒙古族萨囊彻辰的《蒙古源流》译成汉文，并收录《四库全书》。现如今将少数民族文献翻译成汉文，不仅是民族文化交流的需要，也是历史学进一步发展的要求。现在有很多学者专门从事民族文献的翻译，扩大了少数民族历史文献的利用范围，让更多不懂少数民族语言的学者利用这些文献，推动了民族历史的研究。

在各少数民族历史中，将汉文历史文献译成少数民族文字现象非常普遍。早在吐蕃时期，汉文史书已有不少被译成藏文，如《尚书》《史记》等都很早就被译成了藏文，元代藏族学者蔡巴·贡嘎多吉撰写《红史》时，已能够依据业已译成藏文的《唐书·吐蕃传》来书写藏族史，可见当时藏汉翻译风气之浓厚。辽、金、西夏作为少数民族政权都重视汉文文献的翻译，辽世宗耶律隆绪受汉文化影响很深，亲自将白居易的《讽谏集》译成契丹文，并诏令诸臣读之。萧韩家奴（975—1046），是辽代著名学者，精通汉文、契丹文，为了让辽兴宗了解古今成败之事，以史为鉴，他翻译了《通历》《贞观政要》《五代史》等。金也深受汉文化影响，为了推广汉文化并教授生徒，金翻译了很多汉文书籍，最初都是从契丹文转译成女真文，后来直接从汉文翻译。金弘文院负责译经校史事务，大定二十三年（1183年）弘文院进呈所

译书籍有《周易》《尚书》《论语》《孟子》《老子》《杨子》《文中子》《列子》《新唐书》九种，金世宗下令颁行。西夏曾大量翻译汉文文献，在黑水城西夏文书中，有《孝经》《论语》《孟子》等译本，西夏还非常重视汉文的兵书，现存西夏文译本有《孙子兵法三注》《六韬》《黄石公三略》等。元朝将大量汉文经典著作翻译成蒙古文，如《贞观政要》《孝经》《大学衍义》《尚书》等。清统治者很重视汉满翻译，朝廷专门成立翻刻房，从事汉满翻译。据昭梿《啸亭杂录·续录》载："及定鼎后，设翻刻房于太和门西廊下，拣择旗员中谙习清文者充之，无定员。凡《资治通鉴》《理性精义》《古文渊鉴》诸书，皆翻译清文以行。"① 据说，翻刻房译员有四十多人，清代将汉文典籍翻译成满文的有数百种，经、史、子、集皆有。清代是民族文献互译繁荣时期，汉、藏、满、蒙古等文字互译非常多，反映出古代翻译的发达。

二、历史文献翻译的原则

（一）考察所译文献的价值

翻译一部著作，无论是古今翻译，还是民族文字互译，都是非常吃力的事情，我们在翻译之前一定要考察文献的价值。考察历史文献的价值，可以从下面几个角度审查：一是看是否具有较高的史料价值，一般我们要选择记录有丰富历史信息，对我们研究历史事实非常有帮助的书籍；二是是否具有较高的艺术欣赏价值，如一些诗歌等，如果翻译恰当可以促进民族文化的传播；三是内容健康，有助于提高民众素养，增强爱国情怀。

---

① 昭梿：《啸亭杂录·续录》，卷1，397页，北京，中华书局，1980。

(二) 根据个人能力选择翻译的对象

不同文献翻译的难度不同,在翻译之前,我们必须要根据个人的能力选择翻译的对象,一旦开始翻译就应该坚持下去,不要半途而废,但如果选择对象过难,往往无法顺利完成,甚至出现大量误译现象。此外,如果前人已有翻译,一定要深入研究已译成果,判断是否有再译的必要。

(三) 态度认真,注重质量

翻译一部书有时比撰写一部还难,在翻译过程中有时需要针对一字一词,反复推敲,甚至需要翻阅大量资料才能得出一个较好的译法,这是每一个翻译工作者的切身体会。只有态度认真,大量搜集相关资料,查阅工具书,才能够提高翻译的质量,为读者传递正确的知识信息。近代学者严复提出"信、达、雅"的翻译标准,得到世人认同。其中"信",就是真实,要求翻译要忠于原文,给人们展示原文旨意,尽可能保持原文内容的完整性,不随意增添内容,也不任意删掉内容,尊重原著者的历史态度,不以今天的观念或某一民族文化立场来增删古籍或其他民族学者的著作;"达",就是要求译文要通畅顺达;"雅"是要求译文文雅,富于文采,尤其是对于诗歌的翻译则要求更高。当然,在这三条标准中,信是第一位,达、雅都要建立在信的基础上。

推荐阅读书目

1. 潘树广:《古籍索引概论》,北京,书目文献出版社,1984年。

提要:潘树广(1940—2003),广东省新会人。苏州大学教授,著有《古典文学文献及其检索》《古籍索引概论》《编辑学》等。该书对我国古籍索引的形成与发展作了简要回顾,对其基本结构、类别、功用、使用方法进行了具体介绍,对古籍索引的编纂问题提出了见解,书后附有《古籍索引要目》,分类著录明清以来国内外编辑出版的古籍索引550余种,是一部全面介绍古籍索引知识的著作。

2. 张三夕、毛建军主编:《汉语古籍电子文献知见录》,北京,世界图书出版公司,2015年。

提要:张三夕,1953年出生,华中师范大学教授;毛建军著有《古籍数字化理论与实践》已见前面介绍。当前文献数字化,数据库的建设和利用进入繁荣时期,阅读和利用电子文献成为学术研究非常重要的途径,该书系有关汉文古籍电子文献的目录书,列举了大量电子文献及数据库,并介绍了使用方法等,阅读其中内容可开阔读者视野,提高我们对电子文献的利用能力。

3. 杨树达:《古书句读释例》,北京,中华书局,2003年。

提要:杨树达(1885—1956),湖南长沙人,当代著名语言文字学家,长于金石、甲骨和古文字训诂、音韵及汉语语法、修辞之学。该书系杨树达在清华大学任教时的讲义,最初以《古书之句读》为名印行,后修改为此书,全书共举168条例句,分为甲、乙、丙、丁四部分,分别阐明误读的类型、误读的贻害、误读的原因、特殊的例句。对我们阅读古书,提高标点能力极为有益。

4. 黄永年:《古籍整理概论》,陕西人民出版社,1985年。

提要:黄永年先生生平已见前述。古籍整理就是对古籍进行加工,使之便于今人阅读的一种工作。该书是先生在讲授古籍整理课程时的讲义,全书主要涉及整理古籍底本的选择、影印、标点、校勘、注译、索引、序跋、附录等问题,读之可增加整理古籍的知识,有助于掌握整理古籍的方法。

推荐阅读论文

王文涛:《古籍数字资料应用与史学研究》,载《史学月刊》2009年1期。

提要:王文涛,1956年出生,河南潢川人,河北师范大学教授。古籍数字化确实给我们获取文献带来方便,但同时也存在一些问题,如何从大量的数据中找到有用的资料,供我们研究使用,是利用电子文献的重要问题。该文章结合自身研究经验,详细论述了对所检索的数字资料,如何进一步归类整理,如何从海量信息中获取知识发现,对我们利用电子文献有一定帮助。

下编

第八章 先秦两汉时期历史文献学的发展

　　汉文字的使用已有几千年的历史，在一些出土的原始陶器上刻有一些简单的符号，可能就是古汉字的最早雏形。在古代传说中，仓颉是黄帝时期造字的史官，见鸟兽的足迹受到启发，便分门别类，加以搜集、整理和使用，创造了汉字，被后世尊为"造字圣人"。仓颉一人造汉字是不可能的，很可能是他在汉字形成过程中起过重要作用，汉字的形成和发展应是历经漫长时期，逐渐成熟和完善的。殷商时期，甲骨文是当前见到最早的较为成熟的文献，其内容和形制前面我们已有叙述。西周时期除一些青铜器铭文外，出现了不少书籍，如《诗经》《尚书》等都是在西周时期开始形成，后又经厘定流传至今。不过，早期文献作为文化的象征，都是由官府掌握，只有统治阶层中的人才能阅读书籍，大多数普通民众只能通过口耳相传的方式传递知识，正因为如此，当时的文献包含了图书与贤者两层含义。

　　春秋时期，随着社会大变革，各诸侯国的史官经常携带书籍外逃，官府的状况开始改变，学术走向民间，推动了文献的进一步发展。由于文献在流传过程中，不免会发生散失、错乱现象，又因为时代不同，语言文字也在发生变化，后人读前代文字会出现障碍，故而对前代文献的校勘、诠释、考辨的任务便提上日程，孔子整理图书便是一个较为典型的例子。春秋战国时期还是各种学术思潮纷纷涌现的时代，图书典籍不仅数量剧增，而且种类越来越多，为后来目录学的兴起奠定了基础。

秦统一六国，建立了统一王朝。秦始皇为了统一思想，采取焚书坑儒的措施，使图书典籍遭到极大损毁。同时，禁止人们携带图书，严重影响了图书典籍在社会中的流通，文献发展遇到厄运。西汉建立后，重视图书典籍的收藏、保管和整理，为文献发展重新带来生机。汉初刘邦率军攻入咸阳，部将多抢夺财物，而谋臣萧何尽收秦丞相府图书典籍，得到秦朝收藏的档案文书，得知天下要塞形势、户口多少等，为赢得楚汉战争奠定了基础。汉文帝时广开民间献书之路，民间未被焚毁的图书纷纷出现。这样，随着几代人的努力，在官府提倡下，文献数量迅速增长，官府藏书和私人藏书都有很大的发展，随着图书数量和种类的增多，图书整理也相应地开展起来。刘向、刘歆父子整理皇室藏书，编制了中国历史上第一部综合目录著作《七略》，对后世影响深远。东汉班固撰写《汉书》首次在史书中设《艺文志》，开创了中国历史上的史志目录，并将刘向、刘歆父子创立的六分法进一步发扬光大。两汉时期史书编纂有很大的发展，司马迁撰写《史记》，首创纪传体史书体裁，班固继承之，并加以变革，丰富了史书的体裁。

两汉时期社会学术思潮以经学为主。经历秦始皇焚书后，汉代出现了不同版本的经书，由于经书书写字体不同，来源不一，其中文字、语句有异，形成了今古文经学，这一学术发展，对文献的发展有重大影响。在今文经学影响下，谶纬图书数量剧增，虽然这些图书内容荒诞不经，但是作为一种历史现象，是当时文献学发展的重要特征，在思想史上亦具有重要研究价值。

汉代以前，史书中有关少数民族的记载非常多，但关于少数民族文献的发展情况记载却极少，由于时间久远，目前发现的有关汉代及以前的少数民族文献实物也很罕见。

第一节　孔子及诸子百家与历史文献的发展

一、孔子对文献学发展的贡献

孔子（前551—前479），名丘，字仲尼，鲁国陬邑（今山东省曲阜市）人，儒家学说创始人。生前曾在各诸侯国游说，宣讲其学说，但未能得到各诸侯王的重视，后致力于整理典籍，传授生徒。据说孔子在教育学生时，以"六艺"作为主要内容，易、诗、书、礼、乐、春秋在后世被称为"六经"，这些书籍都与孔子有一定关系。

（一）孔子与《周易》

《周易》是商周时期流传下来的有关卜筮之书，孔子晚年特别喜欢读《周易》，反复阅读，致使竹木简的绳子都断了几次。从现有史料来看，孔子曾将《周易》的一些内容传授给学生。不过，《周易》是上古时期流传下来的典籍，包括里面的经与传，均非孔子所作。

（二）孔子与《诗经》

《诗经》是中国古代最早的一部诗歌集，据《史记》《汉书》等记载，孔子之前《诗经》的内容较现在要多，孔子按照"可施于礼义"的标准，删去重复，定为三百零五篇，这就是孔子删定《诗经》之说。不过，后人对孔子是否删诗之说一直有争论，直到现在尚无定论。古代诗歌一般是配乐歌唱，据说，孔子还为《诗经》正乐，《史记》载："三百五篇，孔子皆弦歌之，以求合《韶》《武》《雅》《颂》之音,礼乐自此可得而述,以备王道,成六艺。"①

(三) 孔子与《尚书》

《尚书》是上古时期档案文件的汇编,以往有不少学者认为孔子曾访求古"书",并对之删定,选取百篇成为定本。但也有持反对意见者,关于孔子是否整理过《尚书》尚有争议。

(四) 孔子与《礼》

礼是社会生活中的礼节仪式,孔子非常推重礼的社会功能,在《论语》中反复提到礼,在推广礼方面曾起过非常重要的作用。今传"三礼",即《仪礼》《礼记》《周礼》,此三书与孔子及其弟子有直接或间接关系,可以肯定的是,孔子对于古代礼有搜集和推广之功。

(五) 孔子与《春秋》

《春秋》是一部编年体史书,一般认为是孔子根据鲁国史书修订而成,其字词的运用,史料的取舍,包含了孔子的立场与爱憎。书中常以一字一词定褒贬,别善恶。如:记载战争,有伐、战、围、侵、救、取、执、溃、败等不同词汇,用来表达不同含义。同时,不同等级身份的人也用不同词汇,如帝王之死称"崩",诸侯王、后妃之死称"薨",士大夫之死称"卒",以此严格区分社会等级秩序。人们通常将《春秋》的书写方法称为"春秋笔法",因《春秋》一书包含着深刻的政治理念和思想主张,人们将其中的思想称为"微言大义",这种编纂方法不仅对后世汉文史书有深远影响,也为

---

① 司马迁:《史记·孔子世家》,卷47,1936—1937 页,北京,中华书局,1959。

其他民族史学家所效仿。①

（六）孔子与《乐》

《乐》在后世没有流传，是已经亡佚，还是根本不存在这样一本书，尚有争议，难以考证。不过，孔子精通音乐，对乐非常重视。据《史记》记载，孔子自称"吾自卫反鲁，然后乐正，《雅》《颂》各得其所"②。乐也是孔子教学的重要内容。

孔子对先秦时期图书典籍的整理，开创了我国整理图书的先河，在文献发展史上具有重要意义。孔子针对当时社会混乱的局面，具有强烈的忧患意识，其政治理想融入这些图书典籍当中。这种整理图书的特点对后世文献的发展产生了深远影响。

二、诸子百家与文献发展

春秋战国时期，形成了诸子百家争鸣的学术特点，诸子各家为宣扬所持观点，纷纷著书立说，推动了汉文文献进一步发展。《汉书·艺文志》提出诸子十家，分别为：儒家、道家、阴阳家、法家、名家、墨家、纵横家、杂家、农家、小说家。下面选取主要流派加以分说。

（一）儒家

儒家代表人物有孔子、孟子、荀子等。孟轲（约前372—前289），后世尊称"孟子"，著有《孟子》一书。孟子推崇孔子，自认为是孔子私淑弟

---

① 参见刘凤强：《敦煌吐蕃历史文书的"春秋笔法"》，载《中国藏学》，2014（1）。
② 司马迁：《史记·孔子世家》，卷47，1936页，北京，中华书局，1959。

子①,得其嫡传,早年周游列国,宣扬其说,不得志,晚年回到故乡,教授生徒。孟子提出在读书时要知人论世,"颂其诗,读其书,不知其人,可乎?"② 知人论世对文献的发展有很大影响。另外,孟子对古书抱有强烈的怀疑和批判态度,说:"尽信《书》则不如无《书》。吾于《武成》,取二三策而已矣。仁人无敌于天下,以至仁伐不仁,而何其血之流杵也?"③ 这句话在辨伪学史上有很大的影响。孟子继承了孔子文献整理的思想,将文献的编纂和整理当作捍卫儒家学说的一种方法,其文献思想与孔子非常相似。

(二) 道家

道家代表人物有老子、庄子。老子曾担任周守藏室之史,主管藏书,著有《老子》一书。《老子》以"道"解释宇宙万物的演变,以为"道生一,一生二,二生三,三生万物";"道"为客观自然规律,同时又具有"独立不改,周行而不殆"的永恒意义。《老子》一书包括了丰富的朴素辩证法观点,认为一切事物均具有正反两面,"反者道之动",并能由对立而转化,"正复为奇,善复为妖","祸兮福之所倚,福兮祸之所伏",主张遵循自然规律,以无为而无所不为,其学说对中国哲学发展具有深刻影响。

庄子(约前369—前286),名周,著有《庄子》一书,主张天人合一和清静无为。该书不仅是一部哲学著作,在文学史上也有很高的地位。

(三) 阴阳家

阴阳家代表人物邹衍(约前324—前250),著有《邹子》一书,主要提倡阴阳学说、五德终始说以及大小九州说,提出人类社会的历史变化同自然

---

① 私淑弟子:指某人对前辈学者非常推崇,虽未曾当面接受教育,但通过读其书,接受其学术观点,私下认为是其弟子。
② 孟子著,万丽华、蓝旭译注:《孟子》,174 页,北京,中华书局,2010。
③ 孟子著,万丽华、蓝旭译注:《孟子》,236 页,北京,中华书局,2010。

界一样，受金、木、水、火、土五种物质元素支配，新王朝的出现也是五行相生相克的结果。这一理论后来被儒家学者董仲舒所吸收，成为君权神授的理论依据。

（四）法家

法家代表人物有李悝、慎到、申不害、韩非、商鞅等，其中李悝、慎到、申不害等人著作多已佚失，流传于世的只是个别篇章的辑佚本。

韩非著《韩非子》，是法家重要著作，韩非口吃，不擅言谈，但善于著书。今天所传《韩非子》有后人增窜部分，并非韩非本人的作品。《韩非子》一书总结战国时期法家思想和实践，提出中央集权的理论，主张改革变法，认为通过严刑酷法，社会才会安定，这些主张成为秦朝的治国思想。

（五）墨家

墨家代表人物是墨子。《墨子》一书，非一人之作，也非一时之作，是墨子及其弟子和再传弟子对墨子言行的记录。该书主要分为两部分：一是记载墨子言行，阐述墨子思想，包含兼爱、非攻、尚同、尚贤、节用、节葬等内容，主要反映了前期墨家的思想；另一部分一般称作墨辩或墨经，着重阐述墨家的认识论和逻辑思想，还包含许多自然科学的内容，反映了后期墨家的思想。

（六）杂家

杂家代表性著作有《吕氏春秋》《淮南子》等。《吕氏春秋》又名《吕览》，是战国末年秦国丞相吕不韦组织属下门客集体编纂的杂家著作。该书共分为十二纪、八览、六论，共二十六卷、一百六十篇、二十余万字，书中尊崇道家，肯定老子的思想，同时以道为主，融合儒、墨、法、兵众家长处，形成了包括政治、经济、哲学、道德、军事等方面的理论体系。《淮南子》又称《淮南鸿烈》，是淮南王刘安及其门客编著的杂家著作，该书以道家思想为主，糅合儒、法、阴阳五行等多家思想。

第二节　两汉时期文献的整理及发展

一、图书整理

秦始皇统一六国后，为了统一思想，采取"焚书"的政策，致使图书典籍遭到巨大损失。汉朝统治者非常重视图书典籍的搜集和整理，广开献书之路，在丰富皇室藏书基础上，不断进行图书整理。西汉初年，张良、韩信等人对兵书类进行过全面整理，这可能是较早对古代兵书进行的一次系统梳理，但具体如何整理，史书缺乏记载。汉成帝时刘向主持整理图书，编成《别录》，刘向卒后，其子刘歆继承父业，编成中国古代第一部综合性目录著作——《七略》。刘向刘歆父子此次整理图书主要做的工作有五个方面：一是搜集异本，互校互补，删除重复。由于西汉时书籍全靠抄写，又历经离乱，因此同一种书，存在很多版本，不同版本有很大差异，导致人们读同一种书，内容却不完全相同，刘向父子等人删除重复，保留异文，形成定本，有利于书籍的流传。二是校勘脱简，订正讹文。这是较早大规模校勘书籍的记录，在中国校勘史上具有重要地位。刘向校书，主要采取两种方法：一种是"一人读书，校其上下，得谬误为校"；另一种是"一人持本，一人读书，若怨家相对，故曰雠也"。通过不同方法的校勘，订正了书中一些讹误。三是定篇章和书名，西汉以前，书籍一般没有固定的篇名和书名，经常有一书数名的现象，不利于书籍的流传，刘向等人定篇章、书名，改变了书籍篇章、书名混乱，或无篇章、书名的状况。四是撰写叙录，就是每本书整理完毕后，撰写一篇有关该书情况的提要。五是分类，《七略》共分为六大类，三十八小类，形成了六分法，对后世影响深远。

二、今古文经学与谶纬图书

（一）今古文经学

在两汉时期文献发展过程中，还出现了今古文经学之分和谶纬书的现象。西汉初年，民间隐藏的一些书籍纷纷出现，这些书籍都是用战国时期文字写成。如从孔子旧宅壁中发现的用战国时期文字书写的书籍有《尚书》《礼记》《春秋》《论语》等，这些书籍都是秦朝以前用篆书书写的书籍，被称为"古文"。同时，汉代有不少学者用当时使用的隶书写于竹帛，这些书籍称为"今文"，前面我们介绍的今古文《尚书》就是这种情况。由于人们在研读经书过程中，对今古文经书态度不同，解释方法有差异，逐渐形成了经学今古文两个派别。今古文经学主要差别在于：一是研读的经书写本不同，由于经书来源不同，今古文经在字词语句上有些差别，篇章也有差异。二是说解不同，古文经学家侧重于训诂名物，重视事实典制方面的传注，今文经学家注重阐发经中的微言大义，并掺杂谶纬之言。三是宗旨不同，古文经学家追求经书的理解，从文字音韵之学入手，以事实解释历史；今文经学家以"经世致用"为目的，强调经书与社会现实的联系。

由于今文经学与社会现实政治联系紧密，受到统治者重视，在西汉一代非常兴盛，处于学术垄断地位，得到了朝廷的支持。西汉末年著名学者刘歆主张将古文经学立于学官，他的建议得到汉哀帝支持，却遭到当政的今文经学家们激烈反对，古文经学家在此次斗争中失败。东汉时期，今古文经学仍不断争论，虽然今文经学始终立于学官，势力较大，但是古文经学发展很快，出现了很多著名的经学家。在今古文经学争论的同时还出现了一些能够兼容古今的学者,如郑玄等人。

郑玄(127—200),字康成,北海高密(今山东省高密市)人,东汉末年儒家学者、经学大师,精通小学,长于训诂、校勘。他以古文经为主,同时又采纳今文经学,遍注儒家经典,以毕生精力整理古代文化遗产,使经学进入了一个"小统一时代",著有《天文七政论》《中侯》等书,是汉代经学的集大成者。今古文经学在学术史上各有不同的贡献,今文经学多在思想上发挥,留下了丰富的思想史资料;古文经学注重文字训诂、典章制度的考证,有功于文献学的发展。

(二) 谶纬图书

谶纬兴起于西汉,东汉非常盛行,隋唐时衰落。谶是指宣扬天命迷信的预言和秘籍;纬是以谶说经,借经文来附会人事,预言王朝兴衰。谶早在秦朝已开始流行,据史书记载,燕人卢生奏录图书曰:"亡秦胡也。"秦始皇不解其意,以为是北方匈奴将会灭秦,于是命将军蒙恬发兵北击胡人。在通过篡位的方式改朝换代时,权臣往往先使人假造符命,以证天意,利用谶言以谋帝王之位。谶纬与今文经学有密切关系,二者都宣扬天人感应理论,西汉时期谶纬学者多属今文学家,不同的是,谶纬学讲解经书比今文经学更加荒诞。古文经学家一般都反对谶纬,东汉光武帝刘秀非常喜欢谶纬,当时有一学者名桓谭,研习古文经,在光武帝面前极言谶纬之荒谬,光武帝大怒,称桓谭非圣无法,欲将其处死,后桓谭叩头流血,才躲过此难。由于朝廷提倡,谶纬书籍在两汉、魏、晋、时期兴盛一时,不仅内容荒诞不经,有不少书籍假托古人之名,实是伪书。谶纬图书内容虚妄,学术价值不高,常为统治者改朝换代所用,但在位的统治者也很担心他人利用谶纬谋篡自己的王位。南朝刘宋开始禁毁谶纬图书,梁武帝同样诏令禁谶纬,隋炀帝时,在全国范围内广泛搜集谶纬图书，凡与谶纬相关涉者皆焚毁，自此谶纬之学消沉，谶纬图书也大都散佚。

三、司马迁与《史记》

司马迁（约前 145 或 135—不可考），字子长，夏阳（今陕西省韩城南）人。其父司马谈曾任太史令，掌文史、星象历算等，司马迁在青年时期曾游历很多地方，获得了大量一手资料，后继其父职，又博览皇室藏书，为撰写第一部通史巨著奠定了基础。天汉二年（前 99），司马迁为投降匈奴的李陵求情，激怒了汉武帝，受到宫刑，但他仍然以顽强的毅力完成了《史记》。司马迁在撰写《史记》过程中，广泛搜集史料，并对前代史书详加考辨，不仅在史学史上具有重要地位，对历史文献学的发展也有巨大贡献。

首先，《史记》创立了纪传体史书的体裁，被后世效法。《史记》共包括本纪 12 篇、表 10 篇、书 8 篇、世家 30 篇、列传 70 篇。本纪记帝王，起到历史总纲的作用，并从中见盛观衰；表有世表、年表、月表，将头绪纷繁的历史事件明载其发生之年月；书的内容非常丰富，涉及礼乐制度、历法、天文、地理、重大祭祀、经济财政等社会生活以及人与自然的关系等，并从中明"改易"之迹，及"承敝通变"之状；世家记述分封的辅助大臣，重在记述地方和朝廷的关系及变化；列传记载重要历史人物的生平事迹。这五个部分相互配合，共同谱写了复杂多彩的历史画面。

其次，《史记》保存了丰富的古代文献，书中取材广泛，涉及司马迁生活时代所有的经传、诸子等，所利用图书很多都已亡佚，我们只能通过《史记》得以了解汉代以前的历史。

再次，《史记》在古文献考辨方面成就很高。司马迁根据所见所闻，在书中驳斥了一些伪说，并力求真实，排斥虚妄。如《大宛列传》赞中说：

"故言九州山川，《尚书》近之，至《禹本纪》《山海经》所有怪物，余不敢言之也。"① 对于明显荒诞的材料，司马迁基本上不予采纳。

最后，司马迁在撰写《史记》时，对一些古文献做了大量的译释工作，由于先秦时期书籍艰涩难懂，在采用前代史料时，司马迁将原文中难以理解的字词多译成当时通俗的词语，有些则只是记载前代文献的大意，近乎意译，为古文献注释翻译留下了宝贵的经验。

四、王充的辨伪学成就

东汉时期王充的辨伪思想在文献学史上具有重要地位。王充（27—约97），字仲任，会稽上虞（今浙江省上虞县）人，年轻时家贫无书，常四处游学，在洛阳书肆读书，一见多能诵记，遂通百家之学。后归故里，以教授生徒为业。王充生活时代正是谶纬学较为兴盛时期，他看到在社会中流传的很多书籍多荒诞不经，内容失实，决心撰写一部内容真实又可批驳妄言的书籍。王充所著之书，不调文饰辞，对世俗之书订其真伪，辨其虚实，故名《论衡》。书中以考辨伪事、伪说为主，兼考辨伪书。主要成就有以下几个方面。

（一）揭露驳斥谶纬及今文经学所宣扬的"天人感应"说

对于两汉时期流行的"天人感应"学说，他批驳说："夫国之有灾异也，犹家人之有变怪也，有灾异谓天谴告人君，有变怪，天复谴告家人乎？"② 对于社会中经常出现的祥瑞，王充也持批判态度，认为所谓帝王圣明，天降祥瑞，完全是一种偶然巧合，绝不存在有意志的天对人的报应。王充认为，天是自然的，无意志的，一切事物的变化都是自发的、客观的。

---

① 司马迁：《史记·大宛列传》，卷123，3179页，北京，中华书局，1959。
② 王充：《论衡·谴告篇》，133页，哈尔滨，黑龙江人民出版社，2004。

（二）具有强烈的批判和怀疑精神，不迷信圣人及经书、经说

今文经学家以及谶纬学者将孔子等神化，认为圣人能够先知先觉，并能预言后世，王充坚决反对这些说法，并认为圣贤之言也同样有失误。如《正说篇》说"经之传不可从，五经皆多失实之说"①，批判的言论直指儒家经典。

（三）以实事求是的态度考辨群书

王充对儒家经典《尚书》《周易》《春秋》《论语》《仪礼》《周礼》等书皆有论辩，从书籍的作者、成书、流传等论证书籍本身的真伪。对于有些不实之说，王充根据经验以辨虚妄，如自孟子以后，儒家学者接受了"武王伐纣，兵不血刃"的说法，王充认为"言其易，可也，言'不血刃'，增之也"②，同时又认为"《武成》言'血流漂杵'亦太过焉""兵顿血流，辄燥入土，安得杵浮"。③ 排除了溢美和夸张的不实说法。《论衡》一书中，还根据可靠文献、可靠之说以辨虚妄，《书虚篇》说："传书或言颜渊与孔子俱上鲁太山，孔子东南望吴昌门外有系白马，引颜渊指以示之曰：'若见吴昌门乎？'颜渊曰：'见之。'孔子曰：'门外何有？'曰：'有如系练之状。'孔子抚其目而正之，因与俱下。下而颜渊发白齿落，遂以病死。盖以精神不能若孔子，强力自极，精华竭尽，故早夭死。世俗闻之，皆以为然。如实论之，殆虚言也。案《论语》之文，不见此事；考六经之传，亦无此语。夫颜渊能见千里之外，与圣人同，孔子、诸子何讳不言？盖人目之所见，不过十里，过此不见，非所明察，远也。"④ 王充认为不但颜渊不能见千里之

---

① 王充：《论衡·正说篇》，251页，哈尔滨，黑龙江人民出版社，2004。
② 王充：《论衡·语增篇》，69页，哈尔滨，黑龙江人民出版社，2004。
③ 王充：《论衡·艺增篇》，79页，哈尔滨，黑龙江人民出版社，2004。
④ 王充：《论衡·艺增篇》，33—34页，哈尔滨，黑龙江人民出版社，2004。

外，孔子也不能见，纠正了谶纬图书的荒谬。除文献考辨外，《论衡》中还保存了丰富的材料，成为辑佚的重要史料来源。不过，王充在考辨古书时对涉及神话传说和文学夸张的内容也生硬地以事实理解加以考辨，有时反而弄巧成拙。

第三节　少数民族文献的初步发展

　　自汉文出现后，便有关于少数民族的记载，两汉及以前史书虽有不少记载少数民族之处，却未见记载这些民族文字典籍情况。如匈奴是约公元前3世纪时兴起的一个游牧部族，秦汉时建立了强大的游牧军事政权，与汉朝关系非常密切。从匈奴单于给西汉的文书来看，匈奴应有自己的文字，而且匈奴长期与汉族交往，不断和亲往来，社会经济文化交流频繁，当时汉族文献已非常发达，在密切的往来中，文献传播到匈奴是完全可能的，匈奴因政治军事等需要，创造本民族文字及文献是应有之事，但由于缺乏史料及实物依据，我们对于匈奴有无文献尚不能做出确切的结论。在汉代有些民族还处在结绳记事时代，如乌桓也是北方一个较为古老的民族，据《后汉书》记载："大人有所召呼，则刻木为信，虽无文字，而部众不敢违犯。"① 可以看出，当时乌桓还没有成熟的文字，处在文献的萌芽期。有些学者认为彝文创制于西汉时期，但学术界目前对此观点尚有争议。

　　在我国新疆地区发现的佉卢文是较早出现的民族古文字，佉卢文最早在印度西北部和今巴基斯坦一带使用，后来流行于中亚地区，成为丝绸之路上重要通商语和佛教语，古代于阗、鄯善等曾广泛使用这种文字，并创制了不

---

① 范晔：《后汉书》，卷90，2979页，北京，中华书局，1965。

少文献。佉卢文是"佉卢虱底文"简称,出自古代佛经译本,意为"驴唇",相传是古印度一位名"驴唇"的仙人创造的,当然这只是一种传说。经学者考证,佉卢文最原始的意义其实是"像驴唇形状的文字"。最早在新疆发现佉卢文文献的是英国人福塞斯,1874 年福塞斯率使团前往新疆叶尔羌,企图与入侵南疆的阿古柏联系。在一处废墟中,他发现了两枚汉佉二体钱币,该钱币正面刻铸汉字,背面是佉卢字,福塞斯将这两枚钱币带回英国,这是首次发现佉卢文的实物。1890 年,法国考察团到达古于阗地区,在当地村民手中收购到由佉卢文写成的 3 张《法句经》残叶。1895 年,俄罗斯人彼得罗夫斯基也在古于阗地区收集到《法句经》一张残叶,书写在桦树皮上。《法句经》是佛教小乘佛教的一部经典,是佛教徒初学入门读物。在新疆地区发现的《法句经》,可以证明约在公元 2 世纪时已有佛典被译成佉卢文,是留传至今非常珍贵的文献。1901 年,英国人斯坦因到达古鄯善国境内的尼雅遗址,发现了大批佉卢文文书,包括国王敕谕、官府文书、契约、公私往来书信和佛教文学作品等,此后斯坦因又在楼兰等地获取了一些佉卢文文书。目前现存的佉卢文文书大约有 1000 多件,书写载体有树皮、羊皮、驴皮、木板、纸张、绢等。佉卢文文书的史料价值虽高,但破译是一个难题,因为这种文字后来已经失传,没有演变为其他文字,属于"死文字"。至于佉卢文什么时候传入我国的,已不可考证,从发现的实物来看,至少在公元 2 世纪时已传入古于阗地区,在公元 3 世纪中传入古鄯善地区。由于历史的原因,1949 年以前发现的佉卢文文献绝大多数流散至海外,主要收藏在伦敦、巴黎、柏林、斯德哥尔摩、圣彼德堡、新德里等地。中华人民共和国成立后发现的佉卢文文献主要收藏在新疆博物馆,在和田、兰州、北京等地也有少量收藏。

推荐阅读书目

孙钦善:《中国古文献学史简编》,北京,北京大学出版社,2008 年。

提要：孙钦善生平前文已述，该书以时间为线索，对先秦至近代古文献学发展作了详细梳理，内容丰富，史论兼备，论及重要专题三十余个，有代表性的古文献学家上百人，资料翔实，立论公允，是一部较有深度的古文献学教材。教育部研究生工作公办室曾推荐为研究生教学用书。

第九章　魏、晋、南北朝、隋唐时期历史文献学的发展

东汉灭亡以后，社会动荡不安，出现了魏、蜀、吴三国鼎立的局面，西晋时全国一度出现过统一，但很快又陷入混乱。东晋时，北方出现大小十六个地方政权，史称"十六国"，南方东晋政权之后又出现宋、齐、梁、陈的更替，动乱不已的社会局面给文献的发展带来不利的影响，国家藏书时聚时散，丧失颇多。不过，这一时期史书有了进一步发展，一些地方政权也不同程度上组织了一些文献整理活动，推动了文献学的进步。

东汉时期受谶纬学的影响，儒学变得神秘莫测，越来越受到质疑，一些学者开始用老庄思想改造儒学。另外，由于魏晋时期门阀制度森严，一些士人无法进入仕途，便宣扬老庄思想，作为无法实现政治理想的自我安慰，于是玄学在社会中开始流行。魏、晋、南北朝时期，玄学兴起对历史文献学的发展有很大影响。这一时期对《老子》《庄子》注释的书大量出现，在当时文献发展中占据重要地位。

魏、晋、南北朝时期文献的发展突出表现在，纸质文献逐渐取代了金石竹帛，成为文献的主要载体。由于纸质文献在生产、流通等方面较之金石竹木等更为方便，因此，极大地推动了文献数量的增长，文献学迎来了快速发展时期。

隋朝结束了自东汉以后长期的社会分裂局面，所开创的政治、经济、文化等制度对后世产生了深远影响。唐朝继承并进一步完善了隋朝各项制度，并吸取隋亡的教训，在政治、经济、文化等方面出现了繁荣的局面。其中开始使用雕版印刷术，使文献发展又发生一次大的变革，国家及私人藏书较之以前更加丰富。隋唐时期南北统一，使原来南北分立的经学，开始出现统一的趋势，对历史文献的发展也有很大影响。唐代注重史学的功用，组织人员编纂史书，开设史馆，官方修史取得了重大成就，推动了史书编纂的繁荣和发展，在历代所修正史二十四部中，有八部都是唐朝纂修。这八部分别为：《隋书》《晋书》《梁书》《陈书》《齐书》《周书》《南史》《北史》。同时，唐朝出现了总结前代史书编纂的理论性著作——《史通》，出现了第一部政书体史著——《通典》，标志着唐朝史学迈上了一个新台阶。从目录分类上看，这一时期四分法逐渐取代了六分法，唐代纂修的《隋书·经籍志》以经、史、子、集为名用四分法对图书进行分类，标志着中国传统目录学的成熟，此后目录著作基本都是沿用经、史、子、集的划分方法。

魏晋南北朝隋唐时期是少数民族文献快速发展时期，很多民族都出现了较为成熟的文字，并留下大量的文献，推动了中国历史文献学的发展。

第一节 史书注的创作

史书在魏、晋、南北朝时期数量大增，其中史注的发展尤为明显。传注作为一种重要史书体裁，很早就已经出现，如注解《春秋》的《左传》《公羊传》《穀梁传》等。东汉郑玄遍注群经，带动了传注学术风气的兴盛。这一时期注解《史记》较为出色的就有三部，分别是南朝宋裴骃的《史记集解》、唐朝司马贞的《史记索隐》、唐朝张守节的《史记正义》。这三部著作从文字考释、注音释义、解释典故、注解补充史事等方面作了全面的注释，是我们研究和阅读《史记》的重要参考书目。由于这三部著作在史学领域取得了突出成就，被后世称为《史记》三家注。

一、郦道元与《水经注》

郦道元的《水经注》是南北朝时期一部杰出的文献传注。郦道元（约470—527），字善长，生活在南北朝北魏时期，出生于范阳郡（今河北省涿州市境内）一个官宦世家。他喜爱游览各地，每到一地都参观名胜古迹，勘察水流地势，了解沿岸地理、地貌、土壤、气候，以及人民的生产生活、地域的变迁等。

《水经》是专门记述水系河流的专著，成书年代与作者尚无定论，原书有一万余字，记大小河流137条。郦道元在阅读《水经》时，发现有很多河流没有记载，又由于时代更替，有些河流改道，名称也早已发生了变化，于是他根据自己亲身经历，并广泛阅读史书，对《水经》作注。故郦道元《水经注》一书详细记载了1252条河流，共计约30万字，对原书错讹之处加以驳斥和纠正。并非常鲜明地体现了郦道元强调的实地观察精神，材料亲眼所见，价值非常珍贵。同时，注中除记载水道变迁沿革外，还记叙了两岸的山陵城邑、风土人情、珍物异事，有不少石刻文献也被保存在书中，成为金石学的先导。因此，《水经注》不仅具有地理学价值，还具有很高的史料价值。

二、裴松之与《三国志注》

这一时期众多的史注中，以裴松之注《三国志》最具有代表性。裴松之（372—451），字世期，河东闻喜（今山西省闻喜）人，他看到陈寿的《三国志》过于简略,对于历史记载有不少脱漏、错误之处,于是广泛搜集资料,撰成《三国志注》,主要从补阙、存异、惩妄、论辩四个方面进行作注。

(一) 补阙

补阙即对《三国志》漏掉的史料作大量补充。由于种种原因,陈寿在编纂《三国志》时,叙事非常简略,有不少历史事实在书中都是一笔带过,对具体历史过程记载不详,裴松之大量搜集文书档案,对《三国志》遗漏的史料散入相应的正文之后,弥补了《三国志》行文简洁的疏漏。因此,我们今天研究三国的历史,《三国志》《三国志注》成为首要参考书目。

(二) 存异

存异即列出不同的说法。对于前代留下来与《三国志》相异的史料,裴松之在注中有时会列出异文,对其他材料不加剪裁,排列于后,成为我们研究三国历史的重要史料来源。如关于曹操刺杀董卓失败后,逃亡中杀害了故友吕伯奢一家的历史,裴松之列出以下三条材料。其一,《魏书》曰:太祖以卓终必覆败,遂不就拜,逃归乡里。从数骑过故人成皋吕伯奢。伯奢不在,其子与宾客共劫太祖,取马及物,太祖手刃击杀数人。其二,《世语》曰:太祖过伯奢。伯奢出行,五子皆在,备宾主礼。太祖自以背卓命,疑其图己,手剑夜杀八人而去。其三,孙盛《杂记》曰:太祖闻其食器声,以为图己,遂夜杀之。既而凄怆曰:"宁我负人,毋人负我。"遂行。所列三则史料对曹操杀人动机的记述差别很大,这就为我们了解这段历史提供了更为丰富的资料。

(三) 惩妄

惩妄就是裴松之引用其他材料时,对《三国志》失误之处加以纠正,书中常以"臣松之案"的形式出现。

（四）论辩

论辩即对历史评论提出不同意见。《三国志注》具有很高的史料价值，据统计，书中引用的前代材料涉及经、史、子、集二百多种文献，而且这些文献有些是陈寿在编纂《三国志》时未曾见到，或是陈寿有意删节，所增补文字几乎与《三国志》正文相当，这正是裴注的价值所在。

三、颜师古与《汉书注》

唐朝时期颜师古的《汉书注》也是一部非常有影响的史注。颜师古（581—645），名籀（zhòu），字师古，雍州万年（今陕西省西安）人，祖籍琅邪临沂（今山东省临沂），是唐朝初年经学家、训诂学家、历史学家。其祖父颜之推是南北朝时期著名学者、校勘学家，所著《颜氏家训》是一部有名的家训著作。其叔父颜游秦，精通《汉书》，著有《汉书决疑》十二卷。颜师古秉承家学，博学多识，认为前人所注《汉书》错乱舛误之处甚多，于是重新为《汉书》作注。由于《汉书》多用古音、古字，到唐代已有古今之隔，因此颜师古注《汉书》注重注音、解词、辨古今字，这是颜师古注《汉书》取得的重要成就。此外，颜师古注对历史事实作了大量的注释和补充，具有很高的史料价值。至今，颜师古的《汉书注》仍是研究《汉书》的必读之作。

第二节 刘知几、杜佑的历史文献学贡献

一、刘知几与《史通》

刘知几（661—721），字子玄，彭城（今江苏省徐州市）人。刘知几自

幼喜读史，曾在史馆参加修撰《唐书》《则天实录》，由于史馆中监修史书的大臣很多都是朝中权臣，没有修史才能，却在史馆中发号施令。刘知几深感在史馆中修史宏愿无法实现，于是退出史馆，开始对前代史书编修的得失认真总结，厘定群书，撰成《史通》一书，阐述史书的源流、体例、编撰方法、史家修养以及前代史书得失等。从文献学角度来看，《史通》也取得了很高的成就，主要表现在以下几个方面。

（一）经史并重，扩大了史学研究范围

由于儒学在社会中占据独尊地位，人们对儒家经典极为崇拜。刘知几则将经书视作史书，认为经书和史书并没有根本区别，经书实际上就是古代的史书，虽然并没有提出"六经皆史"，但是已有此观念。如《史通》第一篇《六家》，论述正史类各家流派，其中前三家为《尚书》《春秋》《左传》，前人均将之列为经书，刘知几却将之当作史书来看待，认为这三部书分别代表了记言、记事、纪年三个流派。其他如《易》《诗》《礼》等刘知几也都归于史籍。

（二）对史书体裁作了总结归纳，并分类予以评论

《史通》在体裁上将前代史书归纳为"六家""二体"。"六家"分别为《尚书》家、《春秋》家、《左传》家、《国语》家、《史记》家、《汉书》家。《尚书》家指记言体，《春秋》家指记事体，《左传》家指编年体，《国语》家指国别体，《史记》家指通代纪传体，《汉书》家指断代纪传体。"二体"指编年体和纪传体。

刘知几还指出了编年体和纪传体各自的优缺点。他认为编年体"系日月而为次，列时岁以相续，中国外夷，同年共世，莫不备载其事，形于目前。理尽一言，语无重出，此其所以为长也"，不足在于"贤士贞女，高才俊德，

事当冲要者,必盱衡而备言;迹在沉冥者,不枉道而详说"。在刘知几看来,编年体优点在于叙事清晰,缺点在于局限于政治,对于一些人物事迹、朝章国政不够详细完整。纪传体"纪以包举大端,传以委曲细事,表以谱列年爵,志以总括遗漏,逮于天文、地理、国典、朝章、显隐必该,洪纤靡失。此其所以为长也。若乃同为一事,分在数篇,断续相离,前后屡出,于《高纪》则云语在《项传》,于《项传》则云事具《高纪》。又编次同类,不求年月,后生而擢居首袠,先辈而抑归末章"。他认为纪传体优点是能够全面反映社会各个方面,但一事分在数篇,又同一事件不断重复,排列次序不当,是纪传体的缺陷。刘知几认为纪传、编年二种体裁"角力争先,欲废其一,固亦难矣。后来作者,不出二途"①,评论较为客观公正。此外,《史通》还对其他类别的史书,如逸事、琐言、郡书、家史、别传、杂记、地理书、都邑等,作了简要介绍和评论,这是中国历史上第一次全面系统地总结史书体裁、评论其得失的史评著作。刘知几在《补注》篇中对史注类文献也作了分类,归纳为训诂解释和广异补阙两种体裁,这种分类沿用至今,但他厚训诂而薄补遗的史学评价有失公允。

(三) 重视考证辨伪

刘知几认为实录直书是修史的重要原则,故而重视对史料的考证辨伪,对前代史书故意歪曲历史的现象予以严厉批判。他指出古代修史者多有阿谀之徒,造成书中多伪事、伪辞。如《史通·曲笔》中说:"盖史之为用也,记功司过,彰善瘅恶,得失一朝,荣辱千载,苟违斯法,岂曰能官。但古来唯闻以直笔见诛,不闻以曲词获罪。"② 因此,在历史上曲笔现象非常严重,人们读史书需多加考证。不仅官修书如此,一般地方志、族谱等"务欲矜其

---

① 刘知几:《史通》,21—22页,上海,上海古籍出版社,2008。
② 刘知几:《史通》,144页,上海,上海古籍出版社,2008。

州里，夸其氏族。读之者安可不练其得失，明其真伪者乎？"① 此外，刘知几还列举了其他几种史书不实的情况，提醒人们欲澄清历史，对历史上各种说法要谨慎择取。

刘知几在《史通·疑古》《史通·惑经》篇中，对儒家经典内容大胆提出疑问，认为孔子编《春秋》多有褒讳，又或凭传闻，或沿讹谬，或存缺略，致使书中存在很多问题，很多历史缺载或误传，而后人过于推崇孔子，便认为《春秋》善无不备，实际并非如此。刘知几大胆地疑古、惑经的勇气在当时是非常难得的。

二、杜佑与《通典》

杜佑（735—812），字君卿，京兆万年（今陕西省长安县）人，出身于官宦世家，青年时因门荫入仕，晚年位居宰相之职。杜佑虽位居要职，但闲暇时间手不释卷，学识渊博，为了更好地从历史中吸取经验教训，"将施有政"，他利用三十余年的时间编成《通典》一书。

《通典》是历史上第一部专门论述典章制度的史书，所述内容上自黄帝，下迄唐玄宗天宝末年，对历代典章制度详加记述，在体例上共分为九大类，即食货、选举、职官、礼、乐、兵、刑、州郡和边防，每一类下又分设子目，条理清晰，具有很高的史学价值。从历史文献学角度来看，《通典》的贡献主要表现在以下几个方面。

（一）创立了政书体史书体裁

史书中记载典章制度早在西汉时期司马迁的《史记》已经出现，《史记》

---

① 刘知几：《史通》，85 页，上海，上海古籍出版社，2008。

的"书"部分便是这一方面的内容。此后班固《汉书》的志,也是记载典章制度为主,但至唐代还没有一部专门记载典章制度的史书。杜佑的《通典》无疑是史书体裁发展的一种创造,后来《文献通考》《通志·二十略》等都是模仿《通典》之作,形成了中国历史上一系列政书体史书。

(二) 注重经世致用

《通典》所列门类,都事关国计民生,其经世致用的史书编纂目的非常明显。杜佑对《通典》内容的排列次序解释说:"夫理道之先,在乎行教化,教化之本,在乎足衣食……夫行教化在乎设职官……故职官设,然后兴礼乐焉;教化隳,然后用刑罚焉;列州郡,俾分领焉;置边防,遏戎狄焉。是以食货为之首,选举次之,职官又次之,礼又次之,乐又次之,刑又次之,州郡又次之,边防末之。"①《通典》门类次序,特别是将食货置于首位,体现了杜佑经世致用的编写目的。

(三) 保存了大量珍贵的史料

《通典》在体裁上采取了以类相从、以门统目的编纂方法,与会要和类书在体例上有相似之处,有利于保存原始资料。《通典》在编纂过程中,广泛参阅魏、晋、南北朝时期有关政论的文集、奏章,保存了大量史料,其中一些史书后来已经亡佚,为史家辑佚工作提供了有益的参考资料,也有一些史料可用于校勘他书。

---

① 杜佑:《通典·自序》,载于卷首,北京,中华书局,1988。

第三节 佛经翻译的兴盛与少数民族文献的发展

一、佛经翻译

佛教自东汉传入中国后,影响渐广,西方僧人东来传教,中国内地僧人西去求法,在魏、晋、南北朝、隋、唐时期络绎不绝,佛经翻译随着译经规模的扩大,成为中国古代文献学的重要方面。这一时期出现多位著名的译经高僧。

(一)鸠摩罗什(344—413)

鸠摩罗什是西域龟兹(今新疆维吾尔自治区库车县)人,7岁时随母亲出家,长大后精通大小乘佛法,成为一代宗师,声名远播。前秦君主苻坚征服龟兹,闻鸠摩罗什之名,欲将其接到长安,但因前秦亡国,鸠摩罗什只好在后凉滞留长达17年之久。之后,后秦君主姚兴把鸠摩罗什接到长安,让他安心从事译经工作,最后圆寂于长安,终年69岁。鸠摩罗什在长安组织了中国历史上第一个官办性质的译经场,与其弟子共译出佛典74部584卷。

(二)真谛(499—569)

真谛是印度优禅尼国人,精通大乘佛教。真谛在南北朝梁武帝时携带大量梵文经典乘船来到梁都建康(今江苏省南京市),正准备开始译经之时,发生"侯景之乱",于是辗转来到富春,才开始译经。之后,真谛又多次辗转各地,在兵荒马乱的年代里,始终坚持译经。真谛及其弟子共译出佛典49部142卷,著名的有《无上依经》《十七地论》《摄大乘论》《俱舍释论》等。

第九章 魏、晋、南北朝、隋唐时期历史文献学的发展

（三）玄奘（602—664）

玄奘是河南洛州缑氏（今河南省洛阳偃师）人。玄奘12岁出家，遍读佛典，因觉得当时佛典多有出入之处，令人迷惑，于是决定去印度取经。玄奘在贞观三年（629），一人从长安出发，历经艰辛到达印度佛教中心那烂陀寺。玄奘拜住持戒贤为师，后升至该寺副主讲，在印度遍访名师，游历各佛教圣地。玄奘在贞观十九年（645）回到长安，共带回佛舍利150粒、佛像7尊、经论657部。回到长安后，受到唐太宗的隆重接待，其后，玄奘在唐太宗的支持下在长安大慈恩寺设译经场，携弟子专心翻译所带回的佛典。玄奘及其弟子共译出佛典75部1355卷。玄奘的译典著作有《大般若经》《心经》《解深密经》《瑜伽师地论》《成唯实论》等。玄奘还根据自己的经历，写成《大唐西域记》，记录所经历地区的地理、民俗等，成为我们研究唐代西域地理等方面的重要参考资料。玄奘追求佛学百折不挠的精神受到后世的赞扬和尊重，明代吴承恩以玄奘前去印度求经为历史背景写成著名小说《西游记》，已经家喻户晓。

（四）不空（705—774）

不空是狮子国（今斯里兰卡）人，唐朝时不空随其师金刚智来到洛阳，金刚智卒后，奉遗命前往印度学习密法，在印度学习三年，并周游各处圣地，唐天宝五年（746）返回长安，带回梵本经100部，计1200卷。他在长安大兴寺设立道场，翻译密宗经典，度僧受戒，安禄山攻陷长安后，他秘密派人与肃宗通报消息。至德二年（757）唐室还都后，备受肃宗礼遇，所译显密教典共110部143卷。不空使密宗在中国的影响大增，对中国密宗的发展产生了重要的影响。

二、民族历史文献的发展

魏、晋、南北朝、隋、唐时期的各种语言文字增多,而且不少民族留下了非常有名的文献,对后世产生了深远影响。

(一) 于阗文文献

于阗在今新疆和田一带,是古代中西交通的门户。从考古发现来看,于阗文文献时间段主要在 6 至 10 世纪,内容有佛经、文书档案、医药、文学、敕令、奏报等。于阗文献多是 19 世纪末 20 世纪初的西方国家考古队和探险家发现的,因此多流散海外,主要收藏在圣彼得堡、伦敦、巴黎、斯德哥尔摩、京都、柏林等地。

(二) 粟特文文献

粟特约在今塔吉克斯坦北部和乌兹别克斯坦南部,粟特人擅长经商,在丝绸之路上粟特人非常活跃,语言文化传播也非常广泛。据学者研究,早在 2 至 4 世纪今新疆吐鲁番和甘肃敦煌等地开始使用粟特文,在 6 至 9 世纪时粟特语成为丝绸之路上很多民族使用的文字,8 世纪后粟特文逐渐被回鹘文取代。目前所发现的粟特文文献以宗教文献为主,此外还有社会经济文书、碑刻等,这些文献在研究中西文化交流史、中国古代史等方面具有重要的史料价值。

(三) 焉耆—龟兹文文献

古焉耆、龟兹是在西域的两个古老城邦,在汉代已见于汉文史书记载,约在 3 至 9 世纪,今新疆库车、焉耆、吐鲁番等地使用焉耆—龟兹文。焉耆

—龟兹文文献内容非常丰富，包括文学、公文、史书、占卜等。其中佛教典籍数量最多，具有代表性的文学作品有《弥勒会见记》，大约成书在 5 至 6 世纪，是讲述佛教的未来佛弥勒生平事迹的一部原始剧本，主要描述了弥勒菩萨上兜率天以及在弥勒净土的各种趣事见闻。20 世纪 80 年代，季羡林对新疆出土的《弥勒会见记》作了详细释读，取得了重要成就。据统计，现存焉耆—龟兹文文书总数在 7600 件以上，由于历史原因，这些文献主要收藏在柏林、伦敦、巴黎、圣彼得堡、东京等，在中国北京、乌鲁木齐和新疆等地文物机构也有不同数量的收藏。

（四）突厥文文献

据史书记载，突厥大约出现在 5 世纪中叶，居住在今新疆阿尔泰山南麓，最初受制于柔然。6 世纪中叶，突厥迁至蒙古高原，建立起领土广袤的王国。583 年，突厥分裂为东突厥和西突厥，后来东西突厥先后统一于唐。突厥文主要流行于突厥和回鹘，现存的突厥文文献以碑铭为主，主要有《暾欲谷记功碑》《阙特勤碑》《毗伽可汗碑》等，纸质突厥文文献不多，主要发现在敦煌藏经洞、新疆吐鲁番等地。由于历史原因，突厥文文献目前大多保存在国外。

（五）藏文文献

藏族在唐代称为"吐蕃"，其族源有多种说法。公元六七世纪时，山南地区雅隆河谷的悉补野部逐渐强大起来，建立起统一强大的政权，9 世纪中后期，由于吐蕃王室内部出现纷争，各地战乱不止，吐蕃王朝灭亡。关于藏文的来历，有不同的说法，较为流行的说法是，在松赞干布以前藏族没有文字，松赞干布时派大臣吞米·桑布扎前往印度学习文字，根据梵文创制了藏文。吐蕃时期藏文文献非常丰富，9 世纪完成的登迦目录，收录的译经书目达到六七百种之多,其他如历史、文学、医学、占卜等内容的书籍数量也非常多,但由于社会动乱,很多历史文献都已经亡佚。流传于世的主要有以下四类:

(1) 翻译的经书。藏文从创制时,便开始了佛经翻译,赤松德赞、赤祖德赞在位时,有组织地设置了大规模译场,翻译了大量的佛经。

(2) 金石碑刻,也就是金石文献。著名的有《唐蕃舅甥会盟碑》《达札路恭纪功碑》《噶迥寺建寺碑》《桑耶寺兴佛证盟碑》《昌珠寺钟》等。由于这些金石文献保存了藏文早期的书写形式、语法结构,记载了不少重要历史事实,因此具有非常珍贵的文献价值。

(3) 敦煌藏经洞中发现的文书。这些文书内容极为丰富,涉及历史、政治、经济、宗教、伦理、文学、医药、语言文字等,是我们研究吐蕃史以及汉藏关系史的重要史料,这些文献多收藏在英国和法国。

(4) 甘肃和新疆等地出土的古藏文木牍。这些木牍多是吐蕃军旅戍守各地时留下的文献,内容涉及经济、军事、政治、法律、宗教等,而且在书写上保留了吐蕃的特点,具有很高的文献价值。

吐蕃时期汉藏交往密切,文成公主、金城公主先后入藏联姻,带去了不少汉文图书典籍。唐开元十九年(731),吐蕃向唐朝求《毛诗》《礼记》《左传》《文选》等汉文典籍,唐朝如请赐予,这些都推动了汉文化在吐蕃的传播。汉文文献大量传入吐蕃,有不少史书被译成藏文,《史记》所记载的"毛遂自荐"的故事被原样移用到藏文史书中,反映出汉族历史文献对藏族历史文献发展的影响。

(六) 彝文文献

彝族是中国古老的民族之一,在历史上,彝族人民较早地创造了本民族文字,留下了丰富的书籍,形成了独具特色的文化,成为中华文明的重要组成部分。彝文创始于何时，目前尚无定论，流传至今的彝文书籍大都没有标明作者和年代，很难断代。贵州省大方县发现的彝文残碑记载孔明结盟出征得胜之事，碑文末标署"建兴丙午年"，即公元 226 年，可以证明在汉代已使用彝文。彝文文献代表性的有《宇宙人文论》《彝族诗文论》等，《宇宙人文论》成书年代无考，有人认为似为先秦作品，后辗转传抄形成，有人认为约形成于唐中叶至北宋末年。该书以兄弟对话的方式，论述了彝族先民对宇宙、人类起源以及万物产生和发展变化的认识。据现代学者考证，《彝族诗文论》作者为南北朝时期毕摩举奢哲，该书共分五个部分：一论历史与诗的写作；二论诗歌和故事的写作；三论经书的写作；四论医书的写作；五论工艺制作。这是目前发现的第一部古代彝族文艺理论专著。

（七）壮文文献

壮族是古越人的后裔，是我国人口最多的少数民族。关于古壮文创制时间，现在多数学者认为约形成于唐代，是借用汉字而形成的一种文字。目前发现最早的壮文文献是唐代遗留下来的《六合坚固大宅颂》《智城洞碑》两块摩崖石刻。《六合坚固大宅颂》碑文叙述了当地统治者韦氏家族修建大宅园的缘由，并称颂大宅的坚固，对于当时社会政治、经济、文化生活等方面作了较为具体的描述，是研究古代当地少数民族社会历史的珍贵资料。《智城洞碑》，其碑文乃唐代韦敬一所作，其文盛赞智城山及其一带风光形胜，颂扬智城主韦敬办的文治武功。宋元明清时期，壮族文献得到进一步发展，出现了不少佛经、故事、诗歌等。

推荐阅读书目

张铁山：《中国少数民族文献学基础教程》，北京，中央民族大学出版社，2012 年。

提要：张铁山，1960 年出生，中央民族大学教授，长期致力于突厥文、回鹘文以及民族文献学的研究。由于国内文献学教材多侧重于汉族文献，不能反映中华民族文献学的丰富性，该教程专门讲述我国少数民族文献学发展情况。全书分两部分，上编为少数民族古文字，按各种文字的不同来源分章叙述，下编按语系分章叙述各民族文献发展情况。书中内容丰富，语言通俗易懂，可以作为了解中国少数民族文献学的入门向导。

推荐阅读论文

瞿林东：《魏晋至隋唐的历史文献学》，载《学术研究》，2000 年第 1 期；《论魏晋至隋唐的历史文献学思想》，载《安徽大学学报》，2004 年第 4 期。

提要：瞿林东，1937 年出生，安徽省肥东县人，北京师范大学教授，著有《唐代史学论稿》《中国史学史纲》等，在中国史学史研究方面成绩卓著。《魏晋至隋唐的历史文献学》一文从史书在目录分类中的定型、史注的大量出现以及文献整理和类书编纂等方面，论述了魏晋至隋唐时期历史文献学的发展状况。《论魏晋至隋唐的历史文献学思想》对魏、晋、南北朝、隋、唐时期的历史文献学思想从三个方面作了论述：一是对历史文献的价值的认识更深入；二是关于历史文献学史的意识更自觉、更成体系；三是对史注的见解更丰富。这对我们进一步了解这一时期的历史文献学及思想的发展很有帮助。

第十章 宋、辽、西夏、金时期历史文献学的发展

宋、辽、西夏、金时期是历史文献学发展的繁荣时期，无论是汉族建立的两宋政权，还是少数民族建立的西夏、辽、金政权，在这一段时期都取得了巨大成就。两宋始终处在与北方少数民族政权对峙中，内部矛盾重重，但重文抑武政策、科举考试的发达都推动了文献的进一步发展，同时雕版印刷术在社会中得到更加广泛应用，书籍的产生、流传更加快捷。辽、西夏、金都受汉文化影响甚深，在历史文献学方面也有很大进步，反映出少数民族文献学的发展。从总体上看，宋、辽、西夏、金时期的成就主要表现在以下几个方面。

其一，藏书丰富，规模扩大，目录学有新的发展。

宋代雕版印刷术在书籍制作中已非常成熟，得到了广泛运用，士子读书一般不再需要抄写，书籍越来越容易获得，使官私藏书都较以前大为增加。辽、西夏、金政权也不同程度上收藏了大量的图书，甚至还出现了一些著名的少数民族藏书家。在整理藏书基础上，目录学有了新的发展，这一时期的目录基本上沿用经、史、子、集四部分类法，对于部类之下类目的设置，根据当时学术发展状况有了新的调整，如经部设语孟类，史部设史评类等。同时，有些目录还著录版本，如尤袤的《遂初堂书目》对所录书目大都注明版

本,凡一书收藏不同版本也同时注明,开创了著录图书版本的先例。

其二,宋代辨伪风气兴起。随着学术风气的转变,在庆历①之后,学者辨伪风气日趋浓厚,不仅对汉代学者所著典籍大胆地怀疑,而且疑及经书。辨伪已成为当时一种普遍风气,出现了一些著名的辨伪学者如欧阳修、郑樵和朱熹等人。

其三,义理学成为宋代文献学的主流。

理学也称为"道学",是两宋时期产生的主要哲学流派,是儒家学者借鉴佛教、道教理论而形成一种系统的学说体系。"理学"将"天理"说成是产生世界万物的精神的本源,论证了封建纲常名教的合理性和永恒性,其影响至深至巨。代表人物有邵雍(1011—1077)、周敦颐(1017—1073)、程颢(1032—1085)、程颐(1033—1107)、张载(1020—1077)、陆九渊(1139—1193)、朱熹(1130—1200)等人,各派理学家思想并不一致,但都是对经书按各自的思想作出的解释,其中不免有穿凿附会的现象。不过,就史学领域来说,传统考据学并未衰弱,出现了如郑樵等从事历史考证的学者;一些从事义理学者,也并没有废弃考据学,如朱熹等人在考据学方面也取得了突出的成就。

其四,类书的编纂得到进一步发展。

宋代类书在官方支持下,不仅部头都非常大,如《册府元龟》《太平御览》等,都达到1000卷,而且在类目设置上也明显体现出统治者重视文治的理念。

其五,金石学的兴起。

金石学很早就引起了学者们的重视,但真正成为一门学问,专门对金石资料加以整理和考订,始于北宋时期。此时出现了欧阳修的《集古录》、吕

---

① 庆历:为北宋时期宋仁宗赵祯使用的年号名称,北宋使用该年号共计8年。

大临的《考古图》、王黼的《宣和博古图》、赵明诚的《金石录》、薛尚功的《历代钟鼎彝器款识法帖》和洪适的《隶释》《隶续》等。

其六,少数民族历史文献学得到充分发展。

这一时期少数民族在政治、军事、经济、文化等方面都非常活跃,民族文化高度发展,民族文献出现繁荣。随着印刷术在少数民族地区的广泛应用,民族文献的制作和传播得到空前发展,促进了中国历史文献学的繁荣。

第一节 司马光、欧阳修的历史文献学贡献

一、司马光与《资治通鉴》

司马光(1019—1086),字君实,陕州夏县(今属山西省)涑水人。因与王安石政见不合,在洛阳专门纂修《资治通鉴》,王安石变法失败后,司马光是废除新法的主要政治人物。《资治通鉴》是一部编年体史书,共294卷,上起战国时期韩、赵、魏三家分晋;下迄五代周世宗显德六年(959),以衔接本朝国史,记述了1362年史事;另有《目录》30卷,可备检寻书中内容,《考异》30卷,说明在撰写过程中如何取舍资料。《资治通鉴》内容丰富,以政治、军事、民族关系为主,书中参考了大量的历史文献,其中有些文献后来已散佚,成为辑佚的重要史料来源。《资治通鉴》以历代统治的盛衰得失为中心,旨在为当政者提供历史经验教训,书中以丰富的历史事实证明社会的进步和发展离不开历史经验总结。从体裁上看,《资治通鉴》充分吸收了前代纪传体史书的内容,将其综合起来,使分散于纪、传中的史事得以完整展现,同时在叙事时尽可能将一事来龙去脉叙述清楚,在一定程度上弥补了编年体的缺陷。《资治通鉴》在表述上的艺术性成就非常高,尤其

是描写战争方面具有鲜明的特点，能将战事前的谋划，战争过程中的防守以及人物的心态记述得很生动，描写历史场面有不少精彩之笔，是一部兼具文史的杰作。此外，为了使读者明白史料取舍原因，司马光编写了《资治通鉴考异》，书中充分利用书证、物证、校勘等方式订正真伪，结论常以"今从之""今从某某""今不取""故去之"等表达作者的观点，表现出严谨的修史态度，开考异式自注之新风，对历史文献学的发展有很大贡献。

《资治通鉴》以高超的史学成就受到后人推崇，对以后史学发展产生了极大影响，出现了一大批补撰、改编、续作、注释、仿制、评论《资治通鉴》的著作，如刘恕的《通鉴外纪》、朱熹的《资治通鉴纲目》、李焘的《续资治通鉴长编》、毕沅的《续资治通鉴》、胡三省的《资治通鉴音注》、王夫之的《读通鉴论》等。近代以来，人们依然热衷于研究《资治通鉴》及相关著作，形成了一门专门的学问"通鉴学"。

二、欧阳修的文献学成就

欧阳修（1007—1072），字永叔，号醉翁，晚年更号六一居士，吉水（今属江西省）人，是北宋著名文献学家、史学家。大半生的时间任职馆阁，负责修书、校书等活动，在文献学方面有很高的成就。

（一）参与编纂《崇文总目》

《崇文总目》是北宋前期对官府三馆秘阁藏书的一次全面整理和总结，在目录学史上具有重要地位，由王尧臣、聂冠卿、郭稹、吕公绰、欧阳修等人编纂，共计66卷，全书按经、史、子、集分类，部下分类，类有叙释，书有解题。《崇文总目》经部没有谶纬类，一方面反映了谶纬图书在隋代以后渐趋消亡的情况，另一方面说明宋代学者对谶纬图书持批判态度。欧阳修将谶纬视为怪异之言，曾向朝廷上书，要求删去经书中谶纬言论。史部改古史为编年，霸史改为伪史，起居注改为实录，杂传改为传记，谱系改为氏族，簿录改为目录，子部增设类书，并将道、释附于最后，这些类目设置的变化对后世目录纂修影响很大。欧阳修在参与编纂《崇文总目》过程中，撰写了很多类叙，现都保存在《欧阳文忠公文集》中。

（二）推动辨伪风气的发展

宋代辨伪风气较为兴盛，欧阳修是开辨伪风气之人，他对《周易》《春秋》《诗经》《周礼》等书提出疑问。他撰写《易童子问》《易或问》，认为《易》"十翼"①中的内容前后文体不同、语言风格不一，说明《周易》的传并不是孔子所作，也不是某一个人的著作，而是产生于不同时期。自东汉郑玄以来，学者们长期认为《诗序》②是孔子弟子子夏所作，欧阳修撰《诗本义》，认为其作者并不是子夏，开启了人们对《诗序》辨伪先河。

（三）推动金石学的兴起

所谓金石学是以古代青铜器和石刻碑碣为主要研究对象的一门学科，隋唐以前，已有学者开始使用金石文字资料考据，但还没有人专门从事金石文字资料的整理、考订和研究。欧阳修精于文字之学，重视金石文字资料的搜集和整理，长期搜集金石铭文刻辞，积累拓本1000多卷，编成《集古录》，并对其中一些重要的文献加以考订，撰写跋尾，附在目录之后。欧阳修担心所收集铭文刻辞遗失，令其子将目录和跋汇编一处另作一书名为《集古录目》，计20卷，后人又将欧阳修的跋单本印行，名为《集古录跋尾》，计10卷。欧阳修不仅注意搜集金石文献，还善于运用这些文献考证历史事实，是

---

① 按：《周易》包括经和传两部分，传是对卦辞爻辞的解释和补充，共10篇，称为"十翼"。
② 《诗序》是研究《诗经》的著作，在历史上很多学者将其作为理解《诗经》的津梁。

较早利用金石文献的学者。

（四）纂修《新五代史》《新唐书》

《新五代史》原名《五代史记》，在此之前已有北宋初年薛居正等人编纂的《五代史》，欧阳修撰成《五代史》以后，人们将薛居正的《五代史》称为《旧五代史》，欧阳修所修称为《新五代史》。《新五代史》是欧阳修以一人之力撰写，书中依据"春秋笔法"，文字中寓褒贬的特点较为明显，反映了欧阳修对历史的认识。由于《新五代史》撰写在《旧五代史》之后，因此，书中吸收了一些新见的史料，取材范围较为广泛。同时，由于《新五代史》出自欧阳修一人之手，体例严谨，文字凝练，是一部较有特色的史著。但由于书中内容过于简约，叙事不够丰赡，这是较之《旧五代史》不足的地方。《新唐书》是一部官修史书，除欧阳修外，参与者还有范镇、王畴、宋敏求、吕夏卿等人，欧阳修中途参与修书，"接续残零，刊撰纪、志六十卷"，并负责主修全书。根据思想和文字风格判断，《新唐书》的本纪 10 卷，志、表的序，以及《选举志》《仪卫志》等，皆出自欧阳修的手笔。[①]

第二节　郑樵、朱熹、王应麟与历史文献学的发展

一、郑樵与《通志》

郑樵（1104—1162），字渔仲，兴化军莆田（今福建省莆田）人，因居

---

① 瞿林东：《中国史学史纲》，472—473 页，北京，北京出版社，2005。

住在夹漈山中,号夹漈。早年自幼苦心读书,遇藏书家,必借留,读尽乃去。宋高宗绍兴十九年(1149)缮写所著书十八种上于皇帝,受到高宗重视,诏藏秘府。回归家乡后,郑樵一面著述,一面讲学,从者达二百余人。绍兴二十八年(1158),侍讲王纶、贺允中向宋高宗推荐,郑樵得召对,"因言班固以来历代为史之非",宋高宗赏识其才学,授以礼兵部架阁之职,不久遭人弹劾,改监潭州南岳庙,给札归抄所著《通志》。书成,上奏朝廷,升任枢密院编修官,后又兼摄检详诸房文字①。任职期间郑樵还提出阅读皇家藏书的要求,但愿望最终没有能够实现。《通志》共计200卷,包括本纪18卷,世家3卷,列传108卷,载记8卷,四夷传7卷,世谱、年谱4卷,二十略52卷,其中本纪、世家、列传等多抄自前代史书,二十略为其独创,内容最受人们重视。二十略分别为《氏族略》②《六书略》③《七音略》④《天文略》《地理略》《都邑略》《礼略》《谥略》⑤《器服略》⑥《乐略》《职官略》《选举略》《刑法略》《食货略》《艺文略》《校雠略》《图谱略》《金石略》《灾祥略》《昆虫草木略》,涉及内容非常广泛,以往史书缺载的如氏族、六书、七音、谥法、昆虫草木等,在书中作了详细总结,对后世产生了深远影响。

郑樵在目录学方面有独特的考虑,《通志》二十略中设有"艺文略",对古代图书分类法作了进一步反思。他总结了前人图书目录的分类方法,认为六分法和四分法都不合适,提出十二分法,即经、礼、乐、小学、史、诸子、天文、五行、艺术、医方、类书、文。并在每一大类下面又分若干小类,小

---

① 枢密院检详诸房文字:是宋代一种官职,负责查阅查对枢密院条令等事,从六品。
② 《氏族略》:对姓氏作了系统的学术探讨,对中国姓氏源流、氏族分合及世系均有较详尽的论述。
③ 六书:即指事、象形、谐声、会意、转注、假借六种造字的方法和原则。六书略:即讲解汉字形体构造。
④ 七音略:讲解古文字音韵。
⑤ 谥:即谥号,人死后对其生平评论的称号。谥略:系统阐述谥号的问题。
⑥ 器服略:讲解器具及服饰。

类之下再设分类，建立了三级分类方法。虽然郑樵的分类方法并没有在后世流传开来，成为官府或私人藏书编制目录的依据，但是反映了他不拘泥前人，大胆探索和创新的精神。郑樵在《艺文略》中还提出不仅著录一代藏书，而是总括古今有无之书，这是目录学发展史上重要的会通思想。《通志·艺文略》，共著录图书 11278 部 128148 卷，较为全面地反映了北宋之前文献发展情况。

《通志·校雠略》是郑樵对自己生平求书、校书等方面的总结，对图书亡佚的原因作了一些总结，同时又提出书有名亡而实不亡者，意即有些书虽然名义上已经亡佚了，但因其内容被抄录在其他书中，故而并不是真正的亡佚，对于后世辑佚有很大启发意义。郑樵根据自己多年四处访书求书的经验，总结了求书八法，对后世有深远影响。此求书八法分别为：

（1）即类以求。对于某些专门的书籍，可以求之于一些专家。

（2）旁类以求。对于某些专门的书籍，如果没有本行业的专家，可以向相关行业的专家去访求。

（3）因地以求。如果是访求地方文献，可以在其地求之。

（4）因家以求。某些文献可以向文献作者的后人和家乡访求。

（5）求之公。意即向官府藏书访求。

（6）求之私。向民间私人藏书访求。

（7）因人以求。因某人有名家之旧藏，迹其所从来，去追寻这些旧藏的下落。

（8）因代以求。因时代远近而求之，书籍较为久远者难求，而出于近人之手者，一般较为容易求得。

郑樵的求书之道，对后世搜访书籍有重要指导意义。

郑樵在辨伪学上也有突出成就，反映了宋代辨伪学的发达。在辨伪说上，他反对"天人感应"说，并批驳一些对经书穿凿附会的说法，这些都反映了郑樵实事求是的治学态度。在辨伪书上，郑樵大胆地怀疑经书，其代表作为

《诗辨妄》。郑樵以考辨《诗序》为主，他认为《诗序》并非子夏所作，提出设若子夏所作，理应在齐、鲁间先出，但为何齐鲁间不传，反而出自赵。因此，《诗序》乃后人伪作，恐不为当时所取信，故伪托传之子夏，实际为"村野妄人"所作。郑樵对《诗序》的辨伪取得了很高的成就，后来朱熹等考辨《诗序》为伪书，均受郑樵影响甚深。

二、朱熹的文献学贡献

朱熹（1130—1200），字元晦，号晦庵，别称紫阳，徽州婺源（今江西省婺源县）人。宋高宗绍兴十八年（1148）赐予同进士出身，曾任泉州同安县主簿、枢密院编修官、秘阁修撰、知南康军、提举两浙东路常平茶盐公事、提点江南西路刑狱公事、知漳州、焕章阁待制兼侍讲等。宋宁宗庆元元年（1195），外戚韩侂胄等人极力反对道学，斥道学为伪学，兴起"庆元党禁"，朱熹遭人指控，被革职，其门人有些被捕。朱熹虽精神上受到很大打击，身体衰弱，但坚持著述，其学说受到后人尊崇，著有《四书章句集注》《太极图说解》《通书解说》《周易读本》《楚辞集注》等，其中《四书章句集注》后来成为钦定的教科书和科举考试的标准。

朱熹继承了北宋以后众多理学家的思想，提出了一些自己独到的思想见解，可称为宋代理学集大成者。其思想体系的核心是"理"，而要认识"理"，就要研究物，就是"即物穷理""格物致知"。朱熹注重读书，主张理存在于圣贤的著述中，因此，他非常重视对前代文献的整理和研究。其在文献学方面主要有以下几方面贡献。

（一）将分析义理与文献考证结合起来

朱熹既反对空谈义理也反对埋头于故纸堆中，为考证而考证，他认为精通小学是正确理解古文献的先决条件，治学首先重视语言文字上的功夫，这一主张在清代得到学者的进一步阐发。同时，朱熹主张文献考证是了解理学的重要途径和方法，在他的著作中有不少地方都特别强调训诂考证，而且善于利用前人考证成果。

（二）考辨群书

朱熹在辨伪学上有突出成就，对《诗序》《古文尚书》《孝经》等做了大胆考辨。如他对《诗序》的辨伪吸收了欧阳修、郑樵等人的观点，称自己最初看到郑樵的《诗辨妄》诋毁《诗序》，认为言语狂妄，以为皆是村野妄人的作品，并不相信，后来仔细看一两篇，再参照《史记》《国语》等书，然后知《诗序》确不可完全相信，同样反对《诗序》为子夏所作。对于《周易》，朱熹认为这是有关占筮之书，并非义理之书，对于后人的解释应当分别看待，以往所认为的伏羲画八卦，文王重卦并作彖辞，周公作爻辞，孔子作十翼，乃因袭旧说，难成定论。对于《古文尚书》，朱熹提出怀疑，认为伏生传授的今文经多艰涩难晓，而世上所传孔子壁中书却平易易懂，十分可疑。朱熹在《文集》《语类》等著作中所考辨的书籍涉及经、史、子、集，达五十余种，在辨伪方法上也有一些总结，认为辨别伪书一是看其义理当否，二是用他书相验证，只有这样才能考辨书之真伪。因此，他所提出的辨伪方法在辨伪学史上具有重要地位。

（三）注释力求简明

朱熹对以往过于繁琐的注解非常反感，主张注解古书要简明，认为解释古书，不能让自己的解释文字太多，如果解释的文字又成一文，则注与经各自为文，人们只去看注很容易忘记经书中的言论。他这一主张在历史文献学上具有积极意义，对后世文献注释也有深远影响。

三、王应麟的文献学贡献

王应麟（1223—1296），字伯厚，自号深宁居士，庆元府（今浙江省宁波市）人，宋理宗淳祐元年（1241）进士，官至礼部尚书兼给事中。王应麟于朝政、边事多所建言，力主抵御外患，但为人正直，屡次冒犯权臣而遭罢斥。南宋灭亡后，王应麟隐居不仕，专事著述。王应麟学术源于朱熹，涉猎经史百家、天文地理，熟悉掌故制度，长于考证。王应麟在文献学方面的贡献主要有以下方面。

（一）在考证学方面

在考证学方面，王应麟的代表作是《困学纪闻》，其中说经八卷，天道、地理、诸子二卷，考史六卷，评诗文三卷，杂识一卷。该书是王应麟读书撰写的札记，书中多引据他人之说，但又不拘泥于前人成见，论事皆有根据，不仅展示了其渊博的学识和深厚的考据学功力，而且对后世考证学的发展影响很大。

（二）在辑佚学方面

王应麟在辑佚学方面有突出成就，清代章学诚云："昔王应麟以《易》学独传王弼，《尚书》止存伪《孔传》，乃采郑玄《易》注、《书》注之见于群书者，为郑氏《周易》、郑氏《尚书》注，又以四家之《诗》，独《毛传》不亡，乃采三家《诗》说之见于群书者，为《三家诗考》。嗣后好古之士，踵其成法，往往缀辑逸文，搜罗略遍。"[①] 据此，中国古代辑佚活动正式起源

---

① 章学诚：《章学诚遗书》，98页，北京，文物出版社，1985。

于王应麟,在中国辑佚史上具有重要地位。

(三) 在类书编纂方面

在类书编纂方面,王应麟以一己之力编纂《玉海》,这部类书虽然是为学子应试科举而作,但是内容丰富,门目清晰,历来受到学者重视。《四库全书总目》称其:"胪列条目,率钜典鸿章。其采录故实,亦皆吉祥善事,与他类书体例迥殊。然所引自经史子集,百家传记,无不赅具。而宋一代之掌故,率本诸《实录》《国史》《日历》,尤多后来史志所未详。其贯串奥博,唐宋诸大类书未有能过之者。"[①]

(四) 其他方面

如《汉艺文志考证》,是第一次对《汉书·艺文志》进行系统梳理的专著。我们知道由于《七略》已经佚失,《汉书·艺文志》是完整保存下来最早的成熟综合目录,王应麟对《汉书·艺文志》的考证,开全面疏证史志目录之先河。再如《通鉴地理通释》是依据《资治通鉴》内容,系统论述历代疆域政区沿革的著作,全书共14卷,记述了《资治通鉴》所载地名的沿革异同、险要扼塞所在,首列历代州域,次列历代都邑,再列历代山川形势,全书征引博洽、考订详明,为研读《资治通鉴》和研究历史军事地理的重要参考著作。还有历代流传的《三字经》,作为一部启蒙读物,人人诵读,对中国社会产生了深远影响,目前学术界多认为这部书是王应麟的著作。

---

① 纪昀等:《四库全书总目》,1786页,北京,中华书局,1997。

第三节　少数民族历史文献的发展

一、契丹文文献

契丹是生活在中国北方的一个古老民族，约在北魏时，契丹族在辽河上游一带活动，唐朝末年建立了辽，直到1125年被金所灭。契丹文分为大字和小字，大字是耶律阿保机称帝后创制的文字，后又对大字加以改造，历史上称为小字。辽太祖耶律阿保机积极学习汉文化，用契丹文翻译了很多汉文书籍，同时，非常重视本民族历史的纂修，创造了很多重要的历史文献。由于辽实施严厉的书禁政策，不允许图书带出契丹境内，后来金、元对契丹文献又加以禁灭。加上契丹文除在辽境内广泛使用外，最初还被女真人使用，辽灭亡后，契丹文逐渐成为死文字。因此，流传下来的契丹文献数量很少，主要以石刻文献为主，重要的契丹大字石刻文献有《辽太祖纪功碑》《耶律延宁墓志》《北大王墓志》《萧孝忠墓志铭》《故太师铭记》等，重要的契丹小字石刻文献有《韩敌烈墓志铭》《兴宗皇帝哀册文》《故耶律氏铭石》《耶律仁先墓志》等。汉文文献对契丹影响非常大，有些契丹族学者收藏了大量汉文图书典籍，其数量与藏本之精甚至超过了汉族，如耶律倍建望海堂、桃花洞以藏书，是中国古代有名的藏书之所。

二、西夏文文献

西夏是党项人于公元1038年在中国西北部建立的一个政权，前期与北宋、辽三足鼎立，后期与南宋、金相抗衡。一般来说，西夏文是西夏创建者李元昊下令、由野利仁荣主持创制的，文字构成多取法于汉字，至明中期以后西夏文逐渐被湮没，成为一种死文字。现存西夏文文献按种类可分为：佛经、世俗文献、金石文献等。

　　佛教文献在西夏文文献中占据很重要的地位，由于西夏是一个信奉佛教的王朝，热衷于刊刻佛经、翻译经书，曾多次向宋朝请求佛经，并将汉文、藏文佛经译成西夏文。西夏前期自景宗元昊时起到崇宗乾顺时止，用了53年时间译成3579卷西夏文大藏经，是我国少数民族文字大藏经中最早的一种，也是中华民族的重要文化遗产。西夏文世俗文献包括文字书、韵书、医学、历算、契约、官府文书等。西夏文金石文献包括碑刻、官印、符牌等。清嘉庆九年（1804），金石学家张澍，在凉州大云寺一座被砖封闭几百年的古亭发现一个石碑，即《重修凉州护国寺感通塔碑》，碑文为西夏文与汉文对照，当时，西夏文是一种被人们遗忘了的语言文字，无法辨认，被称为"天书"，碑阳文末尾落款"天佑民安五年岁次甲戌十五日戊建"，因"天佑民安"为西夏年号，张澍据此判定此碑为西夏碑文，人们以后称之为西夏碑。此碑今保存在甘肃省武威市博物馆。

　　目前发现西夏文文献数量最多的是黑水城文献。黑水城，又称"黑城"，位于今内蒙古自治区额济纳旗达兰库布镇东南25公里的荒漠之中，西夏曾在此设置"黑水监军司"，作为一个重要军事重镇。关于黑水城的废弃，据说与"黑将军"① 守城有关，由于水道绝流，迫使民众逐水草而去，黑水城逐渐成为一片废墟，此后有不少人在此寻宝，但均无收获。1908年，俄国柯兹洛夫探险队在内蒙古黑水城遗址发掘到西夏文写本，此次发现受到俄国皇家

---

① 黑将军：有人认为是西夏的一个将领，受西夏国王的器重，娶了公主，后来羽翼渐丰，有谋反之心，被西夏军队围困在黑水城；有人说是蒙古军队灭西夏时，黑将军死守黑水城；也有人说黑将军是元朝驻黑水城将领，与明朝将军冯胜在此决一死战。据说，黑水城被围困以后，城中水源被切断，黑将军命人在城中挖井，却挖不出水，决定背水一战，在城池将破时，他将数十车财宝埋入枯井，将妻儿杀死，率众突围，因寡不敌众，与将士战死在荒漠。

地理学会的高度重视。柯兹洛夫于 1909 年再次到黑水城发掘，在一座塔下面发现了大量西夏文书，柯兹洛夫称运出了一个保存完好的图书馆，计有 2.4 万卷文献。这些文献全部被运到俄国。1914 年，英国考古学家斯坦因也到达黑水城，又发掘出很多西夏文及汉文、藏文文书及印本，这些文献至今都保存在英国。

西夏历史文献的发达与西夏刻书事业有密切关系，约在 11 世纪末中原的雕版印刷术传入西夏，开始了西夏印刷术制造图书的历史。在黑水城遗址发现的书籍中有不少是刻本，多为蝴蝶装，版本较宽大，与当时流行的宋版书相似。西夏还较早地开始使用活字印刷术，在中国历史文献学史上具有重要地位。我们知道，中国北宋庆历年间（1041—1048），毕昇发明活字印刷术，这是中国历史上的重大发明，但在中原地区使用活字印刷术留存下来的实物却较晚。毕昇发明活字印刷术后不久，西夏人便开始使用活字印刷书籍，目前已发现的西夏活字印刷书籍有十多种，如国家图书馆藏有几十卷的活字印本西夏文《大方广佛华严经》，其版面、字迹都具有泥活字印刷的特征，西夏泥活字文献是目前世界上现存最早的泥活字印本，这是中国印刷史上的重大发现。西夏不仅借鉴了北宋泥活字印刷，还成功地创造出木活字印刷术。毕昇在发明泥活字时，曾尝试过木活字印刷，但没有成功，后人多认为木活字印刷是元代科学家王祯发明的，但从发现的西夏文文献看，当时西夏已成功地创造了木活字印刷术，而且达到了很高的水平，其印刷质量大大超过了泥活字印刷，如西夏文佛经《吉祥遍至口合本续》，是现存世界上最早的木活字印本之一，对研究中国印刷史具有重大意义。

三、女真文文献

女真族是生活在中国东北一带的古老民族，最早源自史书中所记载的

"肃慎",公元 2 至 4 世纪时称"挹娄",5 世纪时称"勿吉",6 至 7 世纪时称"黑水靺鞨",9 世纪时改为"女真"。最初女真族臣服于契丹,1115 年,完颜阿骨打统一女真各部,建立了金政权。

据史书记载,女真最初没有文字,用契丹字来书写,金政权建立后,依照汉字、契丹字创制了女真文,至 15 世纪中期,蒙古文化对女真人影响加深,女真文渐废不传,成为死文字。金受汉文化影响较深,曾经大量翻译汉文典籍,见于史书记载的,如《易》《书》《论语》《孟子》《老子》《扬子》《文中子》《新唐书》《孙膑书》《太公书》《百家姓》《孝经》《贞观政要》《史记》《汉书》等,可惜这些书籍均已亡佚。女真文石刻文献有《大金得胜陀颂碑》《完颜襄记功摩崖碑》等。

四、回鹘文文献

回鹘原称"回纥",是我国现代维吾尔族的重要族源之一。8 世纪中期在蒙古高原建立政权,与唐朝关系密切,摩尼教从中原传入漠北回鹘汗国,被回鹘尊为国教。9 世纪中叶,回鹘内乱,加上灾疫不断,国势衰落,部分回鹘人退到西域高昌一带建立新的政权,史称"高昌回鹘"。高昌回鹘进入今新疆一带后,在粟特文基础上创制了适合于回鹘语的回鹘文。保留至今的回鹘文文献内容十分广泛,涉及宗教、社会历史、语言文字、文学艺术、科学技术等。佛教曾是回鹘人信仰的主要宗教,现存回鹘文文献大多属于佛教经典文献,其他的宗教文献有摩尼教、景教、伊斯兰教等,对于研究中国宗教史具有重要意义。

文学作品如《福乐智慧》,该书是著名诗人和思想家玉素甫·哈斯·哈吉甫用回鹘文写成的一部古典长诗,全书由两篇序言、85 章正文及两个附篇构成,主要是通过四个人的对话,表达了作者的政治理想和哲学观点,内容涉及政治、经济、军事、法律、哲学、宗教、文化、教育、天文、地理等，具有重要的文献价值。《真理的入门》是回鹘文文献又一部代表性作品，作者是阿合买提·玉格乃克，约成书于 12 世纪末或 13 世纪初，书中表达了作者对动荡不安生活的厌恶，和向往安定幸福生活的理想，并用伊斯兰教的伦理道德来劝诫世人。

回鹘文在元代仍广泛使用，不少文献用回鹘文书写，尤其是佛教文献。伊斯兰教传入并征服新疆后，回鹘文遭到毁坏，逐渐退出了历史舞台。

五、藏文文献

宋、辽、夏、金时期，西藏处于分裂时期，各地势力纷争不断，不过到 10 世纪以后，西藏社会局势相对安定下来。随着佛教文化在西藏再次兴起，佛经翻译很快兴盛起来，佛教史书也不断涌现，著名的如《玛尼全集》《五部遗教》《柱间史》《拔协》《娘氏教法源流》《弟吴宗教源流》等。

《玛尼全集》是一部内容丰富的伏藏著作，其内容涉及宗教、历史等。其中《法王松赞干布传》分别讲述猕猴与罗刹女形成藏人、西藏佛教初始、松赞干布出生、创制藏文与翻译经书、领土扩张、制定法律、迎请本尊神像、身语意所依的出现、本尊神在西藏本土出现、迎请尼妃赤尊公主、迎请文成公主及考验大臣才智、制伏四茹边境及建神殿、翻译经书及埋伏藏等，虽然中间有不少虚构的内容，但仍是我们研究藏族史重要参考资料。

《五部遗教》是分裂时期挖掘的一部重要的伏藏著作，包括《神鬼遗教》《国王遗教》《王妃遗教》《译师遗教》《大臣遗教》五部分，分类别讲述西藏的宗教与历史，是研究藏族史的重要参考资料。

《柱间史》（也称为《柱下遗教》）据说是印度来藏高僧阿底峡在大昭寺发掘的一部伏藏著作，内容包括藏族起源、聂赤赞普的来历、松赞干布生平

233

事迹等。书中内容虽有浓厚的佛教色彩,但对于我们研究吐蕃史具有很高的史料价值。

《拔协》相传是公元 8 世纪吐蕃大臣拔·塞囊所著,但从各版本所记载内容看,应是分裂时期至元代的作品。在历史上《拔协》形成了不同的版本,其内容也不尽相同,较有影响的是《拔协》(增补本)[①]。本书内容讲述金城公主入藏、赤松德赞时期佛苯之争、桑耶寺修建、朗达玛灭佛以及佛教在藏地复兴等,包含了吐蕃时期很多重大历史事实,文笔生动,中间交杂着不少故事传说,被后世史书反复引用,是研究吐蕃史的重要参考书目。

娘·尼玛沃色的《娘氏教法源流》与弟吾贤者的《弟吾宗教源流》,都是有真实署名的重要史著。两书都是先讲述佛教起源和印度王统,然后再介绍西藏佛教和王统的发展,形成了宗教与王统结合的书写模式,对后世藏文史书编纂产生了深远影响。这两部史著成书较早,收录了一些吐蕃时期遗留下来的文献,这些文献有些后来已经亡佚,因此,史料价值很高。

六、傣文文献

傣族是生活在我国西南地区一个具有悠久历史的民族,西汉时期在汉文史书已见于记载。古代傣文文献多用贝叶作为载体,从而形成了傣族独特的贝叶文化。古代傣文文献保存下来的以宗教文献数量最多,其他还有历史、语言、诗歌、历算、天文、传说等。

著名的傣文文献《泐史》,是一部编年体史书,所记历史自傣族首领入主西双版纳始,凡 700 余年历史,内容涉及西双版纳历代首领世系、历史事实、典章制度等,具有很高的史学价值。傣文最早的法典是《芒莱法典》,

---

① 参见佟锦华、黄布凡译注:《拔协》(增补本),成都,四川民族出版社,1990。

这是傣族历史上一部重要法律文献，曾长期保持法律效力，对傣族历史发展影响很大。

推荐阅读书目

1. 史金波、黄润华：《中国历代民族古文字文献探幽》，北京，中华书局，2008年。

提要：史金波，1940年出生，河北省人，中国社会科学院研究员，西夏学专家，著有《西夏经济文书研究》等。黄润华，中国国家图书馆研究馆员。全书共六章，包括隋唐以前民族文字文献的滥觞，隋唐时期民族文字文献的序幕，宋、辽、西夏、金时期民族文字文献的发展，元代民族文字文献的繁荣，明代民族文字文献的延续，清代民族文字文献的创新和发展。按朝代顺序分阶段叙述各民族文字文献发展状况，是了解民族文献发展史的重要参考书。

2. 张富祥：《宋代文献学研究》，上海，上海古籍出版社，2006年。

提要：张富祥，1950年出生，山东大学教授。宋代文献学是中国古文献学发展的高潮时期，对宋代文献学全面系统地清理是非常有意义的工作。该著作除第一章作为引论外，后面分十章分别对宋代目录学、校勘学、注释学、辨伪学、考证学、金石学、图谱学、辑佚学、版本学、小学所取得的成就作了详细全面的梳理，内容丰富、资料充实，全面展示了两宋时期汉族文献学取得的多方面成就。

第十一章　元、明时期历史文献学的发展

　　元朝是蒙古族建立的一个地域辽阔的统一政权，虽然蒙古族统治者对汉族实行严厉的民族歧视政策，但是在统治期间汉化的倾向也非常明显，很多汉族学者得到重用。为了进一步普及汉文化，元天历二年（1329）设艺文监，专门掌管汉译蒙古文书籍。据钱大昕《补元史艺文志》载，译成蒙古文的汉籍有《尚书》《孝经》《大学衍义节文》《忠经》《贞观政要》《帝范》《皇图大训》等。这些汉文典籍被翻译成蒙古文，其目的是让蒙古族贵族学习，促进了民族文化交流。在元灭南宋以后，元统治者收集了南宋大量藏书，使元朝的藏书也较为丰富，但元朝并没有留下整理国家藏书的目录，这反映了元统治者对文献发展的重视不如前代。但从总体来看，元代历史文献学仍有一定程度的发展，一方面，统治者重用一些学识渊博的汉族士人，无形中使文献学得到继承和发展；另一方面，元初不少宋朝遗士，拒不与元统治者合作，他们隐居不出，致力于治学讲学，成就斐然，出现了如胡三省等一批著名的历史文献学家。

　　明朝建立后，尊崇程朱理学，提倡文治，学术文化呈现了繁盛的局面，官方组织学者编纂了一些大型图书如《永乐大典》《五经大全》《四书大全》等。为了充实国家藏书，明永乐时期从民间大规模征集图书，丰富了官方藏书。随着江南经济的发展，南方出现了一些著名的藏书家，如范钦建造的天

一阁，不仅藏书丰富，而且建筑布局结构独特，成为中国古代藏书文化的代表；毛晋的汲古阁既藏书又刻书，反映出明代文献学的新发展。另一方面，明中叶以后，王阳明心学兴起，主张"心外无物，心外无事，心外无理"，认为圣贤之道在人的内心，不必外求，这种主观唯心主义哲学，导致在学术上走向空疏臆断。明中叶以后，王阳明心学在社会上风靡一时，士人崇尚空谈，学风空疏，与之相应的是，明中叶以后刻书不精，改窜书籍现象非常严重。这是历史文献学发展过程中的倒退。

元、明时期少数民族文献进一步发展，这一时期不仅蒙古文文献有快速发展，而且其他民族如藏族、彝族文献也都有不少新的作品问世。但同时辽、西夏、金的文献，随着各个政权的灭亡，大都佚失了。

总体而言，元、明时期历史文献学仍在持续发展，不同领域都有一些较为重要的成果和代表性人物，但其中也有不利的因素，在一定程度上阻碍了历史文献学的进步。

第一节 马端临、胡三省的历史文献学贡献

一、马端临与《文献通考》

（一）马端临简介

马端临（1254—1322），字贵舆，号竹洲，饶州乐平（今江西省乐平）人，是宋末元初著名的史学家，曾担任承事郎。其父马廷鸾曾任南宋宰相，后被贾似道排挤，辞官归里，马端临亦随父回归，不再复出，先后任慈湖书院、柯山书院山长，台州儒学教授，著有《多识录》《大学集传》等，代表作是《文献通考》。马端临之所以要撰写《文献通考》，主要是他认为司马光

的《资治通鉴》详于理乱兴衰，而略于典章经制，而杜佑《通典》所述止于唐天宝年间，因此，立志以《通典》为蓝本，编一部贯穿古今的典章制度专书。《文献通考》是继《通典》《通志》之后，又一部重要的典制体史书，历史上将这三部书称为"三通"。

（二）《文献通考》的历史文献学成就

1. 门类缜密

《文献通考》共分为 24 考，分别为田赋、钱币、户口、职役、征榷、市籴、土贡、国用、选举、学校、职官、郊祀、宗庙、王礼、乐、兵、刑、经籍、帝系、封建、象纬、物异、舆地、四裔，每一考都是按时代排列，并有小序，考下还分子目，体系非常完整。书中田赋等 19 考是在《通典》基础上加以分解增补而来，而经籍、帝系、封建、象纬、物异 5 考为马端临新设，分类非常清晰细密。

2. 创造文、献、注三者结合的编著方法

按照马端临的理解，"文"就是叙事，取自经史、会要及百家传记信而有征的材料；"献"就事论事，把历代名人对历史现象、历史事件、历史人物的评论录于具体史实下，加深人们对历史的理解；"注"就是附注按语，对于历史上前人的记录和论断，并不轻易盲从，经过分析考证后，提出作者独立的见解，体现了马端临重视考证的治学特点。

3. 保存了丰富的史料

《文献通考》内容丰富，记事详细，在字数上，总共 470 余万字，比《通典》多了 283 万字。书中收录了一些较为珍贵的材料，尤其关于宋代典制的记录非常详细，具有很高的史料价值。

二、胡三省注解《资治通鉴》

胡三省（1230—1302），字身之，浙江天台人。胡三省自幼好学，其父爱好史学，喜读《资治通鉴》，有感于《通鉴》各家注本虽富，但于音义、释文等乖谬甚多，见胡三省天资聪慧，遂嘱托其勘误《资治通鉴》。

胡三省15岁时，父亲去世，家境艰难，但胡三省牢记先父遗愿，发愿注解《资治通鉴》。宝祐四年（1256），胡三省与文天祥、陆秀夫、谢枋得等同登进士第，被任命为吉州泰和县尉，因父亲早亡，兄弟夭折，为侍奉老母而未赴任。后改任庆元府慈溪尉，由于胡三省刚正不阿、不事谄媚，任职期间得罪了庆元知府厉文翁，被弹劾罢官。不久，又以"文学行谊"被荐，授扬州江都丞，此后又任江陵县令、怀宁县令。德祐二年（1276），元军攻陷临安，俘宋恭帝等多人北去，宁波遭到兵祸，胡三省携带家小，迁居新昌，战乱过后返家，却发现花了几十年心血写成的《资治通鉴广注》已荡然无存。胡三省悲痛之余，仍变卖家产，再购《资治通鉴》，发愤重新作注，时年已经46岁。后文天祥被俘，张世杰覆舟牺牲，陆秀夫背负帝赵昺投海，对胡三省产生了很大影响，虽然元统治者对汉族士人采取怀柔政策，但是胡三省隐居不仕，孜孜不倦地注解《资治通鉴》，最终著成《资治通鉴音注》一书。

胡三省在撰写《资治通鉴音注》过程中，征引了大量的资料，甚至涉及一些少数民族的来历、邻国的情况、山脉河流的发源、草木虫鱼的名状等等，只要材料能够搜集得到，都把它们注了出来。可以说，胡三省为注《资治通鉴》花费了极大心血，长期生活在乡下，又经历战乱，能够阅读参考如此多的书籍实是难得。从书中所注内容看，胡三省的注主要表现在注释文字、注释史实、注释地理、注释典章制度、考辨前人注释之误，考辨《通鉴》记载之误等，胡三省精于小学，注解的训诂解释成果丰富精当，为我们阅读《资治通鉴》提供了很大便利，读者从中可以获取丰富的历史知识。

胡三省一生经历了宋元之间的战争，最后目睹元灭南宋，因此注解《资治通鉴》过程中也包含了他对社会的认识。胡三省亲眼看到宋朝政治腐败，最后走向灭亡，精神不断受到剧烈的打击，因此，揭露宋朝招致灭亡的原因，斥责那些投降的败类，成为其著述中重要内容。同时，胡三省在注中不断总结历史经验教训，指出人心向背，乃是决定战争胜负、国家兴亡的重要因素，他还特别强调历史的善恶惩劝作用，在注中曾不厌其烦地指出"可不戒哉"，这些都是他在史学领域取得的突出成就。

第二节 明代考证学的发展

明代受王阳明心学影响，学风走向空疏，但也有一些学者坚持实事求是的考证传统，在历史文献学上取得了较大的成绩，著名的有杨慎、焦竑、陈第三人。

（一）杨慎及其成就

杨慎（1488—1559），字用修，号升庵，四川新都人。明武宗正德六年（1511）进士，授翰林院修撰，明世宗即位，杨慎任经筵讲官。嘉靖三年（1524），明世宗追尊生父兴献帝为本生皇考恭穆皇帝，改称孝宗为皇伯考，在朝廷中引起激烈争论，这就是历史上"大礼仪之争"，杨慎偕同他官一再力谏，激怒了皇帝，被谪戍云南永昌卫，最后在永昌去世。杨慎是明代非常有名的学者，其考据学成就主要集中在《丹铅录》《升庵经说》等书中，其成就主要有以下三方面：

1. 重视小学和考证，排斥心学

杨慎与王阳明是同时代人，他严厉批判王阳明心学在治学上的不良影响，驳斥心学的空疏和穿凿附会，主张必须从文字之学入手，读经书，通其义，然后才能得其理，而不能直接求自内心。这也是杨慎主张考证学的重要依据。

2. 精于校勘

杨慎本着实事求是的精神，认为读古书一定不能盲目读书，注重读精校之书。他认为古书致误原因有二：一是前人妄改，一是误刻，这都是不注意校勘的结果。因此，他非常重视校勘，力求将错乱的古书正误返真。杨慎校勘古书除了常用的对校、他校外，还擅长理校，经常运用文字、音韵、训诂知识以校古书文字之误。

3. 考证博赡

杨慎重视历史考证，其考证内容非常广泛，《丹铅录》中考证涉及天文、地理、时序、花木、鸟兽、宫室、冠服、珍宝、音律、人事、官爵、博物、礼乐、卦名、饮食等，凡是阅读古书遇到的问题均作考证，而且在考证时注意将文字训诂与历史事实考证相结合，同时，注意把文献与实物互相印证。这对后世考证学发展产生了积极影响。

（二）焦竑及其成就

焦竑（1541—1620），字弱侯，号漪园，又号澹园，江宁（今江苏省南京市）人，明神宗万历十七年（1589）进士，授翰林院修撰，迁东宫讲官，万历二十五年（1597）谪福宁州同知。一生著述颇富，有《澹园集》《焦氏笔乘》《焦氏类林》《国朝献徵录》《国史经籍志》《老子翼》《庄子翼》等，他还精研佛、老，引佛老以解经书，表现出牵合三家的特点。在文献学方面，他重视文字、音韵、训诂，长于校勘，他非常看重小学的作用，认为今人不通古文字之学，很难真正读懂古文。由于焦竑有较深的文字音韵功底，因此，对前人注释的错误多能纠正。焦竑亦以考证见长，在读书过程中凡属古文献中的天文、地理、名物、典制、史实等，遇疑则考，遇误则辨，成果很丰富。

（三）陈第及其成就

陈第（1541—1617），字季立，号一斋，福建连江人。他博览群书，学识渊博，并有军事才能。明世宗嘉靖四十二年（1563），戚继光抗倭至连江，二人曾一起定平倭之策，又曾应俞大猷之聘，任武职教师，以边事上书，大司马谭纶奇而荐之，遂以诸生从军。入京营，守古北口，任游击将军，屡立战功。后因得罪上司，回归故里，绝意仕途，专心从事著述。

陈第一生著述甚富，有《伏羲图赞》《尚书疏衍》《读诗拙言》《毛诗古音考》《屈宋古音义》《五岳游草》《谬言》等。他曾致力研究中国音韵学近十年，在音韵训诂方面，成就颇高。同时，他在考证方面坚持无征不信的原则，凡考证必求证据，而且不满足于本证、孤证，多求旁证。这对清代考证学有很大影响。

第三节　明代辨伪学的成就

明代造伪与辨伪同时并存，有不少编造伪书的学者，如丰坊（1492—1563），是明代著名书法家、藏书家，常造伪书，托名先秦时期著作，如《鲁诗》《河图》等，向世人炫耀，受到后人讥评。有造伪必然就有辨伪，明代辨伪的成就也非常突出，著名的辨伪学家有宋濂、梅鷟（zhuó）、胡应麟等，他们继承前人的辨伪成果，在辨伪学上又有新的开拓，对清代辨伪学产生了直接影响。

一、宋濂及其辨伪学成就

（一）宋濂

宋濂（1310—1381），字景濂，号潜溪，浙江浦江人。元至正中，荐授翰林编修，不就，入龙门山著书。入明后，任江南儒学提举，明太祖洪武二年（1369），任编修《元史》总裁官，此后，历任翰林院学士、安远知县、礼部主事、侍讲学士等。洪武十三年（1380），因宋濂长孙宋慎牵涉胡惟庸案，朱元璋欲处死宋濂，经皇后、太子求情，全家谪茂州，中途病死于夔州。

（二）宋濂辨伪学成就

宋濂著有《诸子辨》，以考辨书籍真伪为主，考辨先秦至宋古书四十余种，如《管子》《晏子》《老子》《文子》《关尹子》《亢仓子》《邓析子》《庄子》《墨子》《鬼谷子》《孔丛子》等。综观宋濂辨伪方法，主要从考察著录源流、思想内容、史实、典章制度、避讳、材料来源、文字风格等方面展开考辨，这些方法虽不属于宋濂独创，但在综合运用各种方法全面考辨古书方面，他颇有成就。宋濂还注意揭示作伪的规律，推动了辨伪学的进一步发展，如辨《言子》①，举出作伪的两种类型：一是有所依傍，一是凭空造作。对于考辨伪书具有普遍意义。《诸子辨》除考辨伪书外，还考辨立说之是非，即古书所述事实、论点的是非，在辨立说之是非时，一方面宋濂取得了一定的成绩，另一方面他崇信儒家经书，凡事以儒家经典作为考辨是非的依据，有很大的局限性。

---

① 《言子》：传说是孔子弟子言偃的作品，言偃（前506—前443），字子游，又称叔氏，春秋时吴地常熟人，曾跟随孔子学习。

二、梅鷟及其辨伪学成就

（一）梅鷟

梅鷟，生卒年不详，字鸣岐，别号致斋，旌德（今属安徽省）人，明正德八年（1513）举人，历任南京国子监助教，盐课司提举。

（二）梅鷟辨伪学成就

梅鷟代表作是《尚书考异》，共6卷，其中前五卷辨伪，最后一卷考异文。他继承了宋代朱熹等人对《古文尚书》的考辨成果，对之做了更加深入的考证，对清代辨伪学有很大的影响。他因考辨《古文尚书》主要从考察传授源流、揭示篇章割裂的破绽、考察材料上的依傍和补缀、考察文章体例、考察文字风格、考察史实等方面展开，进行全面的考辨，其成果备受后人推崇，被称之为"明代巨儒"。

三、胡应麟及其辨伪学成就

（一）胡应麟

胡应麟（1551—1602），字元瑞，号少室山人，浙江兰溪人，是明代著名诗人、史学家、文献学家。胡应麟勤于著述，又喜爱藏书，筑"二酉山房"，藏书4万余卷，并自编所藏书目录，著有《少室山房类稿》120卷、《少室山房笔丛》48卷。

（二）胡应麟辨伪学成就

胡应麟的主要文献学成就在辨伪学，所著《四部正讹》将辨伪的范围由子部扩大到四部,辨识伪书 104 种,对古代伪书进行了深入考证。

1. 考辨群书,成就突出

胡应麟考辨伪书,遍及经史子集,大大开拓了前人的考辨范围,提出了不少新的见解,而且对前人已考辨之书,也能既参考前人之说,又不迷信已有说法,主张深入考察以决真伪。这种对前人之见不盲从,能独立思考以决弃取的态度,非常难得。

2. 揭示伪书产生的原因

在胡应麟之前,已有一些学者对伪书产生原因作了较为零散的总结,他在前人基础上进一步作了阐发,在《四部正讹》一书中说"凡赝书之作,情状至繁,约而言之,殆十数种",并举例说明"有伪作于前代而世率知之者","有伪作于近代而世反惑之者","有掇古人之事而伪者","有挟古人之文而伪者","有传古人之名而伪者","有蹈古书之名而伪者","有惮于自名而伪者","有耻于自名而伪者","有袭取于人而伪者","有假重于人而伪者","有恶其人,伪以祸之者","有恶其人,伪以诬之者","有本非伪,人托之而伪者","有书本伪,人补之而益伪者","有伪而非伪者"①,"有非伪而伪者"②,"有非伪而实伪者","有当时知其伪而后世弗传者","有本无撰人,后人因近似而伪托者"。③ 针对作伪复杂的情况,胡应麟条分缕析,详尽而不烦琐,较为全面地揭示了伪书产生的原因。

3. 系统地总结了辨伪方法

胡应麟根据其辨伪的经验,提出辨伪八法,即"核之《七略》,以观其源;核之群志,以观其绪;核之并世之言,以观其称;核之异世之言,以观其述;核之文,以观其体;核之事,以观其时;核之撰者,以观其托;核之

---

① 按:意即前书不伪,而后人有意将之造成伪书。
② 按:意即前世本有此书,不伪,后人有意改换作者、书名等。
③ 胡应麟:《四部正讹》,4—5 页,天津,天津古籍出版社,2016。

传者，以观其人"①。这是首次系统地总结辨伪的方法，为后世辨伪学的进一步发展奠定了基础。

4. 对四部书伪书众寡情况作了较准确的估计

《四部正讹》总结说："凡四部书之伪者，子为盛，经次之，史又次之，集差寡。凡经之伪，《易》为盛，纬侯次之。凡史之伪，杂传记为盛，琐说次之。凡子之伪，道为盛，兵及诸家次之。凡集，全伪者寡，而单篇别什借名窜匿甚众。"② 所论较为切合实际。同时，他还认为伪书有不同种类，有些是整部书都是伪书，有些书真伪混杂，有些是原书不伪，后人补充而成伪书，有些书内容不伪，但书名伪，等等。这对我们了解伪书程度具有借鉴意义。

第四节 元、明时期少数民族历史文献学的发展

元、明时期是中华民族发展的重要阶段。元朝统一中国以后，结束了宋、辽、西夏、金长期对峙的局面，全国的统一加快了各民族文化的交流，促进了少数民族文献学的发展，但同时由于契丹、女真、党项等民族走向消亡，这些民族原来使用的文字，随之趋于萎缩，逐渐退出了历史舞台，成为死文字，文献或散佚，或埋于地下，造成大量文献亡佚。明朝对少数民族基本上采取安抚羁縻政策，加强经济文化交流，以争取周边地区的安定，同样推动了少数民族文献学的发展。

---

① 胡应麟：《四部正讹》，51 页，天津，天津古籍出版社，2016。
② 胡应麟：《四部正讹》，51 页，天津，天津古籍出版社，2016。

一、蒙古文文献

蒙古族是生活在我国北方的一个少数民族，13世纪初，成吉思汗逐渐统一了蒙古各部，建立起强大的蒙古政权，后来蒙古先后灭了西夏、金、南宋，统一全国，建立了元朝。蒙古族先后使用过回鹘式蒙古文、八思巴文以及沿用至今的蒙古文。回鹘式蒙古文是成吉思汗时命塔塔统阿①借用回鹘文创建的文字，流传至今的第一部蒙古历史文献是《蒙古秘史》，这是最早的一部用回鹘式蒙古文写成的史书，作者已不可考，全书以编年体体例从蒙古族起源开始讲起，一直叙述至窝阔台时期，其中以成吉思汗的生平事迹为主，内容丰富，是研究蒙古古代史非常珍贵的史书。元朝统治时期，《蒙古秘史》一直藏于国史院内，秘不示人。明朝建立后，朱元璋令人将《蒙古秘史》译为汉文，更名为《元朝秘史》。八思巴文是元世祖忽必烈时，命藏族僧人八思巴创建的一种文字。八思巴（1235—1280），原名罗追坚赞，是藏族萨迦派第五代祖师，幼年随伯父贡嘎坚赞前往凉州与蒙古王阔端会谈，成年后受到忽必烈器重，封为国师，领总制院事，掌管全国佛教事务以及西藏的行政，1270年封为帝师。八思巴创造蒙古文字，忽必烈诏令在各地推行，元朝灭亡后，八思巴文逐渐废弃不用。今天保存下来的八思巴文文献数量不多，主要有碑刻、印章、牌符以及少量的图书。

沿用至今的蒙古文是在回鹘文基础上发展起来的，明代蒙古文献多是用改进的蒙古文书写成的，主要历史著作有《黄金史纲》《黄史》等。《黄金史纲》全称《诸可汗源流黄金史纲》，俗称《小黄金史》，作者无考，成书于17世纪初，以编年体体例记述古代蒙古直到林丹汗（1592—1634）时的历

---

① 塔塔统阿：生卒年月不详，蒙古国臣，畏兀儿人，原是乃蛮部太阳汗的臣子，掌管金印、钱谷，乃蛮部灭后，投降成吉思汗。他的最大功绩是以回鹘字母为基础创制蒙古文字。

史,是研究元明时期蒙古的主要史料之一。《黄史》全称《古代蒙古汗统大黄史》,作者与成书年代不详,该书以蒙古族历史为主线,从远古神话传说开始一直记述到17世纪,对蒙古各部首领的系谱记载较详细。《大黄册》,全称《古代蒙古诸汗源流大黄册》,是一部编年史著作,约成书于1643—1662年,作者是拓巴台吉,围绕成吉思汗家族的起源、发展、变迁记述蒙古的历史,也是研究蒙古史的重要史料。此外,蒙古族大型史诗《江格尔》在元明时期也基本完善和定型,它是由数十部作品组成的一部大型史诗,除一部序诗外,其余各部作品都有一个完整的故事,可以独立成篇,塑造了一批正面人物形象。《江格尔》以其高度思想性、艺术性将蒙古族史诗推向一个新的高度,是研究蒙古文学、历史的重要文献,也是中华民族文化的重要遗产。

成吉思汗建立横跨欧亚大陆的大帝国后,将其领土分封给四个儿子,次子察合台在西北建立察合台汗国,所辖区域包括今天中国新疆、乌兹别克斯坦、塔吉克斯坦、吉尔吉斯斯坦等。察合台汗国建立后,开始推行察合台文,涌现出一大批著作。其中文学著作较多,史学著作如《拉失德史》,是叶尔羌汗国前期一部重要的著作,作者米儿咱·马黑麻·海答儿。全书分为两部分,第一部分为《正史》,叙述从秃鲁黑帖木儿汗皈依伊斯兰教到拉失德时代近200年的历史;第二部分,以作者亲身见闻,记述其外祖父羽奴思汗即位到自己执政时期社会历史情况。该书内容丰富,较为全面地记录了我国新疆及中亚地区的政治、经济、文化、风俗等,对于研究叶尔羌汗国具有重要的史料价值。

二、藏文文献

藏文文献在元明时期有了进一步发展,除了佛经翻译和刊刻外,还出现了很多著名的史书，如《红史》《西藏王统记》《汉藏史集》《贤者喜宴》《米拉日巴传》等。

一、《红史》

《红史》作者蔡巴·贡噶多吉曾担任蔡巴万户长，16岁时进京朝觐元泰定帝也孙铁木儿，被封为蔡巴万户长并赐予诏书以及大量物品。这部史书共包括四个部分：一是众人共敬之王的世系；二是释迦牟尼的历史及佛经三次集结；三是印度、汉地、西夏、蒙古、吐蕃王统；四是佛教复兴以及各教派的传承。《红史》是较早将印度、汉地、西夏、蒙古、西藏等地历史融合于一体的藏族史书。书写印度佛教及王统史，主要是出于追溯佛教起源的原因，而将中原、西藏、蒙古等地的历史融为一体，反映了元代统一多民族国家发展的历史事实。

二、《西藏王统记》

《西藏王统记》作者索南坚赞。书中首先讲述世间的形成、印度法王的出现以及释迦牟尼的故事；其次讲述汉地、霍尔佛法出现及王统的历史；最后，也是该书最主要部分，依次叙述藏族起源、王统发展，一直记载至分裂时期。该书最大特点就是记载了较多的社会政治史，具有重要的史料价值。

三、《汉藏史集》

《汉藏史集》作者是明代藏族学者达仓宗巴·班觉桑布。该书内容非常丰富，主要包括印度王统、于阗王统、汉地王统、木雅王统、吐蕃王统、吐蕃医学历史、刀剑的传播、茶叶的种类、鉴别碗好坏、蒙古王统、驿站设置、伯颜的故事、桑哥的故事、萨迦世系、夏鲁万户、夏喀哇家族、达那哇家族、南杰林巴家族、密法的弘扬、后弘期高僧及建寺情形、下部戒律的传承、阿底峡弟子传承、噶当派传承、俄译师叔侄建经院情形、时轮续及注释之传播、班钦释迦室利传承、达波噶举、希解派、帕竹噶举、帕竹万户、拉巴的教法传承、襄巴噶举等，是集王统史、教法史、世系史、人物传记于一体的史著，明显具有政教合一的综合体特点。书中记载藏族刀剑、茶叶、碗等知识，在藏文史著中是较为独特的，其史料价值备受学者重视。

四、《贤者喜宴》

《贤者喜宴》的作者是巴卧·祖拉陈瓦。全书共分五章，内容包括世间成因；印度古代史（印度王统）；释迦牟尼生平；佛经结集；修建三宝所依及印度王统；大慈悲观世音利益吐蕃众生史；吐蕃王统史；律学源流史；译师、论师史；金刚乘旧译史；噶当教派史；噶举教派史；成就续部噶玛巴教派史；止贡噶举巴解脱心要；其他各教派教史；于阗、汉地古昔、西夏、蒙古、汉地晚近等王统及教法史；五明之学源流史。整部书从宗教理论到王统、教派、教法传承再到五明之学，书写结构清晰明确，知识丰富，书中广征博引，收录了不少原始文献，成为后人编写藏族史的重要参考依据。

五、《米拉日巴传》

《米拉日巴传》是藏族僧人桑杰坚赞编著的传记体史书。米拉日巴是藏族噶举派第二代祖师，早年丧父，经历坎坷，成年后学习巫术复仇，后来内心悔过，皈依佛教，历尽艰辛，苦行修炼，最终成为影响一代的高僧。该书以问答的形式记述了藏族高僧米拉日巴一生不平凡的经历，内容广泛，对于研究当时西藏的社会和宗教具有重要参考价值。人物传记类还有《玛尔巴传》《萨班传》《宗喀巴大师传》等。

《布敦佛教史》《青史》等都是以记载佛教发展为主的史书，在藏族历史文献学上也具有重要地位。

三、彝族文献

元明时期彝族的历史著作也较为丰富，著名的史诗有《查姆》《阿细的先基》《梅葛》《勒俄特依》《天地祖先歌》，这五部著作被称为彝族五大创世史诗。《勒俄特依》本意为"历史的真实模样"，是流行于四川、云南、贵州等地彝族地区的史诗，也译为《史传书》，主要讲述天地形成，万物生长，社会变迁以及彝族先民迁徙的历史，对研究彝族社会的形成和发展有重要参考价值。《六祖史诗》作者不详，一般认为成书在明末清初，记述彝族从慕折至笃慕的父系31世和继笃慕之后六祖以下主要家支世系的主要人物及历史。此外，彝文文献还有大量的医药书、宗教文献、占卜书、文学文献、金石文献等。

推荐阅读书目

曾贻芬、崔文印：《中国历史文献学史述要》，北京，商务印书馆，2000年。

提要：曾贻芬，1941年出生，广东兴宁人，北京师范大学教授。崔文印，1941年出生，河北乐亭人，中华书局编审。该书由系列论文汇编而成，内容涉及从先秦至清代中国历史文献学的各个阶段，每个阶段既有总体论述，也有重点文献学家、文献分支学科或重要文献的深入研究，读之有助于加深对中国历史文献学史的了解。

第十二章　清代历史文献学的发展

清代是中国历史文献学发展的兴盛时期。明朝灭亡，由满族建立起全国统一的王朝，对于明末清初的知识分子来说刺激强烈，严酷的社会现实，促使学术思想界反思明代学术的弊端，很多学者认为晚明时期空谈误国是社会衰败的根由，因此开始对宋明理学进行修正和批判，清初学术风气由明代的空疏转向征实。清初大多数学者主张经世致用，努力寻找治学的新途径。征实的学风，极大地推动了汉文历史文献学的发展。清代历史文献学的发展与统治者的倡导与喜好也有密切关系，康熙、乾隆都是喜爱读书、藏书、编书的皇帝，在位期间修纂了不少大部头图书，如大型类书《古今图书集成》、中国古代史上最大的丛书《四库全书》都是这一时期编纂成的。清代又是我国多民族共同体形成和发展的重要阶段，这一时期，国内各民族文化交往密切，不同文字之间文献互译数量很多，少数民族文字文献也得到了充分发展。清代历史文献学在很多方面都取得成就。

其一，辨伪学成就突出。

清代出现了很多历史上著名的辨伪学家，考辨伪书范围遍及经史子集四部，不仅诸子类、史书类被学者们广加考辨，而且经书如《周易》《尚书》《诗经》《周礼》《大学》《中庸》等，也都是学者考辨的重点书籍。

其二，辑佚学成就显著。

由于历经战乱，古书至清代已亡佚不少，清代学者有意识地从各种古籍文献中辑佚，取得了很大的成就。乾隆年间编纂《四库全书》时，乾隆皇帝组织一批学者从残存的《永乐大典》，以及其他类书中辑佚出385种书籍、计4926卷。此后，马国翰《玉函山房辑佚书》辑佚书近600种，王谟《汉魏遗书钞》辑佚书四五百种，黄奭《汉学堂丛书》辑佚书290余种。这些辑佚的古籍文献都遍及经、史、子、集，洋洋大观。

其三，传统目录学发展到高峰。

乾隆年间编纂的《四库全书总目》是集众多学者所长编纂的一部大型官修目录，它在总结前代目录编纂经验教训的基础上，以比较完善的分类体系、系统的部类小序、详细的书目提要，对古代图书典籍作了全面梳理，系统总结了中国学术的渊源流变，将中国古代目录学推向一个新的高度。其他各种目录著作也纷纷涌现，专科目录方面有翁方纲的《通志堂经解目录》《经义考补正》；子部目录有黄以周的《子叙》；小学目录有谢启昆的《小学考》；版本目录有黄丕烈的《求古居宋本书目》；金石目录有毕沅的《关中金石记》等。清代著名学者章学诚在目录学理论方面有很多精当的阐述，堪称古代目录学理论的新发展。

其四，历史考证学兴盛。

清代学者本着实事求是的精神，注重对历史文献的考证，梁启超认为，自秦以后，能形成时代学术思潮者，只有汉之经学，隋唐之佛学，宋明之理学，清之考证学，很好地概括了清代学术的特征。在历史考证学方面有顾炎武的《日知录》，王鸣盛的《十七史商榷》，钱大昕的《廿二史考异》，赵翼的《廿二史札记》等。

其五，版本学的新发展。

清代学者注重征实的学风，推动版本学也进入一个新的发展时期，在版本鉴定、版本源流、版本著录以及书籍刊刻等方面，取得了令人瞩目的成就。

清代学者崇尚宋版书籍风气非常浓厚，藏书家无不以收藏宋版书为荣，如著名藏书家黄丕烈家藏宋本百余部，人称"佞宋主人"。人们对宋版书的重视，大大促进了版本鉴定的发展，总结了很多鉴定版本的经验。同时，清代学者还特别注重对版本源流的探讨，即对某一种图书版本渊源流变进行系统的考察，在这一方面清代学者也取得了突出的成就。

其六，校勘学的发展。

清代出现了很多专门的校勘学家。如清中期著名校勘家顾广圻，精通经、史、子、集，学识渊博，擅长校勘，很多有名的刻书家都延请他校书。顾广圻校书注重保存书籍原貌，凡有考订异同、订正讹误之处，皆另附考异或撰写校勘记。因顾广圻校勘严谨，考订精细，凡经他校勘过的书籍，世人都视若珍宝。其他如孙星衍、卢文弨等都致力于书籍校勘。他们对于恢复古籍原貌作出了很大贡献。

其七，藏书事业发达。

清代官府藏书达到古代藏书鼎盛时期，翰林院、国子监等都有丰富的藏书。在皇宫内，如天禄琳琅、五经萃室、懋勤殿、摛藻堂、味腴书屋等都是著名的藏书之处，在皇帝经常游玩的地方如圆明园、承德避暑山庄等都有藏书之所。为保存《四库全书》，乾隆皇帝下令修建七阁分别保存七部《四库全书》，成为中国藏书史上的盛举。

清代私人藏书家数不胜数，藏书数量也超越前代，而且私人藏书家编纂了不少个人藏书目录，制订了藏书规则，对藏书理论展开讨论，如清末民初叶德辉的《藏书十约》《书林清话》，其中包含了对私人藏书经验的总结。

其八，丛书刊刻的兴盛。

在编纂《四库全书》的推动下，清代丛书刊刻也出现了兴盛的局面，乾隆皇帝在纂修《四库全书》过程中，命人将部分珍本善本汇集成帙，由武英殿刊刻成《武英殿聚珍版丛书》，这是一部对后世影响较大的丛书。

此后，有鲍廷博、鲍士恭父子辑刊的《知不足斋丛书》，计781卷。张海鹏辑刊的几部丛书，内容丰富，鉴别精审，受到后世学者的推崇，如《学津讨源》收书192种，计1048卷；《墨海金壶》收书115种，计727卷。

其九，少数民族文献较为成熟。

清代是满族建立的全国统一王朝，少数民族文献得到统治者的重视和支持，满、蒙古、藏、维吾尔、彝、傣等民族的文献都有不同程度的发展，出现了大量优秀的史著，丰富了中国历史文献学的内容。

第一节　清初三大儒

明末清初著名思想家、学者有顾炎武、黄宗羲、王夫之，他们在社会激烈变革时，提出了许多人本主义论点，具有强烈的批判意识，故被并称为"清初三大儒"。

一、顾炎武及其在历史文献学方面的贡献

（一）顾炎武简介

顾炎武（1613—1682），字宁人，原名绛，称亭林山人，江苏昆山人。明末曾参加抗清斗争，明朝灭亡后，誓死不仕清朝，四处游历，晚年定居于陕西华阴，一直终老于此地。顾炎武不满明代空疏的学风，博览群书，注重考证学，推动了清初学风的转变，而且顾炎武始终怀有经世致用的远大抱负，不钻故纸堆，所著之书均有关社会发展。因此，被誉为清代学术的开山人物。

(二) 顾炎武在历史文献学方面的贡献

1. 批判宋明理学，提倡经学

明末清初社会大变局，促使顾炎武深入总结明亡的历史教训，他反思明代学术风气，对宋明理学展开批判，其锋芒首先指向王阳明心学。顾炎武认为，明朝的覆亡乃是王阳明心学空谈误国的结果，称王阳明心学其罪深于桀纣，从本质上说是内释外儒，违背了孔孟的旨意，他认为儒学本旨在于孝悌忠信，不仅陆王心学是佛教禅学，背离了儒学修齐治平的宗旨，即便是程朱理学亦不免有流于禅释之处。他批评前代学者终日言性与天道，其实已落入佛学。因此，他主张研读经书，从经书中寻圣贤之道，并施之于实践，这样通过精通小学而研治经学的治学方法经顾炎武的提倡在社会中逐渐形成风气。

2. 证古求真，力求恢复古文献原貌原义

历史文献学的重要任务就是整理古代文献，纠正文献在流传过程中的阙漏、讹误、造伪、篡改等，力求恢复古文献原貌。顾炎武提倡经学，反对人们对经书穿凿附会地歪曲理解，他认为妄改古书是导致古代文献讹误的重要原因。特别是明代学风空疏，妄改之风盛行，顾炎武对此痛加针砭，称明代万历间人多好改窜古书，人心之邪，风气之变，自此而始。因此，顾炎武十分重视辨伪，他怀疑《古文尚书》《诗序》等，对于开启清代辨伪学风起了重要作用。

3. 通古音，求古意

顾炎武精通古音韵之学，强调古音与文献之间的关系，"三代六经之音，失其传也久矣，其文之存于世者，多后人所不能通，以其不能通，而辄以今世之音改之，于是乎有改经之病"[①]。顾炎武多将前人妄改经书的原因归于不

---

① 顾炎武：《顾亭林诗文集》，69 页，北京，中华书局，1983。

通古音，因此，他非常看重古音韵学在研读经书中的作用，著有《音学五书》，包括《音论》《诗本音》《易音》《唐韵正》《古音表》，对后人读通读懂古书起到了很大的帮助。

4. 金石学研究

为了考证古书，顾炎武还十分重视金石文献的搜集和利用，他认为古代留传下来的金石文字，可以订正书籍讹误，帮助后人读通古书。他所撰写的《金石文字记》，收录碑文、石经、器铭等300余种，每条之下有考证跋文或题记。《求古录》是顾炎武在游历各地过程中亲自抄写的碑刻文字，上自汉代下至明初，共得56种，收录碑铭全文，并作跋文记碑文所在之地，考证建立之由，很多内容可与正史相互参照，推动了清代金石学的发展。

二、黄宗羲及其在历史文献学方面的成就

（一）黄宗羲简介

黄宗羲（1610—1695），字太冲，号南雷，又号梨洲山人，浙江绍兴余姚人。黄宗羲青年时代参加过反对阉党的斗争，后又参加反清斗争，失败后，为躲避清朝廷缉捕，隐伏山林，后返回家乡，从事讲学和著述活动。康熙十七年（1678）清朝廷诏征博学鸿儒，后开明史馆纂修《明史》，他屡次被举荐，但均拒绝。他早年曾研习王阳明心学，但对王阳明心学的弊端有非常清醒的认识，主张实学，著有《明夷待访录》《明儒学案》《孟子师说》《历代甲子考》等。

（二）黄宗羲在历史文献学方面的成就

1. 批判空疏学风，主张经世致用

黄宗羲同顾炎武一样，目睹明朝灭亡，深感空谈心性的危害，对明朝晚

期一些学者束书不观的弊端展开猛烈批判，主张把读书与思考结合起来，钻研文本，求古文献的本义。由于黄宗羲在当时学者中具有很大影响力，他的这些论述对于扭转学风起了重要作用。他还极力提倡经世致用之学，其代表作《明夷待访录》包含了浓厚的经世思想。该书分为《原君》《原法》《置相》《学校》《取士》《建都》《方镇》《田制》《兵制》等，严厉批判君主专制、土地集中、科举腐败，主张限制君主的权力，重用贤臣，均田薄赋，发展工商，改革科举，强化学校的作用。这些论点对封建伦理纲常有很大的冲击。

2. 编纂史书，开创学案体

康熙年间，朝廷开明史馆编纂《明史》，以笼络士人，黄宗羲因其渊博的学识被举荐，但他拒不出任，不过出于对明朝深厚感情，黄宗羲派其弟子万斯同，以布衣身份参加史局撰修《明史》。黄宗羲虽然没有直接参加明史馆的纂修活动，但非常关注《明史》的纂修问题，经常通过书信帮助解决疑难，明史馆因《明史》是否立道学①传争论不下，最后因黄宗羲的建议，不再沿袭《宋史》立道学传。

学案体是中国古代史书体裁，南宋时期朱熹的《伊洛渊源录》可视为开启之作。黄宗羲的《明儒学案》则是一部体裁完善的学术史专著，形成了中国古代重要史书体裁——学案体。《明儒学案》共62卷，分为17个学案。每一个学案包括三部分：一是序，叙述该学派学术变迁，师承衍变，案主的学术要点，学术地位或影响等（序文一般篇幅不长，但言简意赅，对于我们了解该派学术概况非常有益——作者注）；二是传记，介绍案主的生平经历和学术要点，行文中或有按语论断，以突出传主的学术精神；三是案主的学术著述资料辑录，所选资料都是最能反映案主学术精神的内容。《明儒学案》

---

① 道学：是对宋代理学的称呼，持宋明理学者常被称为道学家。

以一种崭新的体裁，系统总结和记述明代学术思想发展演变及其流派，对后世学术史撰写产生了深远影响。《明儒学案》编完后，黄宗羲又着手编纂《宋元学案》，该书仍按学案体编排，但还未完成，黄宗羲便去世了，其子黄百家续作亦未完成，乾隆时期全祖望再续作，光绪五年龙汝霖主导翻刻于长沙最终成书100卷，前后经历200余年。

三、王夫之及其在历史文献学方面的成就

（一）王夫之简介

王夫之（1619—1692），字而农，号姜斋，又号夕堂，湖南衡阳人。明崇祯十五年（1642）举人，清军南下时，在衡山举兵反清，失败后，拒不仕清，隐居深山，专事著述。晚年居于衡阳石船山，故人称"船山先生"。

（二）王夫之及其在历史文献学方面的成就

1. 反对穿凿附会的空疏学风

王夫之对明代心学的空疏与穿凿附会给予了严厉批评，在王夫之看来，王阳明心学来自佛、老之学，其弟子更是远离圣贤之意，人心之坏，世道之衰，莫不从此始。这些观点与顾炎武等人有相同之处，他们将批判的矛头直指明代空疏的学风。可见指责明人空谈误国，成为多数清初学者共同之处。

2. 注重考证

王夫之治学的主要特点就是实事求是，在其著作中，关于名物制度的考证很多，其考证成果大都非常精当，不逊于后来的乾嘉学者。在考证历史事实时，他往往旁征博引，广泛搜集资料，还注意从实事实物上考察，古今对比，从而增强了说服力。王夫之与顾炎武、黄宗羲不约而同地注重考证，反映了清初学术风气的转向。

3. 《读通鉴论》

《读通鉴论》是王夫之阅读司马光《资治通鉴》所作的笔记，全书30卷，书中分析历代成败兴亡，盛衰得失，臧否人物，总结历史经验教训，是清代重要的史评著作。书中有很多内容都是针对明朝灭亡有感而发，借以寻找丧国根源，反映了王夫之以史为鉴的史学思想。此书中有很多评论表现出王夫之对历史认识的真知灼见，受到后人重视，在"通鉴学"发展史上具有重要地位。

4. 强调经世致用，反对拘泥于章句之学

王夫之注重博览，强调考证之学的重要性，但他并不沉溺于文献的字句考证之中，认为拘泥于章句而不能自拔是一种玩物丧志的读书法，读经书，学圣贤，并不是数经书的字数，仅仅辨别章句，钻在考证校订中不能自拔，于身心无益，亦不能提高人们的伦理道德。这反映了他经世致用的考证观，这与清中期一些考证学者，为考证而考证并不相同。

第二节　清代辨伪学者

清代辨伪学非常兴盛，出现了诸如阎若璩、胡渭、姚际恒、崔述等著名的学者。

一、阎若璩及其辨伪学

阎若璩（1636—1704），字百诗，号潜邱，祖籍山西太原，后移居江苏淮安。阎若璩一生研究经史，擅长考据，曾问学于黄宗羲。顾炎武将所撰《日知录》付与相问，即改订数则，为顾炎武所叹服。康熙十八年（1679）

应博学鸿词科不第，留京师，受到徐乾学赏识，参与徐乾学主持的《清一统志》纂修。徐乾学去世后，阎若璩回到淮安。康熙三十八年（1699年）和四十二年（1703），康熙皇帝南巡江浙时，他先后两次进献颂诗，渴望得到召见，但未能如愿。后来，皇四子亲王胤禛（以后的雍正皇帝）因久闻其名，以手书相邀，已69岁的阎若璩感到不胜荣幸，不顾年老衰病之躯，日夜兼程，于康熙四十三年（1704）正月赶赴京师。三月，被胤禛请至府邸，尊为上宾。不久，阎若璩病情加重，卒于京师。主要著作有《尚书古文疏证》《四书释地》《释地余论》《潜邱札记》等，其中以《古文尚书疏证》成就最高，影响最大。

对《古文尚书》的考辨自宋代已开始，历宋元明时期，有不少学者如朱熹、梅鷟等人，对其详加考辨，但这部书是否为伪书始终未能定论。阎若璩在前人研究基础上，进一步广泛搜集资料，从不同方面寻找证据，最终著成《尚书古文疏证》八卷，从渊源、传授、篇数、篇名、史实、文体、典制、地理、历法、音韵等方面全面考辨，确定这部书并非孔子壁中所出之书，而是后世伪造之作。阎若璩的考辨方法在辨伪学上非常具有代表性，主要有以下几种：

一是从书籍之篇数考辨，据史书记载《尚书》共16篇，而梅赜所上《古文尚书》则为25篇，篇数不合，故知应为伪书。

二是从文体难易程度上看，据常理推断，古今文体的发展应由难而易，但《今文尚书》多艰涩难懂，而《古文尚书》25篇却多文从字顺，明显违背了文体由难而易的发展规律。

三是从《尚书》佚文考辨，先秦两汉的典籍对《古文尚书》多有征引，有些被其他文献引用者，却不见于《古文尚书》，说明《古文尚书》是伪造的。

四是从史实、典制、历法、文体等与时代不符，考辨《古文尚书》为伪书。如《古文尚书》出现"罪人一族"的语句，据阎若璩考证，这种一人有罪，家族连坐的刑罚，始于秦文公，因此，西周时期不可能出现"罪人一族"的话，可以断为伪书。

《古文尚书》历经几百年学者们反复考辨，至阎若璩时终于考证其为伪书，成为定论，在历史上有重大意义。梁启超曾总结说："请问：区区二十篇书的真伪，虽辨明有何关系，值得如此张皇推许吗？答道：是大不然，这二十几篇书和别的书不同，二千余年来公认为神圣不可侵犯之宝典，上自皇帝经筵进讲，下至蒙馆课读，没有一天不背诵它，忽焉真赃实证，发现出全部是假造，你想，思想界该受如何的震动呢？"① 由此可见阎若璩考辨《古文尚书》的价值和意义。

二、胡渭及其辨伪学

胡渭（1633—1714），字朏明，号东樵，浙江德清人。胡渭擅长考证，学识渊博，精于经学和地理学，著有《易图明辨》《禹贡锥指》《洪范正论》等。

其中以《易图明辨》最有影响，是清初辨伪学的代表著作。《易经》本是古代占卜之书，是儒家经典之一。五代宋初时，有道士名陈抟②编造出由黑白圆点排列而成的《河图》《洛书》以解释《易》，此后，两宋理学家大都接受了陈抟的说法，并增益附会，出现的《先天图》《后天图》《太极图》等，以图解《易》成为北宋以后的主流，导致《易经》研究越来越神秘玄虚。黄宗羲著《易学象数论》开启考辨《易》图风气，胡渭则集前人研究成

---

① 梁启超：《中国近三百年学术史》，见《饮冰室合集》第 10 册，69 页，北京，中华书局，1989。

② 陈抟：(871—989)，字图南，号扶摇子，赐号"白云先生""希夷先生"，北宋著名的道家学者、养生家。他早年科举不中，隐居武当山，游乐山水，精通《易》学，擅长卜算，北宋初年逝于华山，享年 118 岁。

果对《易》图进行系统考证,澄清了附加在《易》上种种荒谬解说。胡渭认为《易》本身是由六十四卦组成,也就是有六十四种图像,这就是《易》图,根本不需要所谓的《图》《书》,从源流上看,宋以前未见有人提及过《易》图。经过详细考证,追根溯源,胡渭查明《河图》《洛书》乃陈抟所造,并指明了陈抟伪造图书的出处。经胡渭详细考证,使早期《易》图玄虚的解释统统失去了依据,廓清了迷雾,有功于经学的发展。

另外胡渭著的《禹贡锥指》,广泛搜集方志舆图等对《尚书·禹贡》详加考释,将九州分域、山水脉络的沿革、变化详加说明,是研究中国古代地理沿革的重要参考书。

三、姚际恒及其辨伪学

姚际恒(1647—约1715),字立方,一字善夫,安徽新安人,久居仁和(今浙江省杭州市)。姚际恒博览群书,擅长考证辨伪,具有强烈的怀疑和批判精神,著有《九经通论》,包括《易传通论》《古文尚书通论》《诗经通论》《周礼通论》《仪礼通论》《礼记通论》《春秋通论》《论语通论》《孟子通论》。这些书籍只有《诗经通论》《仪礼通论》保存了下来,其他或已亡佚,或散见于他人著述中。此外,他还著有《庸言录》(附《古今伪书考》),其中《庸言录》已亡佚,《古今伪书考》被鲍廷博离析出来刻在《知不足斋丛书》中,后又单本流行,故很好地保存下来。

《古今伪书考》是一部考辨群书的著作,考辨内容涉及经、史、子三类,凡91种图书。《古今伪书考》内容大多是搜集前人成果,然后又加上自己的断语,或作补充考证,一般说考辨都比较简单,有的直接引用他人话语,有些按语也有不当之处,故后人对这部著作多有批驳之言,但姚际恒大胆的怀疑和批判精神是值得推许的。20世纪著名史学家顾颉刚曾评论说:"《古今伪书考》只是姚际恒的一册笔记,并不曾有详博的叙述,它本身在学术上的价值可以说是很低微的,但他敢于提出'古今伪书'一个名目,敢于把人们不敢疑的经书(《易经》《孝》《尔雅》等)一起放在伪书里,使得初学者对着一大堆材料,茫无别择,最易陷于轻信的时候,骤然听到一个大声的警告,知道故纸堆里有无数记载不是真话,又有无数问题未经解决,则这本书实在具有振聋发聩的功效。所以这本书的价值,不在它的本身的研究成绩,而在它所给予初学者的影响。"①

四、崔述及其辨伪学

崔述(1740—1816),字武承,号东壁,大名(今河北省大名县)人,乾隆二十七年(1762)举人,嘉庆元年(1796)授福建罗源县知县,嘉庆四年(1799)调署上杭县。崔述一生不求仕进,博览群书,著有《考信录》36卷,包括《考信录提要》2卷、《补上古考信录》2卷(这两种为《前录》)、《唐虞考信录》4卷、《夏考信录》2卷、《商考信录》2卷、《丰镐考信录》8卷、《洙泗考信录》4卷、《丰镐考信别录》3卷、《洙泗考信余录》3卷、《孟子事实录》2卷、《考古续说》2卷、《考信附录》2卷,这部书前后用了40年时间,凝结了崔述毕生心血。此外,崔述还著有《王政三大典考》《读风偶识》《古文尚书辨伪》等,顾颉刚编订的《崔东壁遗书》汇集崔述著作较齐全。

崔述具有强烈的怀疑和批判精神,在读书过程中,凡事可疑者,决不轻信,认为凡其说出于战国以后者,必详为之考其所本,而不能因汉人说是三代之事即以为真为三代之事。这是他能够撰写《考信录》的最主要原因。崔

---

① 顾颉刚:《古今伪书考·序》,见姚际恒:《古今伪书考》卷首,朴社,1933。

述辨伪涉及辨伪说、伪事、伪书等几个方面,其辨伪坚持"无征不信"的原则,把辨伪事、伪说与史料考证结合起来,他认为史料的可靠性是分层次的,就战国以前的历史来说,六经的材料最为可靠,诸子百家、汉人传注、宋儒之说多不可信,主张不以传注杂于经,不以诸子百家杂于经传,这些论断都较为合理,对后世辨伪学发展有很大影响。崔述将古代伪书分为三种类型:一是有心伪撰,即故意造伪;二是推奉依托,即托名古人;三是旁采伪增,即部分伪造古书。崔述辨伪古书非常广泛,如辨《本草》非神农氏所作;驳《连山》《归藏》原非伏羲、神农时书,系后人伪造假托;辨《古文尚书》为伪书;等等。在辨伪学方面,他取得了很大的成就。

崔述对 20 世纪辨伪学的发展有很大影响,胡适、顾颉刚等学者都非常推崇崔述的辨伪思想和成果。不过,崔述在辨伪方面也存在一些局限,他以儒家经典作为判断是非、衡量书籍的标准,这种迷信圣人和经书的特点,限制了他的辨伪。同时,他对诸子百家又过于贬低,不加分析一概怀疑,也是不合理的。

第三节 乾嘉考据学

清代最显著的学术特点就是考据学发达,尤其在乾嘉时期兴盛至极,人们常称为"乾嘉考据学""乾嘉朴学"或"乾嘉汉学"。考据学是针对乾嘉学者研究方法而言,强调考证的重要性;称之为朴学,是指乾嘉学者学风朴实;称之为汉学,是相对宋明理学而言,这一时期学者大都崇尚汉代经学。乾嘉考据学的形成是明末清初由虚转实发展的结果,同时也与当时社会政治有密切关系,康熙乾隆时期,社会稳定,经济得到进一步发展,清统治者一方面强化文化专制,另一方面又大力提倡图书典籍的整理,带动了学术风气的变化。乾嘉时期出现了一大批有名的学者,诸如惠栋、戴震、钱大昕、王鸣盛、阮元等,他们在中国文化史中具有重要地位。

一、惠栋及其考据学

惠栋(1697—1758),字定宇,号松崖,江苏吴县人,一生未入仕途,著有《周易述》《易汉学》《周易本义辩证》《九经古义》《古文尚书考》等。他在文献学领域主要贡献有三点:

一是重视辨伪。惠栋所著《古文尚书考》辨《古文尚书》之伪,有些内容可补阎若璩之不足,是一部重要的辨伪著作。

二是重视考证。在惠栋的各种著作中都有考证的内容,其中《松崖笔记》是一部汇集惠栋一生的考证札记,内容非常广泛,充分体现出他长于考证的学术特点。

三是重视史书整理。惠栋著有《后汉书补注》,以补遗为主,兼作校注,是一部重要的史学著作。

惠栋的学术在当时产生了很大影响,其学友、弟子多遵从他的治学方法,被人称"吴派"。不过,惠栋在文献学上也有局限性,最主要的表现就是迷信、盲从汉儒旧说,缺乏识断。

二、戴震及其考据学

戴震(1724—1777),字东原,安徽休宁人,乾隆二十七年(1762)中举人,后几次赴京参加会试,均不第。乾隆三十八年(1763)因其学识渊博被举荐入四库馆参与编纂《四库全书》,乾隆四十年(1765)在四库馆成绩卓著,被赐予同进士出身,授翰林院庶吉士。戴震是乾隆时期最著名的学者,被后人视为清代考据学的代表人物。不同于一般考证学者，他对于考据学治学的目的有清醒的认识，认为孔孟圣贤之道存于经书，欲知圣贤之道，先由字词开始，由字通其词，由词通其道，才能逐渐领会。他在文字、音韵、天文、地理、数学等领域都有卓著的成就，著有《毛郑诗考正》《诗经补注》《方言疏证》《续天文略》《水地记》《考工记图》《勾股割圜记》《孟子字义疏证》等。在四库馆中他做了大量辑佚工作，从《永乐大典》等书中辑出失传已久的《九章算术》《海岛算经》《孙子算经》《五曹算经》《夏侯阳算经》等珍贵的图书，得到当时学者高度评价。他还擅长校注书籍，所校注《水经注》，对后世深有影响。

戴震不仅在考证学领域取得了突出成就，同时他还阐发个人的思想，其代表作就是《孟子字义疏证》一书，书中他批判程朱理学，阐发了朴素的唯物主义思想，表现出对社会的强烈关怀，成为清代较为杰出的思想家。戴震及其弟子的治学特点被人们称为"皖派"。

三、钱大昕及其考据学

钱大昕（1728—1804），字晓征，一字及之，号辛楣，又号竹汀居士，江苏嘉定人。乾隆十九年（1754）进士，历任内阁中书，翰林院编修、侍讲学士、詹事府少詹事、提督广东学政等，曾参与《音学述微》《续文献通考》《续通志》《一统志》等书的修撰。乾隆四十年（1775）丁忧归里，不再出仕，专心讲学和著述，主要著作有《唐石经考异》《经典文字考异》《声类》《三史拾遗》《通鉴注辨正》《元史氏族表》《元史艺文志》《廿二史考异》《十驾斋养新录》《潜研堂文集》等。

钱大昕的考证成果非常丰富，主要集中在《廿二史考异》《十驾斋养新录》中，涉及内容包括史实、人物、年代、天文、地理、历算、典制等，纠正了史书的诸多讹误,是清代历史考证学的代表作。他的考证除广泛收集纸质文献外,还非常注重金石文献,常用金石文字来考证历史。同时,治学实事求是,重视小学的作用,主张先精通文字、音韵之学,再研治经书,并对前人不通小学,妄改图书的现象给予严厉批判。此外,他还非常重视书籍的校勘,并精于理校,这也是他在文献学上的重要贡献。

四、王鸣盛及其考据学

王鸣盛(1722—1798),字凤喈,一字礼堂,别字西庄,江苏嘉定人。乾隆十九年(1747)及第,授编修,参与秦蕙田主持的《五礼通考》纂修工作,后历任侍讲学士、日讲起居注官、光禄寺卿,后隐居苏州,专事著述,著有《十七史商榷》《尚书后案》《蛾术编》等。

其中《十七史商榷》是一部读史书的札记,他把一生主要精力都放在对史书的校注和考证上,认为古书在传抄过程中讹误甚多,若不对史籍加以全面考订正误,则多读书也是误读,著书也是妄下结论。这部书内容涉及各史书的文字校勘、历史事实考证、典章制度考释等,是一部非常重要的史学考证著作。《蛾术编》是一部考证札记,分为说录、说字、说地、说制、说人、说物、说集、说刻、说通、说系,内容涉及文字、音韵、训诂、名物、制度、地理、人物、金石等,是清中期一部重要的考证著作。

五、阮元及其考据学

阮元(1764—1849),字伯元,号芸台,江苏仪征(今江苏省扬州市)人。乾隆五十四年(1789)中进士,先后任礼部、兵部、户部、工部侍郎,山东、浙江学政,浙江、江西、河南巡抚及漕运总督、湖广总督、两广总督、云贵总督等职，逝后谥文达。

阮元以倡导学术发展为己任，喜爱刊刻图书，终其一生刊刻并编纂了大量图书，较为著名的如《经籍纂诂》《皇清经解》和《十三经注疏》等。《经籍纂诂》是阮元主持编纂的一部训诂之书。该书将唐代以前的训诂搜集在一起，按韵编排，共106卷，是一部重要的工具书。《皇清经解》是阮元组织学者编纂的一部丛书。该书收录清前中期70多位学者的180多种书籍，是对清前中期学术发展的一次全面总结，具有保存文献之功。《十三经注疏》是阮元任江西巡抚时刊刻的一部经学丛书。在刊刻过程中，阮元等人广集众本，参互考订，罗列异同，确定去取，对十三经做了严密详细的校勘，并编纂、刊刻了《十三经注疏校勘记》，在校勘学史上具有重要地位。

另外，阮元等人编纂的《畴人传》是一部中国古代科学家传记汇集，收录中国古代数学、天文学家243人，收录西方数学、天文学家37人，是研究古代科技史的重要参考文献。他爱好收集图书，每至一处便搜集稀见图书，积数十年之功，搜集到较为重要而《四库全书》未收录的图书100多部，并将这些书籍每一部都撰写提要，叙述该书流传、版本、价值等，汇编成《四库未收书提要》5卷。

阮元是乾嘉后期著名学者，他在小学、经学、金石学、书画、天文历算等方面都有很高的成就，同时他又长期担任高官，每至一处奖励后进，在他周围聚集了大批学有专长的学者，推动了清代学术风气的发展，被人称为"扬州学派"的代表。

第四节　章学诚与历史文献学

章学诚（1738—1801），字实斋，浙江会稽（今浙江省绍兴市）人，是清代著名史学家。乾隆四十三年（1778）方中进士，但并未入仕，曾在多地书院主讲，并参与十多部地方志的纂修。著有《文史通义》《校雠通义》等。他在历史文献学上的主要成就有以下几个方面。

一、强调学术要经世致用，主张考据与义理相结合

章学诚生活的时代正是乾嘉考据学兴盛之时，很多学者热衷于考据却不知考据的目的所在。章学诚反对埋头于训诂考据，极力提倡经世致用之学，他评论当时学风考证太多，而不能进一步发挥，如桑蚕食叶而不能抽丝。乾嘉时期有汉宋之争的学术现象，汉宋之争，即持汉学或考据学者与持宋明理学的学者之间的争论，章学诚在强调经世致用基础上，认为空谈义理的宋学与专事考据的汉学都有弊端，主张将考据与义理相结合，最终达到理解圣贤之道的目的。他的言论针对性很强，具有挽救学风的重要作用。

二、纂修方志，探索方志编纂理论

章学诚曾参与《和州志》《永清县志》《亳州志》《湖北通志》等书的编纂，同时，他注重总结修志的经验，探索方志的纂修理论，写出了《方志辨体》《方志立三书议》《记与戴东原论修志》《修志十议》等文，对方志渊源、性质、体例、功用及编纂方法悉心研讨，形成一整套系统的方志理论，对近代方志学研究影响很大。方志虽然起源很早，但是很多人认为这只是地理书，章学诚提出志乃史体，"有天下之史，有一国之史，有一家之史，有一人之史。传状志述，一人之史也；家乘谱牒，一家之史也；部府县志，一

国之史也；综记一朝，天下之史也"①。由此大大提高了方志的学术地位。章学诚不仅认为方志属于史书，而且还进一步提出，方志乃国家纂修史书的基础，"比人而后有家，比家而后有国，比国而后有天下，惟分者极其详，然后合者能责善而无憾也"②。为了使方志能承担起备修国史的重任，他建议在州县设立志科，即修方志的常设机构，反映了他对方志的重视。同时，他还提出纂修方志必须遵从信史的原则，认为方志和国史一样，必须可信，历史事实、人物评论都要据实直书，坚持撰写信史的原则。在体裁上，章学诚认为方志应合乎史法，即有合乎实际的体裁体例。章学诚的这些方志纂修理论，至今对我们纂修方志仍有借鉴意义。

三、坚持"六经皆史"的观点，重视史学

"六经皆史"观点由来已久，唐代刘知几将《尚书》《春秋》视为史书，就是持这种观点，此后有不少学者曾有过类似的言论，章学诚在其论著中一再标榜六经皆史的观点，这也成为其史学思想的重要内容。乾嘉学者的考据学对经书非常推崇，往往将主要精力投入考证经书中，而且大多数学者对经书过于推崇，将经书视为考证的准则，不敢越雷池一步。然章学诚认为经书只是早期的史书，是人们将其神圣化，才称为"经"，这样就破除了儒家学者对经书的迷信，揭去了经书的神圣外衣，具有解放思想的作用。章学诚提倡"六经皆史"，与其经世致用的主张有密切关系，他认为六经均与社会世事有关，读书应运用到关心社会事务中，而不能钻故纸堆，强调六经皆史，实际上也反映了其强烈的经世致用思想。

---

① 章学诚：《章学诚遗书》，124 页，北京，文物出版社，1985。
② 章学诚：《章学诚遗书》，124 页，北京，文物出版社，1985。

四、目录学理论的总结

章学诚重视图书目录的编制,曾编纂《史籍考》,将史书分为 11 部、55 类,可惜该书毁于大火。章学诚继承并发展了传统"辨章学术,考镜源流"的目录学传统,认为目录并非简单的罗列,必须能够反映学术源流,揭示书籍内容,从而达到梳理学术脉络,引导学术门径的作用。他在《校雠通义·叙》中说:"校雠之义,盖自刘向父子部次条别,将以辨章学术,考镜源流,非深明于道术精微、群言得失之故者,不足与此。后世部次甲乙,纪录经史者,代有其人,而求能推阐大义,条别学术异同,使人由委溯源,以想见于坟籍之初者,千百之中,不十一焉。"[1] 章学诚认为目录的序对人们考辨学术源流有非常重要的作用,他特别推崇刘向、刘歆父子的《七略》。尤其是作为全书总纲的"辑略",章学诚认为:"盖刘氏讨论群书之旨也。此最为明道之要,惜乎其文不传。今可见者,唯总计部目之后,条辨流别数语耳。即此数语窥之,刘歆盖深明乎古人官师合一之道,而有以知乎私门初无著述之故也。何则?其叙六艺而后,次及诸子百家,必云某家者流,盖出古者某官之掌,其流而为某氏之学,失而为某氏之弊。"[2] 在目录分类上某些书有时很难用一种标准分类,为了达到目录学"辨章学术,考镜源流"的作用,章学诚提出互著和别裁的方法。互著,就是有的书籍在不同部次重复互载,别裁就是根据内容裁篇别出,入载他类,这种方法早在刘向父子《七略》中已运用,但还没有明确的理论总结,章学诚将这种方法加以总结,促进了目录学理论的发展。

---

[1] 章学诚:《章学诚遗书》,95 页,北京,文物出版社,1985。
[2] 章学诚:《章学诚遗书》,95 页,北京,文物出版社,1985。

五、对校勘理论的总结

在校勘上，章学诚总结前人经验，提出校勘的步骤：一是广罗版本，进行校勘，他以刘向校书为例，认为只有博求诸本，才能很好地校正一书。二是编制群书索引，以备校勘时查检之用。图书典籍浩如烟海，而个人的见闻又是有限的，故校雠之先，应先取群书，按韵编制索引，至校书时，遇有疑似问题，可因韵检书，此为校雠良法。三是做好校勘记，以明正讹、存异、删略等情况，备后人采择。校书需谨慎，以防贻误后人，做好校勘记是一种较好的校勘方法。四是延请专门名家校勘专门书籍，术业有专攻，不同的书籍应有不同的专家来校勘，才会减少失误。章学诚虽然不像其他校勘家专事校勘活动，但他对校勘学的总结表现出突出的文献学才能。

除此之外，章学诚对史学家的修养还提出了新的看法，在刘知几所总结的"才学识"基础上，提出史德，对史学家修史的史法、史意，做了全面论述，推动了清代史学的进步和发展。

第五节　晚清文献学家及成就

晚清历史文献学在继续乾嘉考据学的传统，出现了一些著名的考据学者，如俞樾、孙诒让、王先谦等。同时，又有一些研治公羊学的学者，如龚自珍、魏源等，他们以公羊学作为武器，主张变革社会，使历史文献学呈现出新的面貌。晚清边疆史地学的兴起也是历史文献学发展的重要特征，人们关注边疆事务，撰写了不少较为著名的史地学著作，如张穆的《蒙古游牧记》、何秋涛的《朔方备乘》等，进一步丰富了清代历史文献学的内容。

一、龚自珍及其在历史文献学方面的成就

龚自珍（1792—1841），字尔玉，号定庵，浙江仁和（今浙江省杭州市）人，道光九年（1829）中进士，任内阁中书、宗人府主事、礼部主事等。龚自珍是著名考据学家段玉裁的外孙，早年受其影响较深，17岁时游太学，见石鼓文而爱之，开始关注金石学。21岁充武英殿校录，专事校勘书籍，又曾协助修《大清会典》。28岁从清代公羊学家刘逢禄学《公羊传》，受今文经学的影响，借《公羊传》中的"微言大义"讥切时政，倡言改革，将晚清今文经学与社会改革联系起来。他在历史文献学方面的成就卓著：

（一）提倡经世致用，发挥"六经皆史"的观点

龚自珍对现实社会君主专制、政治腐败、人民困苦等弊端，展开激烈批判，提倡经世致用，主张社会变革。他推崇今文经学，借公羊学微言大义以议论时政。在他的政论文中三世说随处可见，认为世有三等：一等为治世，二等为乱世，三等为衰世。衰世人才遭到扼杀，百姓生活不安，必会出现变乱，预言清王朝走向衰亡的必然趋势。龚自珍还继承了章学诚"六经皆史"的观点，并进一步发挥，认为不仅经书早期都是史书，而且诸子书皆出自史官，亦是史书。这个观点比章学诚更进了一步。

（二）在辨伪、校勘、金石学等领域的成就

龚自珍在辨伪方面主要有辨伪说和伪书两方面：辨伪说集中于辨伪汉代今文经学家和谶纬的天人感应、阴阳灾异之说，主张以天文推步破除阴阳五行占验灾异的迷信，是较为进步的观念。对于伪书，以辨伪《古文尚书》为主，此外还疑及《周礼》《诗序》《左传》等。龚自珍辨伪的方法也较为全

面，常从书名、卷数、佚文、文体风格、文法等不同角度考辨书之真伪。

龚自珍早年曾在武英殿从事校勘，对校勘也非常重视，他特别看重小学在校勘的作用，同时他还讨论了古书错乱的原因，制定了校改的原则，并充分肯定了清前中期学者的校勘成绩。

龚自珍认为治史必须广泛搜集资料，其中金石文字就是一个重要内容，他认为彝器所载，碑刻所记，可补古代史料之不足，撰有《说刻石》《说碑》《说印》等，提倡实物与文献相互印证。

总之，龚自珍并不是一个单纯的今文经学家，他一方面借用今文经学主张变法，另一方面又受考据学影响甚深，在历史文献学领域有很高的成就。

二、魏源及其在历史文献学方面的成就

魏源（1794—1857），字默深，又字墨生，湖南邵阳人。道光二十五年（1845）中进士。早年曾为贺长龄编纂《皇朝经世文编》，鸦片战争时，他积极参加反侵略斗争，撰《圣武记》以激励民志。魏源是较早提出向西方学习的学者，提出"师夷长技以制夷"，编纂《海国图志》介绍外国情况，在当时产生了很大的影响。在晚清学术史上，魏源是著名今文经学家，著有《诗古微》《书古微》《董子春秋发微》《老子本义》《孙子集注》《元史新编》等。《诗古微》《书古微》分别对《诗经》《尚书》作了非常有价值的考辨工作，在经学史上有一定的地位。《元史新编》是魏源鉴于《元史》编纂的疏漏，广泛参考元朝相关史料，并借鉴国外史料编成的元史著作。

三、张穆及其在历史文献学方面的成就

张穆（1808—1849），初名瀛暹，字石舟，亦字石州。他通五经六艺，

精训诂、天算、舆地之学，科举考试时因负气忤逆贵人，遂无意仕进，专心著述，著有《蒙古游牧记》《魏延昌地形志》《俄罗斯事补辑》等。张穆擅长考据学，兼习经世家言，尤长于地理学，于诸书皆有补正。《蒙古游牧记》是一部较为系统的蒙古地志，该书资料翔实，考证精审，是近代研究蒙古史和西北史地的专著。

四、何秋涛及其在历史文献学方面的成就

何秋涛（1824—1862），字愿船，福建光泽人。他因有感于俄罗斯与中国相接壤，边境绵长，但前人缺乏记载，于是广采典籍，编成《北徼汇编》，后咸丰帝御赐书名《朔方备乘》。该书针对沙皇俄国的侵华野心，系统考证了我国北疆的历史、地理等，是晚清研究中国西北史地学的重要著作。

五、俞樾及其在历史文献学方面的成就

俞樾（1821—1906），字荫甫，号曲园，浙江德清人。清道光三十年（1850）中进士，咸丰二年（1852）授编修，后出任河南学政，遭弹劾而被免官，移居苏州，潜心著述，曾在苏州紫阳书院、杭州诂经精舍等讲学。治学以经学为主，旁及诸子学、史学、训诂学，乃至戏曲、诗词、小说、书法等，学识渊博，曾受到曾国藩的赏识，著有《群经平议》《诸子平议》《古书疑义举例》《曲园杂纂》《俞楼杂纂》《读书余录》等。俞樾继承了乾嘉学术的传统，重视文字、音韵、训诂之学，主张以小学校释古书，与乾嘉学者治学路径一致。俞樾考据不仅重视对经书的考证，还校释诸子，如《诸子平议》涉及《管子》《晏子春秋》《老子》《墨子》等。《古书疑义举例》是在校读群书基础上，对古书特殊的语法、修辞等语言现象归纳条例，内容涉及

古书的文法、修辞、词例、文字、训释、校勘、句读等方面，是阅读、整理古书的重要参考书。

六、孙诒让及其在历史文献学方面的成就

孙诒让（1848—1908），字仲容，号籀庼，浙江瑞安人，官刑部主事，旋归不复出，专攻学术，精研古学四十年。承乾嘉学术传统，广泛校注古籍，在经学、诸子学、文字学、考据学、校勘学以及地方文献整理等方面都有卓越的成就，著书三十余种，主要有《周礼正义》《周礼三家佚注》《周礼政要》《墨子间诂》《契文举例》等。孙诒让在古文字学方面超越前人，所作《古籀拾遗》三卷和《古籀余论》三卷，专门考释金石文字。《契文举例》则是孙诒让考释甲骨文的著作，此书根据刘鹗《铁云藏龟》一书所收甲骨文进行考释，分为日月、贞卜、卜事、鬼神、卜人、官氏、方国、典礼、文字、杂例十类，是第一部考释甲骨文之作，具有重要学术地位。孙诒让在古文献校释方面成就突出，涉及经史子集四部书77部，所作《周礼正义》花费二十多年时间，广泛征引各种文献，集前人研究《周礼》之大成，梁启超、章太炎等人都对此书非常推崇。《墨子》一书是先秦时期重要著作，由于汉武帝时"罢黜百家，独尊儒术"，随着儒家学说地位的上升，墨家学说逐渐衰落，《墨子》一书流传不广，书中古字古词很多不为人所知，孙诒让认为，墨子所持观点足以振世救弊，于是尽引诸本，详加训诂，撰写《墨子间诂》一书，推动了近代墨学发展。

七、王先谦及其在历史文献学方面的成就

王先谦（1842—1917），字益吾，因宅名葵园，学人称为葵园先生，湖

南长沙人。同治四年（1865）中进士，曾任国子监祭酒、江苏学政等职，因弹劾李莲英，疏上不报，乞假回籍，任湖南岳麓书院、城南书院山长等。王先谦在政治上较为保守，反对维新变法和革命，辛亥革命后，自署曰"遁"，不再书名。在学术上，王先谦继承乾嘉学者的考据传统，注重考证，在经学方面，著有《尚书孔传参正》《诗三家义集疏》等，这些著作都考辨精详，是经学研究的重要著作。他仿照阮元编《皇清经解》，编纂并刊刻了《皇清经解续编》，是晚清重要的丛书。在史学领域，著有《汉书补注》《后汉书集解》《水经注合笺》，都是荟萃群言，考证严密的著作，在学术界产生了很大影响。王先谦鉴于日本在近代经明治维新后，很快强大起来，于是参考群书，作《日本源流考》，以供世人借鉴，包含了他对社会发展的关怀。此外，还著有《元史拾补》《外国通鉴》《五洲地理志略附图》等。他还研究诸子书，著有《荀子集解》《庄子集解》，取诸家校本，参稽考订，多有补正。王先谦一生所作诗文共有44卷，1190篇，蔚为大观。此外，他还编纂了《东华录》《续古文辞类纂》《骈文类纂》等。

第六节 少数民族历史文献学的发展

一、满文文献

满族是中国北方一个古老的民族，最早汉文史籍中称为肃慎，约在商周以前已见于记载。汉代以后不同朝代称呼不同，三国时称挹娄，北朝称勿吉，隋唐称靺鞨，宋、元、明时称女真。明代建州女真部的努尔哈赤逐渐统一了女真各部，建立后金，1636年皇太极改国号为清。努尔哈赤时，由于无自己的文字，发布政令、公务往来十有六七用蒙古文，十之三四用汉文，对于满族的发展很不利，努尔哈赤命人创制了满文。初创满文字母基本上仿照蒙古文字母而成，没有圈点，称为"无圈点满文"，也称为"老满文"。由于老满文本身有很大局限性，识读困难，至皇太极时，命人对满文加以改进，称为"新满文"。我们所说满文，一般是指新满文。由于清朝是满族建立的全国统一政权，故留下的满文史书、档案数量也非常多。

《满文老档》也称为《满文旧档》《满洲秘档》等，是清军尚未入关时编写的历史档册，记载时间自明万历三十五年（1607）至明崇祯九年（1636），较为全面地记录了努尔哈赤、皇太极等在东北地区统一女真各部，建立八旗兵制以及与明朝关系等重大活动，反映了满族在入关以前的经济、政治、军事、文化、民族、外交、风俗等，由于史料较为原始，很多内容为清入关以后史书所缺载，因此，对于研究明清史、满族史、东北地方史等，具有重要史料价值。《满文老档》原由老满文书写保存在盛京（今辽宁省沈阳市），清军入关后，《满文老档》也随之由盛京运至北京，保存在内阁大库中。乾隆时期命人将其装裱，并令人抄录，从乾隆三十九年（1774）至乾隆四十三年（1778），前后共四次抄写，抄录七部，这七部情况分别是：乾隆四十年（1775）将原老档整理后分别用新老满文各抄一部，由于第一次抄写字迹潦草，称为"草写本"或底本。随后又用新老满文各抄写一部，称为"正写本"。乾隆四十一年（1776）为了便于查阅，又用新满文重新抄写一部，存于上书房。乾隆四十三年（1778），又抄录新老满文各一部，送盛京崇谟阁保存。乾隆时期对《满文老档》的整理及抄录，对保护满文历史文献具有重要意义。

清代满文档案数量非常庞大，内容丰富，除《满文老档》外，各种公文、秘档、公事档簿，如上谕、题本、奏折、呈文、值班档、钱粮册等，都具有很高的史料价值。以各类满文形成的机关档案而论，可分为内阁、军机处、内务府、宗人府、盛京内务府以及各衙门等15个全宗的满文档案。目前，在北京、辽宁、吉林、黑龙江、内蒙古、西藏等省、自治区、直辖市保存着数量可观的清代满文档案。

《满洲实录》又名《清太祖实录战迹图》，是清代官修史书，记述了从满族的起源到努尔哈赤去世的历史。清入关后移存北京紫禁城乾清宫内。乾隆四十四年（1779）依照原本重新抄录两部，一部存上书房，一部送盛京崇谟阁收藏，定名《满洲实录》。乾隆四十六年（1781）又抄录一部藏于热河行宫。

《随军纪行》作者曾寿，是满族一个下级官吏，参加了平定三藩之乱，该书以日记形式记录了其所见所闻，对几次战役记载详细生动，具有较高的史料价值，可惜该书已不完整。

清代汉文文献译满文数量很多，如《辽史》《金史》《元史》《明史》《明实录》《三国志》等书，乾隆时期将《大藏经》译成满文，在中国翻译史上是一次重要活动。此次翻译始于乾隆三十八年（1773），至乾隆五十五年（1790）结束。满文《大藏经》以汉文、藏文、蒙古文、梵文的《大藏经》为底本，参与翻译汉、满、藏、蒙古僧俗有90多人，其中藏族高僧三世章嘉若必多吉担任阅经总裁，在翻译过程中起了重要作用，反映了清代各民族之间文化交流的盛况。

二、蒙古文文献

清代蒙古文继续使用回鹘式蒙古文，出现了一大批著名的史学著作，如《蒙古源流》《阿萨拉克齐史》《恒河之流》等。

《蒙古源流》成书于清康熙元年（1662），作者是鄂尔多斯蒙古贵族萨囊彻辰，该书仿照藏文史书的编纂模式，以印度和西藏诸王世系、佛教的起源和传播、蒙古族社会的起源和蒙古部落的崛起、成吉思汗及蒙古帝国、元朝诸帝事迹、东西蒙古部封建主的纷争为主要内容,其中蒙古的内容最为详细,篇幅也最长,从成吉思汗一直记载至林丹汗时,对17世纪中叶的蒙古史记载非常细致,是一部史学价值极高的史学著作。该书对印度的记述是追述佛教源流的需要,将西藏、蒙古等的历史融于一书,则反映了元代以后藏、蒙古对于多民族共同体在地理上的认识,这一编纂思想极大地促进了汉、藏、蒙古地理大一统观念的发展。《蒙古源流》于乾隆年间被翻译成满、汉两种文字,汉文本由武英殿刊行,并收录《四库全书》。

《阿萨拉克齐史》又名《从成吉思汗到乌哈图汗·妥懽帖木作的蒙古历史》,成书于康熙十六年(1677),作者是漠北喀尔喀部人,藏语名字为善巴,蒙古语为阿萨拉克齐,出身贵族,在追剿噶尔丹时立功被封为和硕亲王。《阿萨拉克齐史》是一部编年体史书,从成吉思汗一直记载到17世纪,着重记载了喀尔喀蒙古谱系及佛教传入喀尔喀地区的历史,是一部非常珍贵的史书。

《恒河之流》是一部较为系统的蒙古编年史,成书于清雍正三年(1725),作者是衮布扎布。该书除记述成吉思汗黄金家族源流、世系以外,主要记录了清初蒙古地区各盟旗的王公世袭及其爵位情况,是研究18世纪以来蒙古历史的珍贵文献材料,对后来的蒙古编年史产生了积极影响。

三、察合台文文献[①]

清代察合台文文献得到进一步发展,哲学、历史、宗教、语言和文学等都涌现了大量优秀作品,历史文献如《和卓传》《霍集占传》《安宁史》《毕杜兰提传》等。

《和卓传》又名《艾孜扎略传》,作者是18世纪新疆维吾尔族穆罕默德·

[①] 本部分参据崔光弼:《中国少数民族文字古籍源流》,174—175页,北京,中央民族大学出版社,2012。

萨迪克·喀什噶里，该书是一部叙述喀什噶尔和卓家族历史的著作，对于研究和卓在我国新疆的活动提供了十分重要的史料。《霍占集传》亦是穆罕默德·萨迪克·喀什噶里的著作，其内容是《和卓传》的续集。《安宁史》作者毛拉·穆萨·赛拉米，拜城人，此书写于1903年，记述1864年库车起义，1865年阿古柏入侵，1878年清军打败阿古柏收复新疆的历史。《毕杜兰提传》成书于1907年，作者是毛拉穆汗热默德克里木·穆罕默得司的克，莎车人。该书记述有关反抗清朝的新疆农民暴动和阿古柏政权的情况，对于研究新疆维吾尔族的历史具有重要的学术价值。

四、藏文文献的发展

清代汉藏交往进一步加强，清王朝逐渐加强对西藏的管理，西藏社会相对稳定，经济文化发展较快，历史文献学取得了较大的进展，人物传体、佛教史、方志等不同体裁的史书纷纷涌现，体裁完整，内容丰富，标志着藏族史书编纂达到了很高的水平。人物传体类史书既有传统的高僧传，如《三世达赖喇嘛传》《四世达赖喇嘛传》《五世达赖喇嘛自传》《章嘉国师若必多吉传》《至尊宗喀巴大师传》等，又有社会世俗人物传，如《颇罗鼐传》《多仁班智达传》《噶伦传》等。由于这些传记传主都是影响历史发展的重要政治人物，因此，书中包含了丰富的社会政治文化等内容，为我们研究藏族史提供了宝贵的史料。

在佛教史撰写方面，藏族史书仍然遵循着前代政教合一的编写原则，出现了很多名著。如松巴堪布·益希班觉的《如意宝树史》，全名《印藏汉蒙佛教史如意宝树》，全书首先简述了佛陀出世说法及住世情形，继而详细介绍了印度以及西藏、汉地、蒙古等地王统史和教法史传承，其中还涉及藏传佛教各教派的流传情况，显示出作者渊博的学识以及宽广的历史视野。书中综合运用了王统史、佛教史、表、方志、目录等方法,将不同的体例有机融合在一起,反映出清代综合体史书编纂方法更加成熟和完善。智观巴·贡却乎丹巴绕吉的《安多政教史》是这一时期较有代表性的地方佛教史,从内容上看,该书将政治史与教法传承联系在一起,充分反映了在藏族历史上政治与佛教互相依赖的特点。同时,书中注重记录社会政治事件,为我们留下不少宝贵的社会史料。《格鲁派教法史》是清代著名政治家、学者桑结嘉措撰写的专门记载格鲁派发展的教法史著作,该书主要包括宗喀巴大师的概况及其弟子事迹、格鲁派在各地的传承情况、五世达赖喇嘛的生平及事迹、桑结嘉措掌政教事务以及对佛教的贡献、六世达赖喇嘛的诞生五个部分,对我们了解格鲁派在各地的发展极具参考价值。

《西藏王臣记》是清代著名高僧、政治家五世达赖喇嘛撰写的一部藏族史。该书主要按照佛祖本纪、吐蕃先王、吐蕃诸王、吐蕃王系分支、萨迦、帕竹、藏巴汗和顾始汗依次叙述藏族历史,内容丰富,详于考证,又侧重于社会政治历史,具有极高的史学价值,同时书中用词古雅,精心于文词的修饰,所以又不失为文学佳作。

《圣地清凉山志》是章嘉·若必多吉(1716—1786)撰写的一部有关五台山概况的志书。章嘉·若必多吉是清代藏传佛教著名高僧,乾隆时期,他深受皇帝恩宠,乾隆皇帝将掌管京城喇嘛事务的大印交给他,并封为国师。章嘉·若必多吉学识渊博,精通藏、汉、蒙古、满等语言文字,主持将《丹珠尔》由藏文译为蒙古文、《首楞严经》由汉文译为藏文、《甘珠尔》由藏文译为满文,为民族文化交流作出了巨大贡献。五台山在藏传佛教中具有崇高地位,很多藏族高僧不远万里前来朝拜,章嘉国师参考汉文有关五台山的方志,撰成《圣地清凉山志》,让藏族僧众更好地了解五台山,以起到指南的作用,促进了汉藏文化交流。

《卫藏道场圣迹志》作者钦则旺布·贡嘎丹白坚赞(1820—1892),是清代藏族著名僧人,曾不畏辛苦,广泛游历卫藏地区大小寺院名胜古迹,详细记录了所见所闻圣迹道场,著成这部地理志。从书籍性质看,《卫藏道场圣迹志》属于游历书,记录亲身游历的场所,同时又具有指南的旨趣,目的是帮助人们了解各地圣迹遗存情况,为后人朝拜圣迹提供指南。

五、彝文文献

清代彝文文献有新的发展,流传至今的彝文文献数量很多,内容也非常丰富,如宗教、天文、军事、历史、地理、医学、工艺等,其中史书类最具有代表性的著作当属《西南彝志》。该书成书年代不详,据学者推测可能编写于康熙雍正时期,其内容包罗万象,被誉为"彝族百科全书",包括创世志、谱牒志、地理志、天文志、人文志、经济志等。创世志记述彝族先民对宇宙和人类起源的认识,记载了一些传说;谱牒志记述彝族主要家支世系的历史、人物及相互关系,涉及不少历史事件;地理志记彝族对早期居住地的认识;天文志记彝族先民关于天气的认识;人文志记载彝族古代文化的发展情况;经济志记载了彝族古代耕牧以及手工业的生产;此外,还记叙了彝族同周围其他民族的关系。

《彝族源流》成书时间不详,记事至清雍正年间,该书反映彝族先民对宇宙万物和人类起源的认识以及彝族古代社会面貌,对研究古代彝族社会具有很高的史料价值。

《彝族农民起义》是非常珍贵的史书,成书年代不详,据书中所载内容推测可能成书于清咸丰年间。书中记载了彝族农民起义的原因、地点、经过和所占领的城镇等,史料价值很高。

推荐阅读书目

1. 张升：《历史文献学》，北京，北京师范大学出版社，2016年。

提要：张升，1967年出生，广东人，北京师范大学教授。该书分上、下编，共十二章。上编是概论部分，介绍文献生产、流通、收藏、整理，下编是专论部分，分别介绍方志、家谱、类书、《永乐大典》、丛书、《四库全书》、明清文集。既全面展示历史文献学概况，又重点突出，是我们学习历史文献学的重要参考书。

2. 漆永祥：《乾嘉考据学研究》，北京，中国社会科学出版社，1998年。

提要：漆永祥，1965年出生，甘肃人，北京大学教授。考据学是清代历史文献学的主要特点，学习清代文献学首先要熟悉乾嘉考据学。该书从考据学的成因、方法、派别、思想、得失，全面系统论述了乾嘉考据学的概况，还重点介绍了惠栋、戴震、钱大昕的考据学成就。对我们学习和研究乾嘉考据学颇有裨益。

第十三章　20世纪历史文献学的新发展

20世纪是波澜壮阔的一百年,在一个世纪中,中国发生了翻天覆地的变化,社会政治文化环境的巨大变迁,使历史文献学发展呈现新的面貌,逐渐成为一门重要学科,在学术研究中的地位越来越显著。

其一,传统文献整理继续发展。

在新文化环境下,传统文献整理并没有中断,很多学者继承了传统文献整理的方法,继续从事校勘、编目、收藏、刊刻、翻译等工作,并取得了很大的成就。同时,新史料的发现使传统文献整理工作迈上一个新的台阶,甲骨文、敦煌文书、西北汉简、明清内阁档案以及其他出土文献不仅对学术史的研究带来很大冲击,对文献学发展也产生了巨大影响。王国维结合自身的研究经验提出"二重证据法",标志着20世纪新考证学的确立。

其二,西学在中国广泛传播。

自晚清我国国门被西方列强打开后,西学越来越多地传入我国,打破了传统历史文献学缓慢的进程,加速了变革。首先引起图书分类的变化,由于传统四部分类法,无法将大量的西学书籍归类,于是新的分类法开始得到尝试并应用于图书管理中。其次是西方的标点符号传入我国后,开始被广泛应用于写作中,古籍整理也开始使用标点符号。再次是为方便人们学术研究,依照西方编制索引,也是新时期文献整理的重要工作。

其三,"疑古运动"推动了辨伪学的发展。

20世纪顾颉刚等人发起了"古史辨"运动,大胆地怀疑古书、古史,取得了很大的成就。虽然后来也有疑古过头的现象,但是他们的怀疑和批判精神使辨伪学进一步向前发展,他们考辨了很多伪书,对古代一些辨伪书籍进行了整理。这是新时期历史文献学的重要成就。

其四,校勘、辑佚、藏书等活动成绩显著,相关理论及学术史研究取得重大进展。

20世纪不仅在校勘、辑佚等传统文献整理方面有显著成绩,相关的理论总结也取得了丰富的成果,如陈垣对校勘学、避讳学的理论总结,余嘉锡在目录学方面的研究等,在学术界产生了很大影响。其他如辑佚、藏书、版本等都有不少专著问世,历史文献学发展呈现出欣欣向荣的局面。

其五,古籍整理、出版成绩显著。

民国时期,商务印书馆编印的《四部丛刊》《丛书集成》和中华书局编印的《四部备要》,对学术界产生了很大影响。中华人民共和国成立后,由国家组织专家点校二十四史,并最终由中华书局出版。其他还点校、出版了不计其数的古籍,为学术研究提供了坚实的史料。

其六,一些文献整理、研究机构成为推动文献学发展的重镇。

20世纪一些文献整理机构的出现,为历史文献学的繁荣和发展提供了良好的平台。民国时期的清华国学研究院、哈佛—燕京学社等一些学术机构都具有文献整理和研究的功能。中华人民共和国成立后,一些大学专门成立古籍研究所或专门研究机构,一方面集中精力从事文献整理工作,另一方面还培养了大量文献整理人才。20世纪80年代中国历史文献研究会成立,每年召开学术年会,讨论历史文献研究的一些重要问题,促进了历史文献研究的进一步发展。

其七,历史文献学学科进一步发展。

如果把民国时期郑鹤声、郑鹤春的《文献学概要》视作历史文献学学科的萌芽的话，那么在 20 世纪 80 年代，历史文献学学科得到了长足发展。张舜徽、白寿彝等人积极对历史文献学学科内容作了较为深入的探讨，历史文献学作为历史学下面的二级学科，得到学术界认可，各高校历史系都将历史文献学作为重要课程。很多高校都设有历史文献学的硕士、博士点，培养了大批高层次人才，有关研究人员不断编写历史文献学教材，古老而年轻的历史文献学学科正在不断向前发展。

其八，少数民族文献学取得很大进步。

20 世纪少数民族文献学取得很大进步，尤其在中华人民共和国成立以后，国家支持少数民族文字和文献的发展，少数民族古籍不断得到整理和出版。不少学者专门研究少数民族文献的特点、收藏、源流等，相关著作不断问世，极大地丰富了中国历史文献学的内容。

第一节　新史料的发现与研究

进入 20 世纪上半叶，中国社会政治混乱、人民生活已然困苦，然而就在这动乱年代当中，新史料却不断涌现，最为引人瞩目的有殷墟甲骨文、敦煌藏经洞文献、明清内阁大库档案、居延汉简，这四项重大发现对于中国史研究产生了深远影响。关于甲骨文、居延汉简前面我们已作了简要介绍，下面我们简略介绍一下敦煌藏经洞文书和明清内阁档案。

一、敦煌藏经洞文书

敦煌位于今甘肃省河西走廊西端，是古代丝绸之路上的重要枢纽。据文献记载早在商周时期,有羌人、月氏人、乌孙人在敦煌地区活动。西汉初年,匈奴占据敦煌,汉武帝时击败匈奴,河西走廊归入中原王朝版图,汉朝设武威、酒泉二郡,后又分武威、酒泉置张掖、敦煌郡。三国时敦煌属魏,十六国时期敦煌先后归前凉、前秦、后凉、西凉、北凉管辖。唐朝"安史之乱"后,由于西北边防军队大量内调,边防空虚,贞元二年(786)吐蕃占据敦煌,至大中二年(848),吐蕃朗达玛遇害后,发生内乱,沙州大族张议潮率众起义,遣使归唐。唐朝在敦煌设归义军,授张议潮为归义军节度使。北宋景祐年间(1304—1307),西夏占领敦煌。元、明、清时期由于丝绸之路的衰落,敦煌逐渐失去中西交通枢纽的地位,一直处于衰落状态。

敦煌莫高窟在今甘肃省敦煌市东南鸣沙山上,也称为"千佛洞",窟群南北长1600余米,有大小不一的洞窟740多处,远望如蜂巢。据记载,莫高窟最早由佛教徒于前秦开凿,此后历经北凉、北魏、北周、隋、唐、五代、宋、西夏、元等,历经上千年,最终形成近千洞窟。元代以后,由于丝绸之路的衰落以及政区变迁等原因,莫高窟逐渐沉寂。

1900年,寓居在莫高窟的道士王圆箓清理流沙时,在他所居住的洞窟的墙壁上发现了另一复洞(现编号为第17窟),洞窟内藏有约5万件经书、图画等文献。王道士在发现这一宝藏后,马上据为己有,并挑选一些画卷送给当地绅士官员。金石学家叶昌炽是最早认识到敦煌遗书价值的学者,他请求甘肃巡抚将这些珍贵的文书送至兰州,但甘肃巡抚以需要雇用马车,花费较大为由,未能将这批宝贵的文献运走。不久,英国学者斯坦因来到敦煌,从王道士手中以低价骗取了约13600卷经卷以及一些绢画等。这些珍贵的文献被运到英国、印度,现仍保存在英国和印度。1908年,法国学者伯希和亦骗取了王道士的信任,进入洞中亲自挑选经卷文书,共挑选出极有价值的文书共5500多卷,运回法国。这些文书至今保存在法国。之后,日本、俄国探险队等前后来到敦煌莫高窟,均不同数量地搜刮到一些文书。1909年,伯希和携带几件从敦煌骗取来的经卷到达北京，向中国学者出示，中国学者罗振玉、王仁俊、董康等人得知此消息后，非常吃惊，并从伯希和口中得知藏经洞中尚有剩余经卷，于是罗振玉急忙上书学部，要求甘肃都督查封藏经洞，将剩余遗书运送北京。经过一番努力，1910年，劫余经卷终于被运至北京，现今藏于中国国家图书馆。1921年，甘肃省教育厅和敦煌县政府联合整理遗留在千佛洞写卷，共得藏文写经105捆，后移送敦煌县劝学所和甘肃省图书馆保存，至此敦煌藏经洞文献发掘才完全告罄。1924年，美国学者华尔纳来到敦煌，此时已无经卷，华尔纳将洞窟中壁画剥下运回美国。

因敦煌文书具有极高的学术价值，很快世界各地学者开始对敦煌文书整理和研究，敦煌学逐渐兴盛起来。敦煌学初期阶段主要以编制目录为主，1911年敦煌劫余经卷文书入藏京师图书馆时，编制了《敦煌石室经卷总目》，但这部目录系流水草本，不便使用。1924年，陈垣受邀整理编目这些文书，编成《敦煌劫余录》，体例仿照《金石录》分类编排，大致采用佛藏分类方法，这是最早的敦煌遗书分类目录。陈寅恪为之撰写序言，叹惜经卷流散海外，云"敦煌者，吾国学术之伤心史也"。

罗振玉不仅是较早听闻敦煌文书的学者，并促成学部保护收藏敦煌遗书，还是早期整理及研究敦煌文书的重要学者。1909年，他撰写了《敦煌石室书目及发见之原始》，介绍敦煌藏经洞的发现及所见经本提要。1910年，他编成《石室秘宝》；1913—1917年陆续影印的《鸣沙石室佚书》《鸣沙石室佚书续编》《鸣沙石室古籍丛残》，影印《敦煌石室遗书三种》；1925年编成《敦煌石室碎金》；1928年影印出版《古写隶古定尚书真本残卷》。同时，罗振玉也致力于敦煌文书的研究，撰有《敦煌零拾》《增订瓜沙曹氏年表》《敦煌石室碎金》《补唐书张义潮传》（补正稿），以及《敦煌本毛诗校记》《高昌砖录》《增订高昌麴氏年表》《瓜沙曹氏年表跋》《补唐书张议潮跋》等。罗振玉从第一次听闻敦煌遗书至病逝期间，一直不间断地努力搜集、整理、影印和研究敦煌遗书，堪称敦煌学奠基人，为敦煌学的建立和发展作出了巨大贡献。

王国维与罗振玉同是最早研究敦煌遗书的学者，他创造性地运用敦煌遗书以及吐鲁番出土文献等，考证传统文献所载历史事实，在古史研究领域作出了卓越贡献，同时也纠正了很多以往史籍所载讹误。王国维在利用新史料考证历史时，特别注重新方法的总结，提出"二重证据法"，这一理论的提出，对历史考证学的发展产生了很大影响。

向达、王重民也是早期研究敦煌学的重要学者。向达（1900—1966），湖南溆浦人，字觉明，土家族，曾担任商务印书馆编译员、北平图书馆编纂委员会委员。1935年秋赴欧洲在牛津大学鲍德利图书馆工作，并在英国博物馆检索敦煌写卷和汉文典籍。1938年回国后，先后任浙江大学、西南联合大学、北京大学教授。1949年以后，任北京大学历史系教授、图书馆馆长，中国科学院哲学社会科学部委员。向达是较早整理和研究敦煌文书的学者，在英法等国调查、抄录敦煌文书，携带大量资料回国，他还曾翻译了一些国外探险家的著作，如斯坦因的《西域考古记》、勒考克的《高昌考古记》等，对敦煌学的发展作出了巨大贡献。王重民是著名目录学家、版本学家，早年曾在国外整理并抄录敦煌文书，搜集到大量珍贵文献并加以整理，做了大量研究工作，著有《敦煌古籍叙录》《敦煌遗书论文集》，编有《敦煌曲子词集》《敦煌变文集》。此外，还有贺昌群、黄文弼、常书鸿、姜亮夫等人，都对中国敦煌学的发展作出了很大贡献。

20世纪80年代以来，敦煌学受到国家和政府的高度重视，敦煌文物研究所扩建为敦煌研究院，组织专家专门进行敦煌学的研究。在一些高等院校设立了研究机构，如北京大学、兰州大学、浙江大学、西北师范大学等都建立了敦煌学研究机构。在资料的整理和刊布方面，有《敦煌社会经济文献真迹释录》《敦煌大藏经》《敦煌宝藏》等，都是工程浩大的资料汇编，为深入敦煌文书的挖掘和研究奠定了基础。一批高质量的研究著作出版，如《中国石窟·敦煌莫高窟》《中国美术全集·敦煌壁画》《敦煌吐鲁番文献研究论集》《敦煌吐鲁番出土经济文书研究》《敦煌遗书论文集》《敦煌文学论集》《敦煌石窟艺术论集》等。敦煌研究院主办的定期刊物《敦煌研究》，兰州大学敦煌学研究所主办的《敦煌学辑刊》等刊物刊发了一批高质量的学术论文，敦煌学研究在我国已经形成一门独具特色的学问。

二、内阁大库档案

内阁大库档案是指明清两代保存在内阁中的官府档案，内容涉及朝廷诏令奏议、表章、科举殿试卷子等。内阁设立于明朝，朱元璋为了加强中央集权，废丞相，罢中书省，仿宋代官职，置武英殿、文渊阁、东阁等大学士为皇帝顾问，又置文华殿大学士以辅太子。明成祖即位后，特派解缙、胡广、杨荣等入午门值文渊阁，参与机务，称为"内阁"。内阁最初只是秘书性质的机构，并没有实际权力，后来内阁权力越来越大，张居正改革后内阁成为朝廷运转的中枢。清承明制，亦设内阁，但权力受到限制，雍正年间设军机处，内阁徒有虚名，成为传达谕旨、公布文告的机构。由于内阁统领政务，各地上呈的公文都先交到内阁，皇帝的诏谕也由内阁传达，因此档案积累越来越多，均存放在大库中。

清光绪年间，内阁大库的房屋因年久失修，雨后倾塌，一部分档案被转移到文华殿存放。宣统元年（1909），内阁大库又多处倾塌，奏准修缮。于是将大库保存的实录、圣训移至大库南面的银库暂存，其余档案，一部分暂移文华殿两庑存放，大部分仍留库内。这时内阁大学士、军机大臣张之洞奏请以大库所藏书籍设学部图书馆，其余"无用旧档"奏请焚毁。宣统二年（1910）六月大库修毕，实录、圣训仍送回大库保存，而档案和书籍，因张之洞之请,没有送回。后学部参事罗振玉去大库检取书籍,发现这些奏准待焚的档案是很有价值的史料,随即请张之洞上奏罢焚,获准后,移出未送还大库的档案交归学部,学部从中挑出部分科举卷子之后,其余封存8000麻袋,置于国子监敬一亭。1911年辛亥革命以后,留存大库中的档案由故宫博物院接管。1912年,国立历史博物馆成立,设在原国子监,原存放于此的明清档案归其保管。1917年,教育部决定将该馆迁往故宫午门,这样存于国子监的档案亦随之移至午门、端门存放。1919年,教育部将原存学部大堂后楼的明清档案及清代历朝科举殿试策卷15000余件约2000麻袋也移交历史博物馆。民国时期,因时局动荡,人员、经费的短缺,存于历史博物馆的档案数年无人整理,被视为废纸。由于经费短缺,1922年历史博物馆经教育部许可,将计15万斤的档案,以4000元价格卖与北京西单同懋增纸店,为造还魂纸之料。该店即将这些档案运往河北唐山、定兴两处,拟打成纸浆造纸。罗振玉得知消息后,立刻前往纸店,以三倍价格将这些档案收回。这样,档案即归罗振玉所有,罗振玉为此特辟书库以收藏内阁档案,并延招十数人,大致进行整理分类,并择其要者,刊行《史料丛刊初编》十册。1924年,罗振玉又将手中档案以16000元的价格卖给天津藏书家李盛铎,自己挑选了一部分留存。罗振玉在移居旅顺时,将部分档案运走,后来交由奉天图书馆保存,中华人民共和国成立后,这些档案移至第一历史档案馆。1929年,中央研究院历史语言研究所(以下简称"史语所")以18000元的价格由李盛铎手中购入这批档案,并着手整理分类编目,以供研究所需,至1932年年终时,所有已整理的档案,全部分类完毕,史语所也开始了研究计划,但很快日寇入侵,史语所选出档案100箱,运往南京,随着战局的恶化,这批档案随着史语所由南京至长沙,长沙迁昆明。抗战胜利后,这些档案随史语所搬回南京。1949年初,史语所搬迁台湾,这批档案也由南京移到了台湾。史语所南迁时,未南运的档案,仍留存在北京故宫午门,这些名义上归北京大学所有，中华人民共和国成立后，移交第一历史档案馆。在罗振玉收购内阁大库档案后，北京大学一批学者听闻历史博物馆尚有剩余档案，要求校长蔡元培向教育部力争将剩余档案划归北京大学进行整理研究，经教育部同意，这些档案移交到北京大学，在中华人民共和国成立后，又交至第一历史档案馆。

明清内阁大库档案自散出后，虽几经辗转，但最终得以保存，其中罗振玉在挽救这批珍贵的文献中起了重要作用。学者们很快意识到档案的重要性，开始注意接收其他部门的有关档案，如军机处档案、清史馆档案等，这些档案现今多保存在第一历史档案馆，对我们研究明清史提供了重要参考资料。民国时期对明清内阁大库档案做了大量的整理和研究工作，罗振玉所整理的资料有《史料丛刊初编》《大库史料目录》《明季史料拾零》《国朝史料拾零》等；北京大学编有《整理清代内阁档案报告》（3 册），以及《整理清内阁档案报告》《整理明清史料要件报告》《清九朝京省报销册目录》《嘉庆三年太上皇起居注》《顺治元年内外官署奏疏》《明南京车驾司职掌》《崇祯存实疏钞》《洪承畴章奏文册汇辑》等；故宫博物院文献馆编有《掌故丛编》《文献丛编》《史料旬刊》《清三藩史料》《清季教案史料》等。中央研究院史语所编有《明清史料》《内阁大库旧档书目》等。

第二节　古史辨派与辨伪学的发展

辨伪是中国历史文献学的传统学科，有悠久的历史，进入 20 世纪后，随着清王朝的结束，新文化运动的兴起，人们思想解放，一些学者开始重新审视中国的历史，疑古辨伪的风气非常浓厚，他们大胆的怀疑精神，重新研究中国史的勇气，影响了一大批学者，出现了以顾颉刚为代表的很多辨伪学者，人们称之为"古史辨派"。

顾颉刚（1893—1980），原名诵坤，字铭坚，江苏苏州人。1916年进入北京大学哲学系学习，毕业后留校任教，后曾任教于厦门大学、中山大学、燕京大学、兰州大学、复旦大学等高校。1934年创办《禹贡》半月刊杂志，次年又主持成立禹贡学会，1949年以后曾主持《资治通鉴》《二十四史》的标点工作。在史学、民俗学、历史地理学、历史文献学等领域均有很高的成就，他所主持编纂的《辨伪丛刊》《古史辨》等丛书，在学术界影响很大。

顾颉刚早年受胡适影响较大，1919—1921年胡适发表了《清代汉学家的科学方法》，认为清代乾嘉学者的治学方法总结起来有两点：一是大胆地假设，二是小心地求证。不大胆假设就不能有所发明，不小心求证，寻找充足的证据，就不能使人信服。胡适所总结的方法对顾颉刚走向辨伪之路起了非常重要的作用。在胡适引导下，顾颉刚开始整理前人的辨伪著作，如标点《古今伪书考》《四部正讹》等。同时，顾颉刚也深受崔述的影响，崔述是清代著名的辨伪学者，著有《考信录》，但在崔述去世后近百年的时间中几乎无人注意崔述的学术成就，1902年日本学者那珂通世在日本《史学杂志》上发表了《考信录解题》一文，并重新校订、翻印崔述的著作，由此崔述的学术成就才开始引起国人的注意。胡适将崔述的《考信录》拿给顾颉刚看后，顾颉刚对崔述的考辨成就非常推崇，说："我弄了几时辨伪的工作，很有许多是自以为创获的，但他的书里已经辨证得明明白白了，我真想不到有这样一部规模宏大而议论精锐的辨伪的大著作已先我而存在！我高兴极了，立志把它标点印行。"① 此后，顾颉刚便致力于搜集、整理崔述的著作，出版的《崔东壁遗书》收录了当时所能见到的崔述所有著述。1923年顾颉刚将他与钱玄同讨论古史的一封信发表在《努力周报》增刊《读书杂志》上，名《与钱玄同先生论古史书》，该信一经刊出，在学术界引起巨大反响，从而拉开

---

① 顾颉刚：《古史辨·自序》，49页，石家庄，河北教育出版社，2003。

了古史论辩的序幕。钱玄同、罗根泽、童书业等人纷纷表示赞同顾颉刚的观点，并参与古史辨伪工作，而柳诒徵、张荫麟等人则强烈反对。从 1926 年至 1945 年，在长达 15 年的时间中，有众多学者参与到古史考辨和争论中，这些论文后来被收集起来，形成了《古史辨》七大册。

顾颉刚在 1923 年给钱玄同的一封信中，提出了"层累地造成中国古史说"：第一，"时代愈后，传说的古史期愈长"，如周代所知最古的人是禹，孔子时代则增加了尧、舜，战国时期又增加了黄帝和神农氏，到秦朝时出现了三皇，到汉代以后竟然出现了开天辟地的盘古；第二，"时代愈后，传说中的中心人物愈放愈大，"如舜，在孔子时只是一个'无为而治'的圣君，到《尧典》就成了一个'家齐而后国治'的圣人，到孟子时就成了一个孝子的模范了"；第三，"我们在这上，即不能知道某一件事的真确的状况，但可以知道某一件事在传说中的最早的状况。我们即不能知道东周时的东周史，也至少能知道战国时的东周史，我们即不能知道夏商时的夏商史，也至少能知道东周时的夏商史"。① 在顾颉刚看来，从西周到汉代在尊古崇古的心理驱动下，人们一步一步伪造历史谱系，导致时代越往后，人们知道的古史越往前，文献越少，人们知道的历史越多，实际上，早期的历史多是人们伪造出来的。

顾颉刚对于古史考辨还提出了四项标准，他在《讨论古史答刘胡二先生》一文中明确提出考辨古史的标准：第一，打破民族出于一元的观念。顾颉刚认为，我国早期民族并不是由一个世系发展而来，而是各有始祖，只是后来各民族日益合并，民族观念淡漠，出现了同祖传说，因此，对待古史应理出各民族的头绪。第二，打破地域向来一统的观念。在秦以前，中国并没有统一的疆域，而传统史学认为自黄帝以来，中国便有统一的疆域，这是不

---

① 顾颉刚：《古史辨·自序》，4 页，石家庄，河北教育出版社，2003。

符合历史事实的。第三，打破古史人化的观念。早期历史人与神没有明确的界限，很多早期的神话传说，到春秋战国以后都成了所谓"真实历史"，故而应该分清历史与神话，还历史的原本面目。第四，打破古代为黄金世界的观念。传统史学总是将上古时期描述得非常美好，这一观念其实始自战国时期，当时一些政治家为了以古王压服今王，极力歌颂古王的功德，致使产生了倒退的历史观念，认为时代愈往后，世道越发败坏，顾颉刚认为所谓三皇五帝时是黄金时期，只是欺骗人的一种伪说。以上四点打破前人迷信古史的种种误区，对于人们研究古代历史具有重要指导意义。

顾颉刚在考辨古史时，善于用历史演进的见解来观察历史上的传说，把某一历史事件的各种传说，依先后出现的次序排列，考察某件史事在不同时代的传说情况，研究该事件由简单变复杂、由地方变全国、由神变为人、由神话变史事、由寓言变事实的过程。如他对大禹的考证，认为禹在《说文解字》中被解释为有足的大虫，被铸刻在商周的九鼎上，人们将之视作神加以崇拜，类似于古代的图腾崇拜，后来逐渐演化成"上天派下来治水的神"，又由神演变为最早的人王，到战国时期，禹最终变成了夏朝的开创者，并整合进尧、舜、禹序列之中。虽然顾颉刚的这一观点曾遭到不少学者的驳斥和嘲笑，其结论正确与否还有待进一步讨论，但其研究方法值得重视。再如，关于孟姜女哭长城的故事。据顾颉刚研究，最初只是一个地方性的故事，后来流传越来越广，其内容情节也越放越大，越来越具体。该故事最早见于《左传》《孟子》等，说孟姜女之夫杞梁战死，孟姜女至郊外迎柩而哭，西汉刘向《列女传》中记载孟姜女哭夫十日，连城墙也哭倒了，到唐代才有了孟姜女哭倒长城的故事，说明时代愈后，传说中的人物愈放愈大，这种以历史演进考辨历史真相的方法，在当时史学界产生了重大影响。

顾颉刚及古史辨派对古书及古史的考辨取得了很大的成就，对于推翻旧的臆造的古史体系，探求科学的古代史，推动中国史学近代化起了积极作用。

但应该看到,古史辨派考辨古史也存在一些问题:一方面,由于不能将考古发现与考辨古史结合起来,致使考辨古史在一定程度上成为考辨古书,以古书之真伪来断定所载历史之真伪,有时不免有失误之处;另一方面,对于古书,凡是与时代不符者,皆定为伪书,有疑古过头的现象。

第三节　历史文献学理论的总结及学科发展

中国历史文献极为丰富,自春秋时期人们便开始自觉整理文献,历朝历代史不绝书,但从理论上深入总结,成为一门专门的学科却是近代的事情。20世纪是中国历史文献学学科发展的重要时期,取得了非常显著的成就。

一、梁启超与历史文献学理论的总结

梁启超(1873—1929),字卓如,号任公,又号饮冰室主人,广东新会人,近代著名政治家、思想家、教育家、史学家。在历史文献学领域梁启超有突出的成绩,就目前所知,他是最早使用"文献学"一词的学者,1923年他撰写的《中国近三百年学术史》中提到"明清之交各大师,大率都重视史学——或广义的史学,即文献学"[①]。梁启超所称文献学类似于史学,包含范围广泛,与今天我们所认识者并不完全一样,但对于文献学的发展有重要启示意义。20世纪20年代,梁启超先后撰写了《中国历史研究法》及《补编》《中国近三百年学术史》《古书真伪及其年代》等,对文献的范围、类别、搜集、鉴别以及清人的文献学成就作了全面总结。

---

① 梁启超:《中国近三百年学术史》,见《饮冰室合集》第10册,85页,北京,中华书局,1989。

（一）在图书分类上的总结

在图书分类上，随着近代西学的传入，传统四部分类方法逐渐不能适应图书发展状况，梁启超是较早提出变革四部分类法的学者。1896 年，他在《时务报》上发表《西学书目表》，将图书分为学、政、教三个大类，另附杂类。学包括算学、重学、电学、化学、声学、光学、汽学、天学、地学、全体学、动植物学、医学、图学；政包括史志、官志、学制、法律、农政、矿政、工政、商政、兵政、船政；教即宗教；其他无法归类的则列为杂类，包括游记、报章、格致等无类可归之书。这是梁启超针对西学书目而设想的分类方法，对近代中国目录学的发展有推动作用。对于传统史书，梁启超非常重视分类整理，将传统史料划分为旧史、关系史迹之文件、史部以外之群籍、类书及古逸书辑本、古逸书及古文件之再现金石及其他镂文和外国人著述。旧史即古代的二十四史、别史、杂史、传记等；关系史迹之文件即古代官方档案、函牍、行状、墓志等，此类文献具有很高的史料价值；史部以外之群籍即经、子、集等，凡有文字记录者，无一不具有史料价值；类书及古逸书辑本，即人们辑佚出来的古书，如《册府元龟》《永乐大典》；古逸书及古文件之再现，即考古发现的新史料，如汉简、敦煌遗书等；如金石铭文等；外国人著述，即外国人记载有关中国历史的著作。从梁启超的论述来看，对文献搜集的视野非常宽广，已突破了传统史学的认识，为近现代文献目录的分类奠定了基础。此外，梁启超非常注重佛教目录，撰写了《佛家经录在中国目录学之位置》一文，较为系统地探讨了元以前的佛经目录，并评论其得失，拓宽了传统目录学研究范围，在中国目录学史上是非常难得的。

（二）在辨伪学方面的总结

梁启超在辨伪学方面有不少精当的总结和论述，在《中国历史研究法》

一书中，他提出辨伪书的十二条标准，又撰有《古书真伪及其年代》对这些内容进一步完善，阐述了辨伪及考证年代的必要性，分析了伪书的种类及作伪的缘由，总结了前人辨伪的方法，所总结的辨伪理论与方法直到今天仍有重要意义。

（三）在辑佚学方面的总结

梁启超对辑佚学也有不少理论总结，如他提出辑佚优劣的标准：一是佚文出自何书必须注明，数书同引，则举其最先者，能确遵此例者优，否者劣；二是既辑一书，则必求备，所辑佚文多者优，少者劣；三是既须求备又须求真，若贪多而误认他书为本书佚文则劣；四是原书篇第有可整理者极力整理，以求还其书本来面目，杂乱排列者劣。此外，更当视原书价值何如，若寻常之书或一伪书，搜辑虽备，亦无益，费精神也。① 这些有关辑佚的理论是非常科学的总结。

清代是中国历史文献学发展的重要时期，梁启超在《中国近三百年学术史》中用很长篇幅论述了清人整理旧学的成绩，分别对清代经学、小学、音韵学、校注古籍、辨伪书、辑佚书、史学、方志学、传记、谱牒学、历算学、乐曲学等作了全面总结，对清代主要学者及其代表作基本上都作了简要介绍，是我们了解清代历史文献学发展的重要参考书目。

二、张元济与中国近代文化出版事业

张元济（1867—1959），字筱斋，号菊生，浙江海盐人，光绪十八年（1892）中进士，任翰林院庶吉士、刑部主事及总理各国事务衙门章京等。

---

① 梁启超：《中国近三百年学术史》，见《饮冰室合集》专集，第10册，270页，北京，中华书局，1989。

甲午战争后，张元济积极参加维新运动，变法失败后被革职。1902年，他进入上海商务印书馆工作，热衷于古籍整理和出版事业，在其主持下，1919年以后商务印书馆连续影印出版数十种大型丛书，具有代表性的有《四部丛刊》《续古逸丛书》、百衲本《二十四史》、《丛书集成初编》等，都是非常重要的大型丛书。

《四部丛刊初编》于1922年完成，收录经、史、子、集各种图书323种，计8548卷，所用底本以涵芬楼所藏为主，同时又遍访海内外公私所藏宋、元、明珍本，因此，文献价值极高。1934年又印出《四部丛刊续编》，共收书81种1438卷。1936年又续印出《四部丛刊三编》，共收书73种1910卷。由于《四部丛刊》收录图书版本精良，错讹较少，深受学术界好评，被广泛应用。

《续古逸丛书》是模仿《古逸丛书》影印的丛书。清光绪年间黎庶昌①出使日本，在日本搜集到国内绝迹的古代逸书残本26种，嘱杨守敬详校后，影刻为《古逸丛书》。张元济模仿黎庶昌，从1922年开始辑印《续古逸丛书》，共收录图书47种，皆为罕见珍本，文献价值极高。

《二十四史》是中国史研究的最基本史料，历来是学者研治史学必读之书，在百衲本《二十四史》刊印之前，人们多用清武英殿刊刻的版本，由于殿本由御用文人主持其事，其中有不少失误，有鉴于"殿本"的种种缺陷，张元济决定重新校勘辑印一部古本全史，他广泛搜求各史最佳版本，克服种种困难，对所用版本字字精心校勘，并亲自选定纸张，监督印刷，自1930年开始影印，至1936年才告完成。因百衲本《二十四史》选用的种种底本残缺不全，乃通过许多版本相互参校、补缀而成，如僧人的"百衲衣"，故得

---

① 黎庶昌：(1837—1896)，字莼斋，贵州省遵义人，早年随曾国藩镇压太平天国，曾任代理吴江知县、青浦知县。1876年，又随郭嵩焘、曾纪泽、陈兰彬等出使欧洲，历任驻英吉利、德意志、法兰西、西班牙使馆参赞，两度以道员身份出任中国驻日本国大臣，共6年。

百衲本《二十四史》之名。百衲本《二十四史》出版后，社会各界好评如潮，在中华书局标点本问世以前，张元济主持刊印的百衲本《二十四史》被史学界一致公认为最佳全本正史。

此外，张元济还主持出版了《四库全书珍本初集》《宛委别藏》《涵芬楼秘笈》《道藏》《续道藏》《学津讨原》等。《四库全书珍本初集》于1935年出版，是以文渊阁《四库全书》为影印蓝本，选择较为珍贵的书籍，采用仿古线装书样式，共计231种，先后分四期陆续出齐。《宛委别藏》是清中期阮元在浙江巡抚任上收集《四库全书》未收之书献于朝廷，嘉庆皇帝将之藏于宫中，赐名《宛委别藏》。涵芬楼是张元济主持商务印书馆事务时设立的藏书楼，收藏了大量的珍贵典籍，是当时国内著名的藏书机构。1932年"一·二八"事变，日本侵略者向商务印书馆投放炸弹并放火焚烧，致使涵芬楼图书化为灰烬。《涵芬楼秘笈》是商务印书馆编辑孙毓修取涵芬楼中较为珍贵的旧抄、旧刻编成的一部丛书。《学津讨原》是清嘉庆年间江苏常熟张海鹏编的一部丛书。由于张元济精通目录、版本、校勘之学，因此，他所整理出版的古籍均具很高的文献价值，有功于民族文化遗产的保护，为我国文化出版事业作出了巨大贡献。

三、陈垣对历史文献学各学科的总结

陈垣（1880—1971），字援庵，广东新会人，是我国近代著名史学家，曾任辅仁大学、北京师范大学校长等。陈垣在历史文献学领域有很多新的创见和丰富的成果，在目录学、年代学、史讳学、校勘学等方面作出了卓越贡献，推动了中国历史文献学的发展。

（一）校勘学方面的贡献

校勘是我国传统学问，尤其在清代乾嘉时期取得了巨大成就，出现了一大批精于校勘的学者，但以往学者从事校勘，多重实践，缺少理论性总结。陈垣在校勘《元典章》时，发现所校底本有衍、脱、讹、倒等错误12000余条，他从1万多条中挑选出约十分之一具有代表性的内容，加以分类，撰成《元典章校补释例》（后更名为《校勘学释例》）。在校勘整理过程中陈垣总结出校勘的四条方法，即对校法、本校法、他校法、理校法，这四种方法成为学术界公认的科学的校勘方法，是对传统校勘学的理论总结。目前，学人在从事校勘时，仍无一例外地遵循着陈垣所总结的四条方法。

（二）避讳学方面的贡献

避讳是我国古代特有的文化现象，起始于西周时期，历经两千多年，民国初年仍有为清帝避讳的文献。古代不同朝代讳字不同，避讳方法不一，史籍中改字、缺笔、空字等随处可见，给后人阅读史书带来很大困难。虽然古代有些学者曾谈到避讳及方法，但是都不够系统，陈垣在阅读古书过程中，发现避讳虽然有很多弊端，但是如果有意识地利用古书避讳，则可以辨别古书真伪，断古书之年代等，于是他广泛搜集前人有关避讳的记载，通过对古书避讳的归纳演绎等，将古代避讳分为82类，撰成《史讳举例》一书。此书主要包括：第一，避讳所用之方法；第二，避讳之种类；第三，避讳改事实；第四，因避讳而生之讹异；第五，避讳学应注意之事项；第六，不讲避讳学之贻误；第七，避讳学之利用；第八，历朝讳例。这是首次对古代避讳做出的全面系统的总结，阅读该书可为研究历史者提供一把入门的钥匙。

（三）年代学方面的贡献

学习和研究历史首先要弄清事件发生的时间，古代纪年方式多种多样，中国纪年方法与西方又不同，有关中国传统历法、西历、回历换算的问题非常突出，不少研治史学者因不会换算历法而对历史模糊不清。有鉴于此，陈垣潜心钻研我国历法，全面继承前人有关年代学的著作，撰写了《二十史朔闰表》，又考察西历、回历，以西历为基准，配上中国传统历法和回历，撰成《中西回史日历》，为人们研究历史提供了便利，有功于史学的发展。

（四）目录学方面的贡献

陈垣对目录学也深有研究，他早年曾精心研读《四库全书总目》，后来又对《四库全书》做深入研究，撰写了《文津阁四库全书册数页数表》《四库全书考异》《四库全书纂修始末》《四库书名录》《四库撰人录》等，对于《四库全书》的研究作出了重大贡献。陈垣还曾整理过敦煌遗书，对北平图书馆所藏敦煌文书加以编目，撰成《敦煌劫余录》。在目录学方面，陈垣还开辟了佛教史籍目录的新领域，撰成《中国佛教史籍概论》，将南北朝以来常见的佛教史籍按成书年代分类介绍评论，同时对《四库全书总目》中有关佛教史籍评论的失误加以纠正，该书被后人视为阅读佛教书籍之门径。

四、余嘉锡的文献学成就

余嘉锡（1884—1955），字季豫，号狷庵。祖籍湖南常德，出生于河南商丘，曾任教于北京大学、辅仁大学等，著名目录学家、古文献学家。民国时期当选为中央研究院院士，中华人民共和国成立后，曾任中国科学院语言研究所专门委员。著有《目录学发微》《古书通例》《四库提要辨证》等。

（一）在目录学方面的成就

余嘉锡在学术上最突出的贡献在目录学，我国古代目录的编制有悠久的历史，从刘向、刘歆父子编纂《七略》开始，形成了数量庞大的目录著作，清代章学诚对目录学也作过一些理论性总结。但在余嘉锡之前，目录学的发展主要还是目录的编制，尚没有对传统目录学作系统科学的总结。余嘉锡长期研究目录学，对古代目录的发展、类型及功用等有深刻的理解，他较早在大学开设目录学课程，让学生通过学习目录学以达到能快速检阅书籍的目的，并为初学者指引治学的门径。《目录学发微》是根据余嘉锡上课时讲义整理而成，全书共分十章，包括目录学的功用和意义，书目文献的体制、目录学源流、目录类例沿革等，对传统目录作了详细的梳理。他在书中提出目录学可独立成学，目录学即学术史等论述，有独到的见解。《目录学发微》对目录学的发展产生了很大影响，推动了目录学学科的发展。

（二）对古书体例及版本的研究

中国汉文古籍浩如烟海，由于时代久远，汉魏以前的古书与后来书籍有很多不同之处，如书籍的署名、篇章、卷帙、增补等，都直接影响着人们对书籍内容的理解，甚至不懂古书体例，在辨伪书上也会出现差错。余嘉锡博览群书，熟悉古书体例，撰写《古书通例》，就汉魏以前古书体例及特点做了全面论述，有助于学者阅读古书。全书分为四卷：卷一"案著录"，包括诸史经籍志皆有不著录之书、古书不题撰人、古书书名之研究、汉志著录之书名异同及别本单行；卷二"明体例"，包括秦汉诸子即后世之文集、汉魏以后诸子、古书多造作故事；卷三"论编次第"，包括古书单篇别行之例、叙刘向之校雠编次、古书之分内外篇；卷四为辨附益，古书不皆手著。该书对古书之真伪、命名、编次、诸子书造作故事缘由、内外篇之性质等均援引例证，分别解说，读之对我们了解古书撰写特点极有帮助。还撰写了《书册制度补考》一文，论古代纸张、装帧、版式等，是关于古代版本学的重要理论总结。

（三）撰写《四库提要辨证》

余嘉锡17岁时便开始研读《四库全书总目》，将《四库全书总目》视为治学之门径，此后一直研究不废，凡发现《四库全书总目》中有失误之处，皆加以考证纠谬，撰成《四库提要辩证》一书。该书因深厚的考据功底，获得学术界好评，余嘉锡因此而当选为中央研究院院士。

（四）考证古书古史

余嘉锡治学注重考证，撰写了《世说新语笺疏》等论著。《世说新语》是南朝宋刘义庆撰写的一部小说，其中包含了魏晋间语言、历史、民俗等，备受后人重视。余嘉锡反复研读该书，并对书中内容训解文字、考评史实，凡书中人物一一检寻史籍，考核异同，对原书不备之处，略为增补，对失误之处，有所评论，以明是非，颇类似裴松之的《三国志注》。此外，余嘉锡还撰写过《太史公书亡篇考》《晋辟雍碑考证》①《寒食散②考》《宋江三十六人考实》《杨家将故事考信录》等，都是较有影响的考证作品。值得一提的是，这些论文不少都撰写于抗日战争时期，余嘉锡身处沦陷区，其中不少文章包含了他对国家危难的思虑，撰写《杨家将故事考信录》意在激发人们斗志，反映了身在沦陷区的学者，在艰难的环境中不忘国难的爱国之情。

五、洪业与引得编制

洪业（1893—1980），号煨莲，福建侯官人，是我国近代著名史学家。早年留学美国，回国后任燕京大学教授，致力于古文献整理。曾任燕京大学历史系主任、图书馆馆长等。1941年冬燕京大学被日军封闭，洪业被捕入狱半年，出狱后拒绝与日伪合作，至抗战胜利后才重新回校工作。1946年春赴

---

① 《晋辟雍碑考证》：是中国现存最大最完整的晋代碑刻，全名《大晋龙兴皇帝三临辟雍皇太子又再莅之盛德隆熙之颂碑》，晋咸宁四年（278）立于晋都洛阳城南太学辟雍。1931年春，于河南省偃师县西南东大郊村北汉晋辟雍遗址出土。

② 寒食散：古代一种药品，有毒。

美讲学，后定居美国。1948—1968 年，兼任哈佛大学东亚语文系研究员。

洪业主要成就在于编制引得。引得为英文 Index 的音译，也译作"索引"。中国史书浩如烟海，翻检史料甚为困难。古代类书虽分门别类汇集资料，方便人们查找，但有些类书部头非常大，从中寻求专门知识已较为麻烦，若想查找某一人、一事、一地名等，则无法实现快速查阅的目的。近代以来，我国学术发展深受西方影响，很多学者要求改革传统治学方法，提高读书与研究的效率，洪业率先组建引得编纂处，1930—1950 年（1942—1946 年，引得编纂处一度停止工作）。他主持的引得编纂处共出版了经、史、子、集名著引得达 64 种 81 册。引得编纂处为编纂引得发明了"中国字庋撷法"，不过，这种检字方法虽易于查找，但规则繁琐，不易熟练掌握，现已淘汰不用。在编纂引得过程中，引得编纂处还摸索出一套有效的编纂方法，其工作程序为：选书、选版本、标钩、钞片、校钞片、排片、校排片、送印、校印样、发印。洪业工作细致，有条不紊，所编引得受到学术界一致好评。

六、王重民的文献学成就

王重民（1903—1975），字有三，河北高阳人，是我国著名敦煌学家、文献学家，曾在北平图书馆（今国家图书馆）工作，后在北京大学任教。20 世纪三四十年代王重民被派往法、英、德、意、美等国搜集、整理流散海外的文献，他整理了分藏在英、法两国的敦煌文书，编成《伯希和劫经录》，撰写了《巴黎敦煌残卷叙录》一、二辑，抄录了许多太平天国珍贵文献，撰写了《柏林访书记》《海外希见录》等，对古籍整理研究作出了巨大贡献。中华人民共和国成立后，王重民致力于图书馆学专业的发展，在他的建议下，北京大学成立图书馆学系，由他担任系主任，培养图书馆专业人才。

王重民非常重视目录、索引等书的功能，早在 1925 年他就着手编制《国学论文索引》。该索引不仅收录了大量国学论文,详载其题目、作者、杂志卷数,还略述其大意,方便人们查阅国学发展概况。后来在北平图书馆工作时,又主持编制了《国学论文索引》续编、三编,还有《石刻题跋索引》《文学论文索引》《清代文集篇目分类索引》。此外,他还为某些专著编制索引,如《清代耆献类征索引》《碑传集、续集、集补索引》《国朝先正事略索引》等。这些书籍方便学者查阅,曾深受学界欢迎和重视,在电脑和网络广泛应用之前,是学者治学的必备工具书。

1962 年,王重民在北京大学为古典文献学专业学生讲授"中国目录学史"课程,讲义只写到宋末元初,后来由朱天俊搜集王重民六篇明、清目录学论文附于讲稿后,命名为《中国目录学史论丛》。该书集中体现了王重民的目录学研究成果,具有以下几个特点:第一,目录学史的梳理建立在书目工作实践基础之上。王重民一生编写了大量的古籍题跋、提要,也亲自编制过一些目录和索引,对目录编制有深刻理解。因此,在梳理古代目录学史时,对古代目录著作的评论非常中肯。第二,广阔的学术视野。王重民研究目录学史,不仅关注目录自身的发展,还主张要精通政治史、学术史、思想史,从广阔的历史背景中探索古代目录学史,能够联系社会政治、经济、文化背景考察目录学著作,这种广阔的学术视野,较好地解释了目录学史上种种变化的原因和影响。第三,对我国目录学的起源和分期作了科学的论述。王重民充分利用考古资料,将目录学的发生推至殷商时期,认为殷商时期史官保存文献的工作是目录学的萌芽,最终在西汉时成熟起来。对于目录学史发展的阶段,王重民将之划分为六个时期:从殷商到西汉末年为古代上古时期;从东汉到隋为古代中古前期;唐到元为古代中古后期;明到鸦片战争为古代近古时期;鸦片战争到"五四"运动为近代时期;"五四"运动以后为现代时期。这个分期对中国目录学发展是一次有益探索,对目录学研究有重要指导意义。

《中国善本书提要》是王重民编制的一部目录名著。在传世的古籍中，人们尤重善本书，但善本书并不易得，人们对古代流传下来的善本书情况也不尽了解。王重民以一人之力，遍阅海内外公私所藏古籍善本，1939—1949年，写成宋、元、明刻本及校钞本等善本书提要4000余篇，其中六朝唐写本、宋刻本60余种，金元刻本100余种，影钞宋刻本、明刻本150余种，明朱墨印本100余种。该书具有以下几个特点：第一，凡前代已有书目提要者，不再另撰，如果前代提要有误，则加以厘正；第二，每篇提要皆详载版本内容、卷数、册数、每半页行数、每行字数以及板框的大小、作者姓名、籍贯、字号、牌记、刻工姓名等；第三，侧重著录图书板刻或文字增删的学术价值；第四，尽量参校多种版本，考其异同，力争接近本书原来面目，然后论述某为善本，某本出于某本，某书有详略之别，某书系由某书而来；第五，对于原书有序跋已述及该书刊印经过、修订情况，则详载各书序跋，以方便读者。通过《中国善本书提要》，读者可以最快了解善本刊刻经过、流传情况以及各版本何优、何劣等，达到"辨章学术，考镜源流"的作用，是一部极有参考价值的目录学著作。

七、张舜徽对历史文献学发展的贡献

张舜徽（1911—1992），湖南沅江人，是我国现当代著名史学家、文献学家，是中国历史文献学学科的重要奠基人，生前为华中师范大学教授。20世纪80年代，他率先建立了全国第一个历史文献学学科点（今华中师范大学历史文献学研究所），并被国务院学位委员会评为全国第一位历史文献学博士生导师，前后共培养博士、硕士约60名，受教育部委托举办了全国性的历史文献学讲义班，对推广历史文献学知识作出了很大贡献。他发起并创立了中国历史文献研究会，定期召开全国性历史文献研究会议，进行历史文献研究方面的学术交流，他还创办了《中国历史文献研究集刊》。张舜徽的代表作有《广校雠略》《中国文献学》《中国古代史籍校读法》《清人文集别录》《清人笔记条辨》《汉书·艺文志通释》《清代扬州学记》等。

《中国文献学》是张舜徽推动历史文献学发展的重要著作。该书共分12篇，全面系统地论述了文献学研究的范围、任务、文献的流传和类别，详细介绍了版本、目录、校勘等有关整理文献的基本知识，被誉为我国文献学领域的奠基之作。书中对"文献"一词作了系统地梳理，指出了其从古至今的演变，通过梳理文献的含义。张舜徽指出，不应该抛弃文献原有的含义，将古物、绘画、古迹等均视作文献，使文献学的研究对象更加明确清楚。书中还对文献学研究的基本任务提出了要求，张舜徽并不认为文献学只是整理图书，文献学研究者应该在整理、研究的基础上写出总结性的著作来。他除了简明扼要地介绍文献学的分支学科如目录、版本、校勘外，还总结了前人整理文献的业绩，通过古代文献学家的事迹来丰富文献学的内容，也在一定程度上摆脱了文献学过于单调枯燥，无法令初学者提起兴趣的弊端。

《中国古代史籍校读法》一书是张舜徽为初涉史学者阅读古书而撰写，全书分为通论、分论、附论三部分，因分论的篇幅较长，故分为上下两部，这样全书共成4编。第一编通论校读古书的基本条件，从识字谈起，以至辨识版本诸问题；第二编专谈校书，涉及校勘的必要性、校书的依据和方法等文献学理论问题；第三编专谈读书方面的问题，论述了古人写作中的一般现象和古人著述体要，提出了阅读史书的重要性和具体读法，归纳了整理史料的一般方法；第四编附论有关辨伪和辑佚方面的问题。该书不仅是初学者读史之门径，而且有些内容亦涉及历史文献学的理论和方法，有助于推动历史文献学的发展。

张舜徽除了构建中国历史文献学理论外，还亲自实践文献整理和研究工作，撰写了大量文献研究的著作，如《汉书·艺文志通释》《四库提要叙讲疏》等。清代是历史文献学发展的高峰时期，张舜徽对清代学术格外看重，在读书过程中，每读一书必撰写叙录，记书中要旨，推论其得失，日积月累，汇编为《清人文集别录》《清人笔记条辨》，两书都具有提要性质，出版后受到学术界的好评。

八、白寿彝与历史文献学学科的发展

白寿彝（1909—2000），字肇伦，又名哲玛鲁丁，河南开封人，回族。生前为北京师范大学教授，是我国著名历史学家、教育家，在中国史学史、中国通史、民族史、历史教学等领域都有突出的建树，对历史文献学学科的创立和发展作出了很大贡献。

20世纪80年代初，白寿彝率先在北京师范大学成立了古籍研究所，致力于古籍整理和研究。为了推动历史文献学学科的发展，他以答客问的形式撰成《谈历史文献学》《再谈历史文献学》，这两篇文章集中体现了白寿彝对历史文献学学科发展的思考。他认为中国历史文献学可以包含四个部分：一是理论部分；二是历史部分；三是分类学部分；四是应用部分。历史文献学的理论应包括：历史和历史文献；历史学和历史文献学；历史文献作为史料的局限性；历史文献的多重性；历史文献和有关学科。其中对文献的含义、历史文献学与其他学科的关系都作了深入的阐述。关于历史文献学的历史部分，白寿彝认为应包括历史文献发展和历史文献学发展的历史，这一论述对后来编纂历史文献学教材具有重要指导意义。白寿彝还将书写工具的发展、保管和传播也纳入历史文献学研究领域，将类书、总集、丛书也视为历史文献学的研究对象，扩大了历史文献学研究的视野。分类部分，是白寿彝对历史文献不同性质、特点进行分类的思考，与传统目录之学并不完全一致。应用部分属于历史文献学的分支学科，包括目录学、版本学、校勘学、辑佚学、辨伪学等。

1997年，白寿彝根据学术界研究的一些新进展，对历史文献学又作了进一步总结，他拟成历史文献学研究提纲。其内容包括：一是历史、历史文献、历史学；二是历史文献的收藏；三是历史文献与公私图书馆；四是历史文献与博物馆；五是历史文献的收藏；六是丛书和类书；七是目录学；八是版本学；九是校勘学；十是辨伪学；十一是历史文献与逻辑；十二是历史文献与辩证法；十三是历史文献的阶级分析；十四是佚书的访求；十五是文献的整理和发表；十六是历史文献与档案；十七是海外藏书。这些内容不仅包括了历史文献学的理论与分支学科，而且对历史文献学家应具备的素养也提出了要求。

白寿彝对历史文献学的构想是建立在他长期从事历史文献研究基础上的，自青年时代起，便从事历史文献学的研究，终其一生未曾中断。他主要成果有以下几个方面：一是关于辨伪学研究。早在1929年，白寿彝在燕京大学国学研究所，在黄子通指导下，研究宋代哲学，收辑朱熹辨伪的资料，撰成《朱熹辨伪书语》，全面辑录了朱熹著作中有关辨伪的内容，还进一步深入研究了朱熹辨伪的成就和方法。二是集录云南回教史资料。他于1943年编成《咸同滇变见闻录》，1952年在此基础上又编成《回民起义》，收录资料非常广泛，包括回民自己记载的内容和官方或半官方的书籍，还有一些是零碎的资料也被纳入。对于所收录的每一种文献，白寿彝都撰写了题记，介绍文献的作者、内容、版本等。白寿彝一直主张建立中华民族史学，将少数民族史学作为重要研究内容，对中国历史文献学学科的发展有极大启示意义。三是校勘。20世纪70年代初，白寿彝代顾颉刚主持中华书局二十四史点校工作，他一再强调校勘成果的表述要准确规范，凡遇原文有删补者，一律注明删补的迄止及共有几字，非常严谨，成为撰写校勘记的规范模式。四是对传统体裁的运用与创新。白寿彝主持编纂的大型图书《中国通史》是一项规模宏大的文化工程,该书汇集500多位专家学者的智慧,记事上起远古时代,下迄中华人民共和国成立,共12卷22册。在编纂体例上,《中国通史》借鉴吸收了中国古代多种史书体裁的形式,创立了"新综合体",每卷分为"序说""综述""典志""传记"四大部分,这是对传统体裁的继承和创新,全面反映了中国历史发展状况。

第四节 少数民族历史文献学的新进展

20世纪中国少数民族历史文献学取得很大进展,不仅编著了大量的民族历史文献,而且在民族文献的整理和研究方面成就突出。尤其是1949年中华人民共和国成立以后,国家保护少数民族文字,非常关心少数民族文献的整理、出版和研究,少数民族文献学越来越受到世人重视。

一、1900年至1949年少数民族历史文献学的发展状况

1900年至1949年间既有民族文献研究的收获,也有大量文献流散之痛。由于我们国家贫穷落后,一些西方学者打着探险、旅行等旗号,对我国少数民族文献进行疯狂掠夺。敦煌藏经洞中大量少数民族文献被运至国外,吐鲁番文献、西夏文文献被大量劫掠,其他藏文文献、傣文文献、白文文献等也有不少被外国学者掠夺性收集。国外学者对中国少数民族文献的大肆掠夺,给我国古文献带来巨大灾难,导致大量文献外流,分散于世界各地。不过,这一情况也引起了我国国内学者的注意,从而开始有意识地对少数民族文献进行搜集、收藏和整理,推动了少数民族文献学的发展。此外,20世纪三四十年代,受日军侵华影响,大批学者移至我国西南,西南地区民族文献研究

一时成为热潮，加快了少数民族文献研究的步伐。

马学良（1913—1999）是较早关注彝文文献的学者，他在20世纪三四十年代在彝族地区进行了深入调查，收集并整理了大量彝文文献。刘立千（1910—2008）致力于西藏文史和佛学典籍的翻译，1949年以前翻译了《西藏王统记》《土观宗派源流》《米拉日巴传》等，对藏文文献在内地的传播和利用起到了重要作用。方国瑜（1903—1983）于20世纪30年代在刘半农的支持下，在云南丽江一带调查纳西文献，翻译了东巴文记录的纳西文献《人类起源》及若干经书的章节，撰成《纳西象形文字谱》，开启了纳西文献研究先河。其他如石钟健收集了大量的白文古碑、铭文，并对白文的结构作了深入研究；岑家梧对水书进行了调查研究等。

虽然这一时期对少数民族文献的整理、研究还处于起始阶段，相对国外学者的研究还有一定差距，但是这些学者不畏艰难，在条件极为困苦的情况下，做了大量的实地调研，在文字解读、文献搜集和整理方面作出了巨大贡献。

二、1949年以后少数民族文献学的进步

中华人民共和国成立后，国家非常重视民族文字和文献工作，组织了一大批专家学者深入民族地区，调查各民族语言文字，这些调查队收集了不少少数民族古籍。20世纪80年代以后少数民族历史文献学得到长足发展。1984年，国务院办公厅发布《国务院办公厅转发国家民委关于抢救、整理少数民族古籍的请示的通知》明确指出：少数民族古籍是祖国宝贵的文化遗产的组成部分，抢救、整理少数民族古籍是一项十分重要的工作。各地、各有关部门要加强对这项工作的领导，并在人、财、物方面给予支持，为从事这项工作的专门人员创造必要的工作和生活条件。要注意培养

这方面的人才，把抢救、整理工作做好。这一文件的颁布，大大加快了少数民族历史文献学的发展。这一时期的少数民族文献学的进展主要表现在以下几个方面。

（一）对少数民族古文献作了深入调查，并在此基础上进行编目和撰写提要

这一时期各民族的古文献目录纷纷出现，如《布达拉宫典籍目录》《彝文古籍目录》《全国满文图书联合目录》等。1997年开始了《中国少数民族古籍总目提要》的编纂，全书总体设计约60卷、110册。至2011年6月，已出版23个民族卷，共19册，包括《纳西族卷》《白族卷》《东乡族卷·裕固族卷·保安族卷》《土族卷·撒拉族卷》《锡伯族卷》《哈尼族卷》《回族卷》《柯尔克孜族卷》《羌族卷》《仫佬族卷》《达斡尔族卷》《土家族卷》《鄂温克族卷》《鄂伦春族卷》《赫哲族卷》《苗族卷》《侗族卷》《黎族卷》等。这是中国部头最大的少数民族古籍解题目录，真实全面地反映了我国各少数民族古文献的保存情况。

（二）大批少数民族文献得到整理、翻译和出版

由于少数民族古文献以往多藏于民间或寺庙，不少都是手抄本，有些刻本因年代已久，保存下来的数量极少，这些古文献面临着失传的危险。在历史上有些文献因为几经传抄或刻印时校勘不精，有不少错讹之处，这些都要进一步整理、出版。这一时期不少专家学者致力于少数民族古文献的整理、汇编、出版工作，抢救性地整理出一批珍贵文献，如藏族的《弟吴宗教源流》《格萨尔》等，蒙古族的《江格尔》等；整理汇编了《蒙古文献丛书》《黑龙江少数民族历史档案汇编》《历代土家文人诗选》《中国傣族史料辑要》；还有口传文献的整理，如裕固族的《神奇的皮袋》、瑶族的《盘古歌》、

土家族的《梯玛歌》等。一些民族文献的大型丛书，也不断问世，如纳西族的《纳西东巴经全集》、彝族的《彝族毕摩经籍译注集》、西夏文献的《中国藏黑水城文献》《俄藏黑水城文献》等。民族文献的翻译也非常兴盛，将少数民族文献译为汉文的最多，也有将汉文译为少数民族文字的，还有少数民族语言互译的，由于这方面数量非常多，限于篇幅，我们不再举例。

古籍数字化是文献学发展的重要方面，从20世纪90年代起，少数民族古籍数字化发展越来越快。目前在少数民族信息化方面主要形成三种类型古籍数据库：一是机读书目数据库；二是全文数据库；三是专题数据库。信息化建设正在如火如荼地进行。不少藏书机构将古文献数字化后，做成数据库，传到互联网上，实现了资源共享，如中国国家图书馆将馆藏部分少数民族古文献集合成数据库，实现了网络查询和传播，大大方便了人们阅读和利用。

（三）少数民族文献整理、研究的团体和机构增多，学科建设得到进一步发展

1980年，"中国民族古文字研究会"成立。该会旨在团结和组织少数民族语言文字、文献古籍工作者，开展古文字、古文献的学术研究活动，在50年的时间中，研究会在促进少数民族文献整理、出版等方面取得了显著成绩，在国内外学术界产生了积极影响。其他如"藏文古籍协作会""蒙古文古籍协作会""彝文古籍协作会""满文古籍协作会""回族古籍协作会"等学术团体纷纷成立，推动了少数民族古文献的研究。

为了推动古文献出版事业发展，一些出版社专门出版少数民族古籍，如民族出版社自成立以来出版了大量少数民族古籍，西藏藏文古籍出版社出版了很多优秀的藏文古籍，其他如青海民族出版社、甘肃民族出版社、云南民族出版社、四川民族出版社、黑龙江朝鲜民族出版社等也为民族古文献的出

版作了很大贡献。

一些民族院校、科研机构专门从事民族古文献的研究和人才培养，促进了少数民族文献学的繁荣，如中央民族大学少数民族语言文学系设有古典文献学专业，招收本科生、研究生，专门从事民族古文献的研究，为少数民族文献研究的进一步发展培养了不少人才。与此同时，一些总结性的研究成果不断问世，推动着少数民族文献学的发展，如张公瑾的《民族古文献概览》、吴肃民的《中国少数民族古籍概论》、朱崇先的《彝族典籍文化研究》等。少数民族文献学研究正在以前所未有的活力大踏步向前迈进，真正意义上的中国历史文献学不断全面发展。

推荐阅读书目

王子今：《20世纪中国历史文献研究》，北京，清华大学出版社，2002年。

提要：王子今，1950年出生，中国人民大学教授。20世纪历史文献研究成就卓著，对一个世纪历史文献进行研究，进而梳理学术脉络，意义非凡。该书从继承清人开始讲起，论及时代风潮与历史文献研究的关系，对辨伪学、辑佚学、经学文献、子学文献、史学文献研究的成果作了系统清理，对出土文献的作用、新考证方法等也作了探讨，是一部全面展示20世纪历史文献研究的著作。

朱崇先：《中国少数民族古典文献学》，北京，民族出版社，2005年。

朱崇先，彝族，1955年出生，云南省武定县人，中央民族大学教授。该书共11章，绪论部分讨论少数民族古典文献学的重要性、性质、任务、理论和方法等，其后依次论述中国少数民族古文字与古文献的源流及其特点、少数民族文献的积聚与散失、少数民族文献载体种类及特点、少数民族古典文献分类与编目著录、少数民族古典文献版本与装帧、少数民族古典文献的校勘、少数民族古典文献的翻译和注释、少数民族古典文献学与其他学科的关系、少数民族古典文献的调查、少数民族古典文献保护开发与利用。该书为我国第一部以少数民族文献为主题的古典文献学教材,是我们全面了解中国少数民族文献学的入门向导。

推荐阅读论文

周国林:《张舜徽先生历史文献学成就述要》,载《安徽大学学报》2003年第1期。

提要:周国林,1953年出生,华中师范大学教授,主要从事历史文献研究。该文对张舜徽的历史文献学成就作了全面的论述,不仅对我们进一步认识张舜徽的历史文献学贡献有益,也有助于了解20世纪80年代中国历史文献学学科发展情况。

附录　主要文献学著作简介

一、《文献学概要》，作者郑鹤声、郑鹤春，商务印书馆，1933年；上海书店，1983年；《民国丛书》本。

郑鹤春（1892—1957）、郑鹤声（1901—1989），兄弟二人系浙江诸暨人。该书是第一部以文献学命名的专著，具有开创意义，全书分为导言、结集、审订、讲习、翻译、编纂、刻印，共七章。

二、《文献学讲义》，作者王欣夫，上海古籍出版社，1986年；复旦大学出版社，2015年。

王欣夫（1901—1966），江苏吴县人，本书是作者1957—1960年间，在复旦大学中文系讲授文献学的讲稿，由其学生徐鹏整理而成。全书对目录、版本、校雠三方面的源流演变，以及各时期的主要代表人物和重要著作，作了较为全面的叙述。

三、《中国古典文献学》，作者吴枫，齐鲁书社，1982年，2005年再版。

吴枫（1926—2001），辽宁兴城人，生前为东北师范大学教授。该书内容包括：古典文献导论、古典文献的源流与分类、古典文献的类别与体式、四部书的构成及其演变、文献目录与解题、古典文献的收藏与阅读等。

四、《中国历史文献学》，作者王余光，武汉大学出版社，1988年。

王余光，北京大学教授。该书是国内首次以中国历史文献学命名的教材，除绪论外,共分四编:第一编为丰富的历史文献,包括历史文献的兴盛和发展、编年体、典制体史书、纪传体史籍、档案与方志、少数民族历史文献、新发现的历史文献;第二编为历史文献的实证,包括辨伪、校勘、考证、辑佚等;第三编为历史文献的解释;第四编为历史文献的整序。

五、《古典文献学》,作者罗孟祯,重庆出版社,1989年。

罗孟祯(1907—1998),四川汉源县人,生前曾任浙江师范大学教授。该书除绪论外,共分三编:第一编介绍中国古代图书载体及装帧形式等;第二编为目录学,介绍目录及目录学史;第三编为版本,介绍版本功用、鉴别及版本发展史;第四编校勘,介绍校勘方法、校勘史及校勘功用。

六、《古文献学四讲》,作者黄永年,鹭江出版社,2003年;《古文献学讲义》,中西书局,2014年。

黄永年生平已见前文介绍,该书是黄永年先生生前的讲稿汇编,分目录学、版本学、碑刻学、文史工具书四部分,最初由鹭江出版社以《古文献学四讲》出版,2014年中西书局又以《古文献学讲义》出版。

七、《中国历史文献学》,作者张家璠、黄宝权,广西师范大学出版社,1989年。

张家璠,广西师范大学教授;黄宝权,华南师范大学教授。该书集合七所高校教师编写而成,书前有张舜徽序言,全书除绪论外,共分为十章,依次介绍历史文献的产生与聚散,历史文献的表现形式与类别,历史文献的目录、版本、校勘、考证、辨伪、辑佚、标点、注释、今译、典藏与阅读、检索、历史文献学研究的回顾与展望。

八、《中国历史文献学》,编者杨燕起、高国抗,书目文献出版社,1989年;北京图书馆出版社,2003年出版修订本。

杨燕起,北京师范大学教授;高国抗,暨南大学教授。该书是集合多所高校老师编成,分为上、中、下三编,上编谈理论,中编述中国历史文献学发展史，下编分别介绍分支学科。后来根据学术研究的新进展，该书于 2003 年出版了修订本，由北京图书馆出版社出版，不过大体结构并未变化。

九、《文献学概论》，作者倪波，江苏教育出版社，1990 年。

倪波（1936—2017），生前为南京大学教授，书前有北京大学周文骏教授的序言。该书共分十一章：文献概述、文献结构、文献信息研究、文献载体及其形态、文献族系、文献类型研究、文献生产、文献交流、文献规律的研究、文献工作标准化、文献工作现代化，每章都有小结。

十、《中国历史文献简明教程》，作者张传玺，北京大学出版社，1990 年。

张传玺，北京大学教授。该书共分六章：前四章分别介绍经、史、子、集；第五章介绍类书与丛书；第六章为文物与考古。

十一、《中国历史文献学》，作者张大可、王继光，陕西人民教育出版社，1991 年。

张大可，1940 年出生，重庆长寿人，先后任兰州大学、北京外国语大学、中央社会主义学院教授；王继光（1946—2015），甘肃临洮人，生前为西北民族大学教授。该书共有五部分内容：导论为历史文献学范围、任务与相关学科；第一编历史文献的载体和印刷技术；第二编历史文献学的类别；第三编历史文献的整理与检索；第四编中国历史文献学的发展与成就。

十二、《中国文献学新编》，作者洪湛侯，杭州大学出版社，1994 年。

洪湛侯，浙江大学教授。该书共分四编：形体编介绍文献的载体、体裁、体例、体式；方法编介绍目录、版本、校勘、辨伪、辑佚、编纂；历史编分阶段叙述文献学发展史；理论编涉及文献学理论形成过程、特点，文献学家的经验总结和理论建树，文献学理论整理刍议。

十三、《中国文献学综说》，作者王燕玉，贵州人民出版社，1997 年。

王燕玉（1923—2000），贵州遵义人，生前为贵州师范大学教授。该书共分六章：第一章文献、文献学含义；第二章文献记录的性质，主要介绍各种载体；第三章介绍书籍的分期、体裁、增加和散亡；第四章文献学的基础学科，介绍版本学、目录学、校雠学；第五章文献学的提高学科；第六章文献学的工作分类。

十四、《中国历史文献学》，作者谢玉杰、王继光，民族出版社，1999年；上海古籍出版社，2014年出版修订版。

谢玉杰曾任西北民族大学教授。全书共十章，导论为历史文献学范围、任务与相关学科，其后依次为：载体类别文献、典籍类别文献、历史文献学类别概述（按体裁分别论述，分为上下二章）、古今原始资料文献、整理历史文献的基础知识、历史文献的实证、当代的古籍整理、中国历史文献学的发展与成就。

十五、《新编文献学》，主编陈界、张玉刚，军事医学科学出版社，1999年；《新编文献学》第二版，作者陈锐、陈界、夏旭，军事医学科学出版社，2016年。

该书是中国人民解放军军事医学科学院所编教材，第一版共14章，第二版在原书基础上扩充至20章。分为三篇：第一篇基本知识与理论，涉及文献和文献学的生产与发展、文献学研究的对象、任务和方法，文献的级别、类型和功能、文献基本形态、文献编辑出版、文献规律的研究；第二篇组织与管理，包括文献的采集、标引、编目、著录、管理；第三篇文献开发、利用与服务，包括文献的传递、交流、检索、分析、评价、开发、利用、阅读、资源共建共享、工作标准化、工作未来展望。

十六、《文献学纲要》，作者潘树广、黄镇伟、涂小马，广西师范大学出版社，2000年。

潘树广（1940—2003），广东新会人，生前为苏州大学教授；黄镇伟，苏州大学教授。该书共八章，论述文献学的基本理论，文献的外在形态、内容分类，文献的整序与揭示、检索、鉴别、整理、典藏、传播，以及计算机在文献生产与检索中的应用。

十七、《中国古典文献学》，作者熊笃、许廷桂，重庆出版社，2000年。

熊笃，重庆工商大学教授；许廷桂，重庆师范大学教授。该书除绪论外共六章，包括文献的载体形态、古籍编纂的体裁、古籍文献目录学、古籍文献版本学、古籍文献校勘学和古籍文献注释学。

十八、《中国古文献学》，作者孙钦善，北京大学出版社，2006年。

孙钦善生平已见前文。该书共十一章：第一章为绪论，其余各章依次论述目录、版本、校勘、辨伪、辑佚、文字、音韵、训诂、文献的内容考实、古文献的义理辨析。

十九、《文献学概要》，作者杜泽逊，中华书局，2001年；中华书局2008年修订本。

杜泽逊，山东大学教授。该书共十四章，书前有王绍曾序言。全书内容包括文献与文献学、文献的载体、文献的形成与流布、文献的收藏与散佚、文献的版本、文献的校勘、文献的目录、文献的辑佚与辨伪、类书与丛书、地方志与家谱、总集与别集、出土文献概述、敦煌文献概述。

二十、《中国历史文献学》，作者曾贻芬、崔文印，学苑出版社，2001年。

曾贻芬、崔文印生平已见前文。该书主要介绍了历史文献与历史文献学、文献的著录、文献的版本、文献的注释、文献的辨伪、文献的辑佚、类书、总集及丛书、历史文献学的新热点及其他。

二十一、《中国古典文献学概要》，作者刘青松，湖南大学出版社，2002年。

刘青松，中南大学教授。该书共分九章，分别论述文献的载体、体裁、体例、体式、目录、版本、校勘、辑佚、辨伪。

二十二、《中国古典文献学》，作者张三夕，华中师范大学出版社，2003年。

张三夕，华中师范大学教授。该书除导论外，共分十章，内容包括古典文献的载体与类型、古典文献的目录、古典文献的版本、古典文献的校勘、古典文献的辨伪、古典文献的辑佚、古典文献的标点、古典文献的注译、古典文献的检索、出土文献的整理。每一章都有思考题和练习题以及进一步阅读书目。

二十三、《中国文献学纲要》，作者王以宪，江西高校出版社，2003年。

王以宪，江西师范大学教授。该书内容包括文献与文献学，文献记录的载体形式，文献的体裁，文献的体例与体式，以及文献的目录、版本、校勘、翻译和编纂等内容。

二十四、《中国少数民族文献学概论》，作者包和平，民族出版社，2004年。

包和平，蒙古族，原大连民族学院图书馆馆长、研究馆员。该书共分六编：第一编中国少数民族文献学，介绍中国少数民族文献学研究对象与学科体系；第二编少数民族文献，涉及少数民族文献的产生、发展、概念、载体、类型、特点、价值、功能等；第三编少数民族文献工作，包括少数民族文献工作内容和任务、特点和作用以及现代化；第四编各类少数民族文献的源流与发展，介绍哲学、宗教、历史、文学、法律、戏曲等各种文献；第五编少数民族文献的科学管理；第六编少数民族文献资料的开发、利用和数字化建设。

二十五、《中国文献学》，作者张大可、俞樟华，福建人民出版社，2005年。

俞樟华，浙江师范大学教授。该书共十一章：第一章为绪论，其后依次介绍文献载体、20世纪新发现的古文献及古今档案与考古文献、典籍类别文献、目录学、版本学、校勘学、考据学、辨伪学、辑佚学、古籍整理、古籍注疏与今注今译、文献的收藏与检索、中国文献学理论的构建。

二十六、《中国古代文献学》，作者赵荣蔚，中国文史出版社，2005年。

赵荣蔚，盐城师范学院教授。该书除绪言外，共五章，分别为文献的形式、文献的类型、目录学、版本学、校勘学、注释学。

二十七、《中国古典文献学》，作者牟玉亭，社会科学文献出版社，2005年。

牟玉亭，深圳大学教授。该书共十章，分别介绍载体、体式、体裁、体例、目录、版本、校勘、辨伪、辑佚、常用工具书。

二十八、《中国古典文献学概论》，作者王俊杰，齐鲁书社，2006年。

王俊杰，曾任浙江海洋大学图书馆馆长。该书共十章，介绍古典文献载体形制及制作方式、古典文献的聚散及事业兴衰、古典文献的体类、目录学、版本学、校勘学、辨伪学、辑佚学、注释学、检索。

二十九、《文献学概论》，作者王俊杰，宁波出版社，2006年。

该书是为文秘专业学生编写的教材，突出文献的管理和利用，共分九章，分别为中国文献学研究概述、中国文献发展史研究、文献信息交流与传播、文献基础知识、图书、期刊、特种文献、特种载体文献、文献工作。

三十、《中国古典文献学简明教程》，作者郝桂敏，吉林人民出版社，2006年。

郝桂敏，沈阳师范大学教授。该书除绪论外，依次介绍文献的载体、类型、积聚与散亡、目录、版本、校勘、辑佚、辨伪、检索。

三十一、《古典文献学》，作者陈广忠，黄山书社，2006年。

陈广忠，安徽大学教授。该书由"九论"组成，即文献论、载体论、目录论、版本论、校勘论、辨伪论、辑佚论、专题论。

三十二、《文献学》，作者刘兆祐，台北三民书局股份有限公司，2007年。

刘兆祐，台湾学者。该书是在其多年讲学讲稿基础上修订而成，全书共五章，第一章导论讨论文献学的含义与功用，其后依次介绍图书文献、非图书文献、文献的整理、重要的文献学家。

三十三、《中国古典文献学》，作者迟铎、党怀兴，西北大学出版社，2007年。

迟铎、党怀兴，均为陕西师范大学教授。该书分为上下两编：上编为古典文献概说，包括古典文献的积聚与散失、材料与形式、部类与体式、基本构成。下编为古典文献的整理，包括五篇，求真篇介绍版本、校勘、辨伪；整序篇介绍辑佚、目录、类书、索引、工具书、计算机与古典文献的整理与研究；释读篇包括标点、注释、今译。

三十四、《中国古典文献学的理论与方法》，作者郭英德、于雪棠，北京师范大学出版社，2008年。

郭英德、于雪棠，均为北京师范大学教授。该书除绪言外，另有七章，分别介绍古典文献形态学、古籍版本学、古籍校勘学、古籍目录学、古籍注释学、古籍考证学、古籍编纂学和古籍检索学。

三十五、《中国传统文献学概论》，作者董恩林，华中师范大学出版社，2008年。

董恩林，华中师范大学教授。该书除绪论外，另有五编：第一编文献形体认知，包括文献的载体、版本和体例；第二编文献的内容实证，包括文献的校勘、辨伪和辑佚；第三编文献的文理注译，包括文献的标点、注释和翻译；第四编文献的检索和典藏，包括文献的分类、编目和典藏；第五编文献的二次编纂，包括文献的汇纂、类编、抄撮、选录、数字化、网络化。

三十六、《古文献学新论》，作者王宏理，中山大学出版社，2008年。

王宏理，浙江工商大学教授。该书共九章，依次为关于文献的讨论，关于文献学的讨论，学科建设的逆向思考，文献发展的历史状况、鉴定学、校勘学、目录学、辑佚、抄撮、缀合、注释、析句、翻译。

三十七、《中国古典文献学纲要》，作者罗江文，巴蜀书社，2008年。

罗江文，云南大学教授。该书除绪言外，共五章，内容包括：中国古典文献概况、古典文献目录学、古典文献版本学、古典文献校勘学、古籍文献的整理。

三十八、《古典文献学基础》，作者董洪利，北京大学出版社，2008年。

董洪利，北京大学教授。该书共六章，分别为总论、古籍版本学、古籍目录学、校勘学、训诂学、辑佚与辨伪。

三十九、《文献学概论》，作者司马朝军，武汉大学出版社，2010年。

司马朝军，武汉大学教授。该书除导论外，分上下两编：上编为传世文献，依次介绍经、史、子、集、宗教、工具之书；下编为出土文献，依次介绍甲骨文献、金石文献、简帛文献、敦煌吐鲁番文献。

四十、《文献学引论》，作者张志强，江苏教育出版社，2010年。

张志强，南京大学教授。该书共分为八章，分别介绍文献与文献学、文献类型、文献生产、文献整理与组织、文献流通典藏与利用、文献评价、文献交流与文献工作的现代化。

四十一、《古典文献学》，作者项楚、张子开，重庆大学出版社，2010。

项楚、张子开，均为四川大学教授。该书共十章，除绪论外，依次介绍文献的形成与流布、古典文献简史、文献的收藏与散佚、文献的目录、文献的类型、文献的版本、文献的利用、文献的整理，每一章后均附有原典阅读。

四十二、《实用古典文献学》，作者崔军红、刘云霞、毛建军，光明日报出版社，2010年。

该书为河南科技学院所编教材。第一章为绪论，其后依次介绍：古籍的载体与类型；版本和校勘知识；目录、古籍索引的利用；总集和别集的利用；《文选》及其价值；类书与丛书的利用；方志、谱牒、表谱与图录的利用；古籍工具书的利用；古籍书目数据库；古籍全文数据库。

四十三、《中国古典文献学》，作者项楚、罗鹭，中国人民大学出版社，2013年。

该书分为入门篇、提高篇、博览篇、深化篇、拓展篇，依次介绍目录学、版本学、校勘学、注释学、编纂学、辑佚学、考证学、辨伪学、专科文献学、古籍电子文献。

四十四、《中国古典文献学》，作者陶敏，岳麓书社，2014年。

陶敏（1938—2013），湖南长沙人，生前为湖南科技大学教授。该书共九章，包括古代文献的类型、古籍的版本、古籍的校勘、古籍的目录、古籍的辨伪、古籍的标点和注释、古代文献的编纂、文献考据、古代文献的检索。

主要参考文献

[1] （清）纪昀等．四库全书总目．北京：中华书局，1997.

[2] 梁启超．古书真伪及其年代．南京：江苏广陵古籍刻印社，1990.

[3] 梁启超．中国近三百年学术史//饮冰室合集（第10册）．北京：中华书局，1989.

[4] 余嘉锡．目录学发微．南京：凤凰出版社，2009.

[5] 顾颉刚．古史辨·自序．石家庄：河北教育出版社，2003.

[6] 翦伯赞．史料与史学．长沙：湖南教育出版社，2009.

[7] 陈垣．校勘学释例．上海：上海书店出版社，1997.

[8] 陈垣．史讳举例．北京：中华书局，1962.

[9] 胡道静．中国古代的类书．北京：中华书局，1982.

[10] 姚名达．中国目录学史．北京：商务印书馆，1984.

[11] 张舜徽．中国文献学概要．武汉：华中师范大学出版社，2004.

[12] 孙钦善．中国古文献学史简编．北京：北京大学出版社，2008.

[13] 傅璇琮，谢灼华主编．中国藏书通史．宁波：宁波出版社，2001.

[14] 王余光．中国历史文献学．武汉：武汉大学出版社，1988.

[15] 杨燕起，高国抗．中国历史文献学（修订本）．北京：北京图书馆出版社，2003.

［16］洪湛侯．中国文献学新编．杭州：杭州大学出版社，1994．

［17］张忱石．永乐大典史话．北京：中华书局，1986．

［18］东嘎·洛桑赤列．藏文文献目录学．陈庆英，译．北京：中国藏学出版社，2001．

［19］张公瑾．民族古文献概览．北京：民族出版社，1997．

［20］王尧．王尧藏学文集．北京：中国藏学出版社，2012．

［21］史金波，黄润华．中国历代民族古文字文献探幽．北京：中华书局，2008．

［22］朱崇先．中国少数民族古典文献学．北京：民族出版社，2005．

［23］朱崇先．彝族典籍文化研究．北京：中央民族大学出版社，1996．

［24］张铁山．中国少数民族文献学基础教程．北京：中央民族大学出版社，2012．

［25］崔光弼．中国少数民族文字古籍源流．北京：中央民族大学出版社，2012．

［26］瞿林东．中国史学史纲．北京：北京出版社，2005．

［27］汪受宽．历史研究基础．兰州：兰州大学出版社，2015．

［28］黄爱平．中国历史文献学．北京：中国人民大学出版社，2010．

［29］黄爱平．四库全书纂修研究．北京：中国人民大学出版社，1989．

［30］赵令志．中国民族历史文献学．北京：中央民族大学出版社，2006．

［31］曾贻芬，崔文印．中国历史文献学史述要．北京：商务印书馆，2000．

［32］曹书杰．中国古籍辑佚学论稿．长春：东北师范大学出版社，1998．

［33］曹之．中国古籍编撰史．武汉：武汉大学出版社，1999．

［34］杜泽逊．文献学概要．北京：中华书局，2001．

［35］张富祥．宋代文献学研究．上海：上海古籍出版社，2006．

［36］李致忠．古书版本学概论．北京：国家图书馆出版社，2003．

［37］张升．历史文献学．北京：北京师范大学出版社，2016．

［38］王子今．20世纪中国历史文献研究．北京：清华大学出版社，2002．

［39］司马朝军．四库全书总目研究．北京：社会科学文献出版社，2004．

［40］徐凌志．中国历代藏书史．南昌：江西人民出版社，2004．

［41］潘树广．古籍索引概论．北京：书目文献出版社，1984．

［42］骆兆平．天一阁藏书史志．上海：上海古籍出版社，2005．

［43］［美］钱存训．书于竹帛——中国古代的文字记录．上海：上海书店，2004．

图书在版编目（CIP）数据

中国历史文献学教程/刘凤强编. — 北京：民族出版社，2020.12
ISBN 978-7-105-16269-7

Ⅰ.①中… Ⅱ.①刘… Ⅲ.①史籍—文献学—中国—高等学校—教材 Ⅳ.① G257.33

中国版本图书馆 CIP 数据核字（2021）第 007813 号

中国历史文献学教程

策划编辑：张海燕
责任编辑：张海燕
责任校对：黎　莉
封面设计：金　晔
出版发行：民族出版社
地　　址：北京市东城区和平里北街 14 号
邮　　编：100013
电　　话：010-64228001（汉文编辑二室）
　　　　　010-64224782（发行部）
网　　址：http://www.mzpub.com
印　　刷：北京中石油彩色印刷有限责任公司
经　　销：各地新华书店
版　　次：2021 年 3 月第 1 版　2021 年 3 月北京第 1 次印刷
开　　本：787 毫米 ×1092 毫米　1/16
字　　数：330 千字
印　　张：21.5
定　　价：86.00 元
书　　号：ISBN 978-7-105-16269-7/G・2174（汉 1053）

该书若有印装质量问题，请与本社发行部联系退换。